大手前大学比較文化研究叢書9

一九三〇年代東アジアの文化交流

上垣外憲一＝編

思文閣出版

はじめに

大手前大学交流文化研究所は、二〇一〇年、二〇一一年と続いて『一九二〇年代東アジアの文化交流』Ⅰならびに Ⅱを出版してきた。それは近代における東アジアの文化交流を考えると、一九〇五年、日露戦争直後の時期の中国からの日本留学ブームに次ぐ、東アジア文化交流の盛時であったと考えたからである。

これに対して一九三〇年代は、東アジア文化交流にとっては、さまざまな問題をはらんだ時期であった。なんといっても一九三三年の満洲事変の勃発は日中関係を決定的に悪くした。

この結果、一九二〇年代には日本の文学者、文化人と親密な交流を繰り広げた中国の文学者たちは、日本との関係について苦慮せざるを得ない立場に追い込まれる。抗日の旗幟を鮮明にして共産党に身を投ずる人も出れば、日本軍の占領地や上海の租界などで、日本との関係を何らかの形で持ち続ける人々もいた。

日本統治下の朝鮮においても、一九二〇年代の比較的自由な民族文学創作の時期から、何らかの形で文学者も「国策」に協力することが求められる苦渋の時代に移っていく。こうした理由から、特にこの時期「親日」的な行動を取ったとして戦争後に糾弾された中国、韓国の文学者、また国策に協力的だったとして日本でも戦後糾弾された人々、などのこの時期の文学活動については、研究されることが少なかった。しかしながら、すでに一九二〇年代の東アジア文化交流の研究を積み重ねてきた我々であれば、少しはより客観的、学問的な視点から、一九三〇年代の東アジア文化交流を扱えるのではないか、というのが、私があえて難しい一九三〇年代の研究に踏み込んだ、その理由である。

日本ではさまざまな視点からいわゆる戦時下の文学についての研究が進展していることは私も承知している。ただ、そこでは東アジアとの関係ということが考慮されることは稀である。というよりも、うっかり手を出すと危ないという意識がそこには働いているように思われる。たとえば佐藤春夫を今日評価するためには、佐藤春夫の戦時下について語らないわけにはいかないと私は考えるが、ここはやはり佐藤春夫の伝記のなかでも、ほとんど空白にして残されているといっていい状態である。

政治的な論議を抜きにしては語れない一九三〇年代の東アジア文化交流研究、私たちはそのタブーにあえて土足で踏み込んだとまではいわないが、禁断の、空白の一九三〇年代東アジアの文化芸術交流について、一鍬入れたとはいえるかと思う。まだまだ一九三〇年代については、起こった出来事についての事実関係を実証的に積み上げていく作業が多く残されている。この本に収められたいくつかの論考は、そうした事実関係について新たな視点からとりあげており、これからの研究の進展を方向づけるものである、と私は考える。

今日でも日本と中国、日本と韓国との間では「歴史認識」をめぐってしばしば軋轢が発生する。私はその原因の多くは、日本側の歴史に対する無知があると思っている。一九三〇年代は文化交流という分野についても、日本側には苦い歴史の時代であるが、それから目をそらしていては、これからの東アジア文化交流の構築も構想もあり得ないのではないか。こうした思いを胸には持っているが、研究としては冷静に学問的な論文たちをここに集約して世に送り出すことが出来ることは、まことに喜ばしいことである。

二〇一三年五月

上垣外憲一

目次

はじめに　上垣外憲一　i

社会史論争と一九三〇年代の中日史学思潮　馮　天瑜　3
（陳　凌虹訳）
はじめに　3
一　「中国社会性質論戦」と日本の「アジア的生産様式論」　3
二　「中国社会性質論戦」から「中国社会史論戦」へ　5
三　「中国社会史論戦」の諸派　6
四　社会史論争の貢献と欠陥　14

誤訳・重訳と文芸政策としての理論生産
——レーニン「党の組織と党の文学」の中国語訳を手掛かりにして——　王　中忱　19
一　問題の所在　19
二　『拓荒者』における成文英の翻訳とその周辺　23
三　『世界文化』における丹仁の翻訳とその特徴　33

侮蔑、趣味、そして憧憬から脅威へ——近代日本知識人の中国表象——　劉　建輝　43
一　近代日本における中国表象の変遷　43

二　侮蔑から趣味へ――明治、大正の中国表象――　47
三　憧憬から脅威へ――戦後と今日の中国表象――　60

研究ノート　下位春吉とイタリア・ファシズム　川田真弘　69

一九三四年周作人の日本再訪とその周辺　劉岸偉　81
一　再び日本へ　81
二　山水楼の歓迎会　83
三　二つのエピソード　85
四　さまざまな反応　87

ピラミッド高しといえども……――平壌高等普通学校時代の金史良――　李建志　93
はじめに　93
一　「世界」とは日本語を通して――金史良と林和――　94
二　平壌高等普通学校時代の金史良　99
三　「ピラミッド高しといえども……」――若きアジテータとしての金史良――　103
四　日本語作家の自己批判――むすびにかえて――　111

一九三〇年代日本語雑誌における在朝日本人女性の表象
――『朝鮮及満洲』の女給小説を中心に―― 金 孝順 118
はじめに 118
一 一九二〇年代末から三〇年代初めの消費都市京城と在朝日本人女性 120
二 一九三〇年代初めの女給小説ブームと女給表象 122
むすび 131

金素雲と佐藤春夫 一九四〇年――『乳色の雲』序文をめぐって―― 上垣外憲一 136
一 『乳色の雲』と朝鮮詩集――題名の変遷―― 136
二 朝鮮独立運動と一九四〇年という「時局」 138
三 佐藤春夫の「紹介の辞」 141
四 佐藤春夫の一九三〇年代 144
五 『乳色の雲』、二つの序文 148

渡辺晨畝と「日満聯合美術展覧会」 戦 暁梅 153
はじめに 153
一 一九二〇～三〇年代日中美術交流の立役者――渡邊晨畝 154
二 「日満聯合美術展覧会」――その準備と開催をめぐって―― 161

三　日本画家による「満洲国」皇帝への献上画　170
むすび　176

戦時下の思考と眼差し――金子光晴・森三千代の「北支」旅行――　趙怡　181
はじめに　181
一　「北支」旅行の概要と関連作品　184
二　「われわれ」と「彼ら」との対立構図　187
三　揺れ動く戦争認識と中国認識　192
四　「美しき」兵士像の変身　203
五　『あけぼの街』に描かれた戦時下の天津　211
六　森三千代と鈕先銘――国と戦争の壁を越える恋――　215
おわりに　225

「無国籍者」のこだわり　巌安生　234

一九三〇年代東アジアの文化交流

社会史論争と一九三〇年代の中日史学思潮

馮　天瑜

はじめに

一九二〇年代末から三〇年代にかけて、中国において「中国社会史論戦」が展開されていた。この論戦（論争）は国際的な背景の下で行われたが、ソビエトのコミンテルンと日本の社会科学界、主に歴史学界からもっとも重要な影響を受けた。本論は中国と日本の史学思潮の関係がいかに社会史論争の中で体現されたかを検討する。

一　「中国社会性質論戦」と日本の「アジア的生産様式論」

一九二七年に国民党が「清共」（共産党を一掃）を実施したため、国共が分裂し、大革命が失敗した。この時、中国革命の性質（資産階級民主革命か無産階級社会主義革命か）にまつわり、中国共産党内とコミンテルンとの間に意見のずれが生じ（「封建社会」「資本主義社会」「アジア社会」の諸説があった）、「中国社会性質論戦」を引き起こした。この論争は一九二〇年代の「科学と人生観の争い」(「科玄論戦」ともいう)、三〇年代中期の「全盤西化論」と「中国文化本位論」との論争と並んで、「三大論戦」と呼ばれた。

中国社会性質論争は少し前にソビエトと日本で始まった「アジア的生産様式論戦」と深く関わっている。一九二〇年代後半、日本の社会科学界では「アジア的生産様式」をめぐる論争が展開され、労農派と講座派が対立していた。山川均(一八八〇～一九五八)、堺利彦(一八七〇～一九三三)、猪俣津南雄(一八八九～一九四二)、黒田寿男(一八九九～一九八六)らは「労農派」の代表的な論者で、雑誌『労農』を本拠地にしていたため、労農派と名付けられた。日本社会は本質的には半封建的社会ではなくなり、絶対主義天皇制の物的基礎の大部分をすでに喪失した。日本資本主義の主導権は独占資本に握られているため、資産階級を打倒する社会主義革命をすべきだと労農派が主張した。

「講座派」は野呂栄太郎(一九〇〇～三四)、岩田義道(一八九八～一九三二)らが、一九三二年五月～一九三三年八月に『日本資本主義発展史講座』七巻(岩波書店)を編集したことで名を得たのである。日本資本主義の基礎は半封建的地主土地所有制であり、その特徴は軍事的、半封建的資本主義だというのが講座派の主張である。また、明治維新は「封建的領有制」を普遍化させ、天皇制は「封建的絶対主義」「専制主義」であり、日本政府は「封建的絶対主義の政治機構」であり、「封建遺制」である。日本の革命はまず資産階級民主革命、次に社会主義革命という二つのステップを踏むべきだと唱えた。

両派ともマルクス主義を指導方針にし、天皇制と東洋専制主義・封建制との関係について論じ、封建制をアジア的な停滞と結びつけて考察した。論争の中では、「封建」の意味が縦の社会組織・経済構造の面から深く吟味されたが、両派の議論は「領主の権力が強い」「公武二重政権」などから離れず、「封建」の古義と相通ずる上、西洋のfeudalismの意味と類似している。

「アジア的生産様式論戦」は古代東方に関するマルクスの論述を拠りどころとし、東方国家の社会形態と独自な発展を議論した。「中国社会性質論戦」の議題もここを発端とし、実際の中国社会の性質、そして以下の現実性と実践性をもつ二つの問題の答えが探られていくのである。

一、中国現在社会究竟是封建社会，還是資本主義社会？

（一、現今の中国社会は一体封建社会なのか、それとも資本主義社会なのか？）

二、経過一九二七年失敗以后的中国革命究竟是資産階級革命，還是無産階級革命？(1)

（二、一九二七年の失敗を経て、以後の中国革命は一体資産階級革命なのか、それとも無産階級革命なのか？）

二　「中国社会性質論戦」から「中国社会史論戦」へ

「中国社会性質論戦」は強い現実性を帯びた政治、社会問題をめぐる激しい論争であった。しかし、同時代のことを議論しているから、真実を見いだすことは難しかったことだろう。今日の社会性質を解明するためには、昨日と一昨日を顧みる必要があるのである。憂患意識を持ち、中国の運命に注目している社会科学界は中国歴史の発展方向をめぐる議論に空前の情熱を注いだ。これはまさに一九二九年に始まり、三〇年代初めに行われた「中国社会史論戦」である。この論争の重要な議題の一つは、どのように「封建」を理解し、「封建制度」「封建社会」「封建時代」を定義するかである。

論争の参加者の多くは、日本あるいは欧米留学の経験を持つ若い社会科学研究者であった（統計によると彼らの平均年齢は二六歳という）。政治的には各派に別れ、中国共産党理論界の人たちが組織した「新思潮派」（上海で雑誌『新思潮』を発行）、中国共産党から離脱した「託陳派」が組織した「動力派」（上海で雑誌『動力』を発行）、また、国民党の御用文人が組織した「新生命派」（上海で雑誌『新生命』を発行、新生命書局を運営）、汪精衛・陳公博をはじめとする国民党員が組織した「改組派」（一九二四年の国民党第一回代表大会の改革精神の回復を標榜し、上海で雑誌『革命評論』『前進』を創刊）などが論争に参加した。「第三種の人」と自称する自由主義者、たとえば胡適・徐志摩・胡秋原らも論争に身を投じた。この論争の舞台は上海にあるが、中国全土ないし海外華人（たとえば日本に滞在中の郭沫若・王亜南ら）にも影響を及ぼしている。数年の間に、数十人の論者が百余りの論文を発表し、三〇余種の著作を刊行し、規模的に「科玄論戦」を遙かに上回った。

「中国社会史論戦」は原始氏族制、奴隷制から当時の資本主義制度までを検討したが、もっとも議論が激しかったのは封建制である。「封建」(feudal)、「封建制度」（英語：feudal system）、「封建社会」（独語：feudale Gesellschaft）、「封建主義」（仏語：feudalismus）などの関連キーワードの定義についても議論された。「封建」という概念の古今の解釈、中国と外国との接点に関する議論も提起され、さらに近代以前の二千余年の歴史（秦から清まで）をどのように定義するか、中国歴史の時代区分および現時点の中国社会の性質などのような大きい課題もそれまで以上に活発に議論された。無論、各議論の陣営もはっきりと別れていた。

三　「中国社会史論戦」の諸派

（1）古典封建論（陶希聖が代表論者）

論争の中で、当時の中国が封建社会であることを否定し、封建社会は早くも二千余年前の秦の時代に解体したと主張する論者たちがいた。これは「封土建国」という古典的な意味から「封建」と「封建制」を論述した意見であり、とりあえず「古典封建論」と呼ぶことにする。代表論者は「新生命派」の陶希聖（一八九九～一九八八）、梅思平（一八九六～一九四六）、梁園東、また国民党「改組派」の顧孟余（一八八八～一九七三）らで、日本留学の経験者が多い。

国民党左派の理論家陶希聖はこの主張のもっとも重要な論者である。彼は一九二九年五月に『中国封建社会史』を出版し、周代は封建社会であり、春秋戦国の時、封建制度が分解し始めたため、秦と漢以降は封建社会と呼ぶことができないと主張する。陶はまた同年に新生命書局から上梓された『中国社会之史的分析』において、西周には「封邦建国」の制度があったものの、秦の始皇帝が六国を統一し、「封建を廃止、郡県を設置」したため、郡県制になるとし、次のように述べた。

春秋戦国時代，是中国社会史的一箇関鍵：中国社会在這箇時候結束了封建制度。(2)
（春秋戦国時代は中国社会史の一つの画期である。中国社会はここで封建制度を終結させたのである）

封建制度在春秋時已経崩潰，所以中国早已不是封建的国家，隻有対外藩的統治仍然是取封建的形式。(3)
（封建制度は春秋時代にすでに滅びた。故に中国は早くから封建国家ではなくなり、外藩を統治する時のみ封建の形を採るのである）

陶はまた「秦漢以後、中国は封建制度から官僚政治に転換し、政治的な権力は貴族階級から士大夫階級に移った」(4)と説いた。彼は「士人階級の勃興および官僚制度の成立」を封建制崩壊の五つの象徴の中の一つだと考えている。(5)彼は『中国社会之史的分析』において、秦漢以後の二千年の社会を、

以士大夫身分及農民的勢力関系為社会主要構造的社会。[6]

（士大夫の身分および農民の勢力関係を社会の主要構造にする社会）

と分析した。

以上の判断は常識にかなうが、錯綜した歴史事象の前で、陶も「岐路亡羊」（迷子になった羊）の感を抱いていたようだ。秦漢以後の複雑な歴史事象に対し、独自の見解を示している。

中国的封建制度雖早破壊，但仍是在前資本主義時期，有巨大的封建勢力存在着。[7]

（中国の封建制度は早くに崩壊したが、相変わらず前資本主義の時代であり、巨大な封建勢力が存在していた）

そして、当時の中国社会の性質について、陶は次のように述べた。

中国社会是金融商業資本之下的地主階級支配的社会，而不是封建制度的社会。[8]

（中国社会は金融商業資本に基づく地主階級が支配する社会であり、封建制度の社会ではない）

以上から見れば、彼は西洋の歴史モデルから抜け出せずに、封建社会の次は必ず資本主義社会が来ると考えているようだ。「封建」時代を周代に規定したからには、秦漢以降、現在にいたるまでは「金融商業資本主義」社会であるというロジックになる。陶の主張は西洋モデルに囚われていたといえよう。その矛盾をも意識したかのように、彼は中国経済史の考察に力を注ぐようになり、ついに一九三〇年代中期に『食貨』を創刊し、経済制度、社会構造の面から具体的な考察を行い、中国の社会形態に関する議論を深めていった。

（2）「新思潮派」の汎化封建論

論戦のもう一方は、朱鏡我（一九〇一～一九四一）、潘東周（?～一九三五）、王学文（一八九五～一九八五）、李一氓（一九〇三～九〇）らの左翼理論界の人々が組織した「新思潮派」である。一九二九年一一月に創造社は上海で雑誌『新思潮』を創刊し、左翼作家聯盟（左聯）の成立につづき、中国社会科学聯盟（社聯）は一九三〇年五月に成立し、社聯の党団メンバー王学文、彭康、杜国庠、潘梓年が『新思潮』の編輯委員を務め、主要な投稿者にもなる。彼らの多くも日本留学の経験がある。この派は「封建」の古義（封土建国）を維持する陶希聖らの「新生命派」の主張に賛成せず、「封建社会」に対して別の解釈を行った。「新生命派」は「分封」「権力分散」を封建社会の最大の特徴として捉え、その経済分析、社会構造分析もこれを踏まえているといえる。これに対し、「新思潮派」は基本的に「封建」の古典的な政体の意味を捨て、経済制度から改めて封建社会を定義した。彼らは一九二〇年代のソビエト理論界と日本労農派が行った中世社会の特性に関する議論を援引して、封建社会の普遍的な特徴を次の三つにまとめた。

第一、生産者主体が奴隷の身分から抜けだし、独立した生産者となる。が、なお一定の人身の帰属関係がある。

第二、自然経済は絶対的な優勢を占め、貨幣の流通は発達せず、物々交換が流行する。

第三、土地の領有者が独立した生産者農民（あるいは農奴）に対し、経済的な搾取を行い、無償の剰余労働を収奪する。

論戦の期間中、日本滞在中の郭沫若は「汎化封建論」と「周末至明清封建社会説」の有力な推進者であった。郭は一九一四年から日本に留学し、五四運動（一九一九年）にさいして帰国し文芸運動に携わり、新詩『女神』を発表して文壇を風靡した。大革命（南昌蜂起）の失敗後、郭は日本へ一〇年間（一九二八～三七）亡命し、feudalismの訳語である日本の新語「封建」を利用し、また新たな説明を加えた。彼はヨーロッパ中世と日本の中世・近世を指す「封建社会」に啓発され、中国の中古時代（周末から明清まで）を「封建社会」であると主張した。

郭沫若の封建説の斬新さは「井田制」と「五等五服制」に疑問を投げかけ、西周の封建制という旧説を覆し、また当時の流行史観（原始社会～奴隷社会～封建社会）に基づいて、殷以前は原始氏族社会、西周は奴隷社会、周末・秦代以降は封建社会だという主張にある。このように、郭は一九三〇年代以降の中国歴史の時期区分をめぐる論戦の中心議題を提起した。

郭は筆名「杜衎」を用いて、一九二九年『東方雑誌』第二六巻第八～一二期に「詩書時代的社会変革与其思想上之反映」を発表し、古代史の性質および古代史時期区分に関する議論を展開した。これらは一九三〇年に『中国古代社会研究』という本に結集された。この本は殷代の王位は「兄終弟及」という継承方式であるため、殷代を「多父多母」の氏族社会だと判定し、殷商を「母系中心の社会」だとも判断した。また殷民を奴《ど》、称梍《しょうそう》、称《しょう》隷《れい》と呼ぶ『尚書』の例を引用して、周人が殷人を奴隷にしたことを証明し、周代を「奴隷社会」だと判断した。これは従来の「西周は封建時代である」という説と径庭がある。郭はまた秦が六国を併合して初めて奴隷社会を終結させ、封建社会を確立したと説いた。『中国古代社会研究』の序言において、「周室が東遷したのち」、中国社会は初めて奴隷制から漸次「本当の封建制」に移り変わっていったのだと指摘した。また、彼は次のようにも述べた。

中国的社会固定在封建制度之下已経二千多年……[9]
（中国の社会は封建制度の下に固定されて以来、すでに二千余年……）
中国的封建制度一直到最近百年都是很巋然的存在着的。[10]
（中国の封建制度は最近の百年までにずっと毅然と存在しているのだ）

郭はまた「封建を廃止、郡県を設置」した秦の始皇帝を「中国社会史上で封建制を完成した元勲」だと称し、大きな歴史の書き換えをした。

郭の主張は当時の学界から一斉に反発を招いた。「封建」はずっと「封土建国」を指し、故人たちも始皇帝が封建制を成立させたのではなく、封建制を終結させたと考えてきた。郭沫若自身もその説が歴史研究者の常識に反していると分かっていた。彼は一九四五年に『十批判書・古代研究的自我批判』において、「昔、夏、殷、周の三代を封建制と称し、秦以降の郡県制と区別した。これは当たり前の歴史事象として疑われたこともなかった。しかし、近年来、封建制には新しい意味が吹き込まれ、この三代が封建制であるという説を揺るがしたのだ」と説明した。

彼の「封建社会」に対する詳細で明晰な解釈は一九四五年に上梓された『十批判書』にある。

現代的封建社会是由奴隷社会蛻化出来的階段。生産者已経不再是奴隷，而是被解放了的農工。重要生産工具，以農業而言，便是土地已正式分割，帰為私有，而有剝削者的地主階層出現；在工商方面則是脱離了官家的豢養，而成立了行幇企業。建立在這階層上面的国家是靠着地主和工商業者所献納的税収所維持着的。這是我們現代所説的封建社会。[11]

(現代の封建社会は奴隷社会から脱皮した段階である。生産者はもはや奴隷ではなく、解放された農工である。重要な生産道具は農業でいえば、つまり土地が正式に分割され私有化され、搾取者の地主階層が現れた。商工業の面では、官の扶養から離脱し、行帮企業(同業組合)が組織された。この上にある国家は地主と商工業者が収めた税収によって維持されている。これは現在いわれている封建社会である)

右の一九四五年の著作は「五種の社会形態」説に則っている。「封建」の本義(封土建国、封爵建藩)を捨て、「封建」の原語、西洋のfeudalismの意味(封土封臣、領主採邑)とも大きく違っている。その主張、特に土地が「私有に帰する」「地主階層の出現」などは本来なら「非封建」的要素であるが、すべて「封建」の下に帰属させた。語義学の角度から分析すれば、彼のやり方は以下のように見える。まず、「依実定名」で形成されたキーワード「封建」の固有の意味を切り捨て、議論する時期の社会的特徴によって(秦漢から明清まで)一定の基準を決め、「封建」という名を与えてその意味を決めつけ、またこの新たな「封建」という冠を秦漢から明清までの歴史に被せたのである。このようなキーワードの変化は重大な意味を持つ。すなわち、「封建制には新しい意味を付与された」ため、中国の歴史叙述にも激変が生じた。

陶希聖がたびたび歴史の時期区分を変更したのと同様に、郭沫若の時期区分もよく変わる。たとえば、一九三〇年の『中国古代社会研究』において、殷商を母系氏族社会、周代を奴隷社会に区分していたが、一九四五年の『十批判書』の「古代研究的自我批判」において、殷代を奴隷社会に区分していた。また一九五〇年代始めに『中国古代社会研究』の改訂版およびのちに編集した『中国史稿』においては、「戦国封建説」を提出した。一九四九年以降の中国の歴史教科書の多くもこの説に従っている。

無論、これらの書き直しは同じ前提の下で展開された。すなわち、「封建」は国体や政治体制を指すわけではなく、「封土建国」も意味せず、一種の社会制度を表している。その特徴はソビエト理論界が出した三つの基準（農奴制、農業自然経済、超経済掠奪）とほぼ同様であり、戦国から明清までの二千余年は封建社会だと認定する。阿片戦争後、西洋資本主義の侵入により、封建経済、封建政治が漸次解体し、半植民地、半封建社会に突入した。故に、現代中国革命の任務は反帝国主義、反封建主義であるというのである。

（3）その他の論説

「中国社会史論戦」の展開中、「動力派」の厳霊峰（一九〇四～？）、任曙（大革命期間中に中共高層の陳延年の秘書を務めたことがあり、一九二八年に中共を離脱）、李季（一八九四～？）、劉鏡園（一九〇二～八六、すなわち陳独秀を代表して中共一大会議に参加した劉仁静）らが、「汎化封建論」に多くの批判を浴びせかけた。彼らはマルクス、エンゲルスの原著を熟読し、スターリンなどの全連邦共産党（ボルシェビキ）多数派の中国社会論を拒絶し、郭沫若に対しても陶希聖に対しても鋭い批判を与えた。すなわち、両方ともボルシェビキのまねをし、「封建」の概念が混乱し、援引したマルクスとエンゲルスの理論も正確ではない上、中国の史実と不相応である。これらの鋭い批評は一九三二年に『読書雑誌』に連載された李季の文章（のちに『中国社会史論戦批判』という本に集結された）において詳しく論じられた。

国民党文人と左翼文人の間にいる「自由人」「第三種人」の胡秋原（一九一〇～二〇〇四）は「自由主義のマルクス主義」を信奉すると自称し、ソビエトの前資本主義社会理論を検討した結果「封建主義と資本主義の過渡期」という社会形態に気づき、「封建主義と資本主義の間に、専制主義（absolutism）時期が存在する」[12]と主張した。胡はこの考えで中国古代史を解釈した。それにしたがえば、「中国東周の封建主義は商品経済の分化により、専制主義へと変質した。秦から清末までの間はちょうどこの段階にある」[13]。

実際に二〇世紀初頭の中国は「封建社会」でもなく、「資本主義社会」でもなく、独自の形態になっていた。しかしながら、当時の多くの論者は西洋の歴史モデルに囚われ、「封建」と「資本」の間でしか選択できなかったのである。無論、一部の論者は「アジア式専制社会」で実際の中国を分析しようとしたが。諸派の主張をまとめて見れば、「中国社会史論戦」の期間中に、李季、胡秋原の論説は中国社会の独自の形態により近づいており、マルクスの封建論と東方社会史論により忠実である。しかし、彼らはみな社会の主流から離れ、個人的な議論にとどまり、影響力が限られていた。しかも、その論説は粗雑、不適切な面も免れない。中国社会の性質を解釈する大任を十分に担えなかった。

四　社会史論争の貢献と欠陥

「中国社会史論戦」の学術的な貢献は「社会形態」の学説を歴史学研究に導入し、歴史の時期区分に活用し、唯物史観を普及させた点にある。

伝統的な歴史学の中心議題は王朝の盛衰と交替であるが、「中国社会史論戦」の参加者たちの貢献は王朝交替および政治制度以外のものに研究視野を広げ、社会形態の解析に取り組み、縦の目線で社会の経済基盤と上層構造が構築した歴史の全体像を見つめ、唯物史観を利用して中国歴史を解釈した。これはある意味で社会科学が中国学界に受け入れられた証でもある。

五四運動以降、「科学」は憧れの対象となった。胡適も「ここ三十年来、ある名詞が国内では無上な尊い地位に登った。理解できるかどうか、守旧派か維新派かを問わず、誰も彼を公然と軽視したり侮蔑したりする態度を示すことができない。その名詞はすなわち〝科学〟である」[14]といったように、「科学」に対する人々の認識は清末の「格致」観を超え、自然科学や技術科学から社会・人文領域まで広がった。陳独秀は「科学には広義と狭義がある。狭義は自然科学を指すが、広義は社会科学を指す」と述べた。マルクス主義は一種の「科学的社会学」（レーニンの言葉(15)）である。五四運動期に中国に伝わってきたマルクス主義は科学的社会学・科学的歴史学として中国のインテリたちに迎えられ、受容されたのである。同じころ、李大釗、胡漢民、戴季陶らが唯物史観の伝播に取り組み、それを社会問題や歴史問題の論述に導入し始めた。一九三〇年代の「中国社会史論戦」は系統的に唯物史観を利用して中国歴史を解析しようとした。「中国社会史論戦」の諸派は左翼の「新思潮派」のみならず、陶希聖のような国民党文人、顧孟余のような「改組派」文人、「第三種の人」と自称する胡秋原らもいた。彼らはみなマルクス主義および唯物史観の実践者と自認している。これはまさに中国社会科学界が科学に帰依し、社会科学の理論と方法で社会と歴史を解釈した試みの表れである。

社会史論争の主流論者の間に、「社会形態共性論」と「歴史単線進化論」といわれる偏りも指摘できる。前述したように、「中国社会史論戦」は大革命失敗後の厳しい政治環境の中で展開され、その理論的資源の多くはソビエトとコミンテルンおよび日本社会主義学者から来ている。ソビエトとコミンテルンは国際的な階級闘争というマクロな視角から中国社会の現状と歴史を分析し、さらにその理論と方法を普遍的な法則というレベルに持ち上げたわけである。そもそも不適切な点もあったが、マルクス主義とレーニン主義の初心者としての中国社会科学研究家たちはこのような「国際」的な理論、方法ないし語彙を基準と見なしていた。これは「中国社会史論戦」の多くの参加者に共通した傾向である。

論争諸派の雄弁を見渡すと分かるが、各派の学術観点が大きく異なり、政治的立場も対立している。論争は火花を散らすほどであったが、その煙を透かして見ると、諸陣営の「異」の中に「同」も見いだせる。すなわち、程度の差こそあるものの、みなソビエトとコミンテルンの「社会形態共性論」を信奉しているのである。つまり、論争諸派は西洋モデルの信奉者であり、それをもって中国歴史を裁断しようとした。これは五四運動期の中国社会科学界における一種の思潮であり、一部の新進学者は多少「左派幼稚病」を患っていた。郭沫若は「国情が違う」という説を「民族偏見」と見なしている。したがって西洋史の進展（原始社会—奴隷社会—封建社会—資本主義社会）を模範にし、「中国社会の歴史的発展階段」を区分し、「大抵、西周以前はいわゆる〝アジア的〟原始公社の社会であり、西周はギリシア、ローマの奴隷制時代に相当し、東周以降、とりわけ秦以降になって初めて封建時代に入ったのである」(16)と論じた。

論争の各派を見渡すと、彼らは西洋の歴史区分のモデルを用いて中国歴史を裁断しようとした（無論、各派が裁断した「衣装」がそれぞれ違うが、たとえば、当時の中国に対し、「封建」あるいは「半封建」と称する人もいて、「前資本主義」や「資本主義」と称する人もいた）。「中国社会史論戦」に若い論者（平均年齢二六歳）が参加した状況は、エンゲルスが一八九〇年にコンラート・シュミットに送った手紙の中で「多くの若いドイツ人」とふれたのと似ている。これらの若いドイツ人は「歴史唯物主義という紋切り型（すべてが紋切り型になる可能性がある）」を用いて、歴史に対する自分の相当乏しい知識（経済史がまだ襁褓の中にあるよ！）を、なるべく早く体系化しようとするのだ」(17)とエンゲルスが述べている。

観点の対立、政見の相容れない「中国社会史論戦」の各派は史学方法論において一つの共通点がある。概念の正確性と妥当性をおろそかにし、重要な術語の内涵と外延を頻繁に書き換えた点である。これはとりわけ「封建」という概念の名と実の齟齬に表れている。

一九二〇年代後半以来、「封建社会」という語で中古時期の中国を称し、現実の中国の遅れた部分を「封建」と見なす風潮が広がった。三〇年代にいたるまで、前述した社会史論争の中で汎化封建論者の分析により、広義の「封建」は学術界と社会民衆の語彙となった。それは政治論の中で鮮明に表れている。汎化封建論の形成と概念の変遷過程に現れた矛盾とほころびについて、京都大学名誉教授で経済学者の中村哲（一九三一〜）が以下のように指摘した。

日本は少なくとも近世（幕藩体制期、ここで言う時期区分からすれば中世後期）には封建制であるからまだしも、ヨーロッパ的封建制が成立しなかった他のアジア諸国――朝鮮、中国、インド等等の場合には、こうした問題関心そのものが本来成り立たないのであり、そのために、結果としてアジア的中世を否定してアジア的古代に組み入れてしまうか、これはヨーロッパにくらべアジアが前近代にいかにおくれていたかということになるし、アジア的中世を封建制と規定しようとすると、実証的に困難性が大きく、無理が出てきたり、それをさけようとすると、封建制概念を拡大して実証に近づけざるをえず、そうすれば封建制概念の厳密性がそこなわれてしまう、等々の問題に逢着せざるをえないことになる(18)。

この分析は汎化封建論の形成過程に現れた矛盾を明らかにし、汎化封建論の欠陥、すなわち「封建制という概念の厳密性を失った」ことを浮き彫りにした。

（陳　凌虹訳）

（1）『読書雑誌』第一巻第四・五期合刊、『中国社会史的論戦』第一輯の最初の文章、王礼錫「中国社会史論戦序幕」で引用された馬玉夫の言葉（『亜細亜生産方式与専制主義』神州国光社、一九三二年、一四頁）。
（2）陶希聖『中国社会之史的分析』（新生命書局、一九二九年、四頁）。
（3）同右書、二六一頁。

(4) 同右書、五九頁。
(5) 陶希聖『中国社会与中国革命』(新生命書局、一九二九年)、二五八頁。
(6) 前掲註(2)陶希聖書、一頁。
(7) 前掲註(2)陶希聖書、二頁。
(8) 陶希聖「中国之商人資本及地主与農民」(『新生命』第三巻第二期、一九三〇年)。
(9) 郭沫若『中国古代社会研究』(上海聯合書店、一九三〇年)、五頁。
(10) 同右書、一九頁。
(11) 郭沫若「十批判書・古代研究的自我批判」(『中国現代学術経典・郭沫若巻』河北教育出版社、一九九六年)、五三一頁。
(12) 『読書雑誌』第二巻第七、八期合刊、王礼錫・陸晶清『中国社会史的論戦』第三輯(『亜細亜生産方式与専制主義』、神州国光社、一九三二年)、一一頁。
(13) 同右書、二一頁。
(14) 胡適『科学与人生観序』(『科学与人生観』亜東図書館、一九二三年)。
(15) 『列寧選集』第一巻上(人民出版社、一九六〇年)、八頁。
(16) 前掲註(11)『中国現代学術経典・郭沫若巻』、一三三頁。
(17) 『馬克思恩格斯選集』第四巻(人民出版社、一九七二年)、四七五頁。
(18) 中村哲『奴隷制・農奴制の理論:マルクス・エンゲルスの歴史理論の再構成』(東京大学出版会、一九七七年)、一六九頁。

誤訳・重訳と文芸政策としての理論生産
――レーニン「党の組織と党の文学」の中国語訳を手掛かりにして――

王　中忱

一　問題の所在

本稿がレーニンによって一九〇五年に書かれ、「党の組織と党の文学」（「党的組織與党的文学」）と題して訳された小論をとりあげるのは、この小論の中国語訳の作業が現代中国文芸理論の生産、とりわけ中国共産党の文芸政策の指導的理論の生産に大きな影響を与えた出来事として見なされたため、変化する理論の再生産と新たな政治的・思想的状況との関わりを考察するには、そこから重要な手掛かりを得られると考えているからである。(1)

周知のように、レーニンのこの小論は、一九四二年に毛沢東の「延安の文学・芸術座談会における講話」（《在延安文艺座谈会上的讲话》）に引用されて以降、とりわけ「新中国」ができてから、毛の「文芸講話」が党と国家の文芸政策の指導方針と見なされると同時に、その方針の理論的根拠となった。しかし、「文革」の終息後、毛沢東路線への反省・修正と「改革開放」政策の推進にともなって、「文芸講話」に基いて定められた文芸の指導方針が改められ、その方針を最も簡潔かつ鮮明に表した「文学・芸術は政治に従属する」というスローガンも

「文学・芸術は人民に奉仕すべき、社会主義に奉仕すべき」に書き換えられた。その方針転換の突破口はほかでもなく、レーニン「党の組織と党の文学」の中国語訳に対しての誤訳の指摘である。

その指摘が初めて公に出されたのは一九八二年六月一九日から二五日にかけて北京で開かれた中国文学芸術連合会（略称「中国文連」）の全国委員会第四回第二次会議においてである。参加者の一人、劉錫誠（一九三五〜）は回想文で、この会議が「十年の長きにわたっていた『文化大革命』の終息後開かれた第四回全国『文代会』（文芸界代表大会のこと――引用者）に選ばれた全国委員会の第二次会議であり、中国現代文芸史においては特別な意義を持ったのである」と位置づけ、出席者が「全国委員会の委員」と「列席代表」をあわせて四〇〇人に達したと記している。(2)

また、この回想は「会場では、中央編訳局(3)によって書かれたレーニン『党の組織と党の文学』に関する修正・新訳の説明および『党の組織と党の文学』の新しい訳文が配られ、会議閉幕の晩餐会では、中共中央書記処の書記である胡喬木が『文芸と政治との関係について』（『関於文芸与政治関係的幾個問題』）と題する講演を行い、……文芸と政治との関係問題がこの全国委員会の最も重要な議題としてとりあげられるようになった」(4)と述べている。のちに正式に発表された胡喬木（一九一二〜一九九二）の講演文稿を調べてみると、確かに胡は、冒頭に中国共産党中央の文芸指導方針の転換ついて説明してから、ただちに話題をレーニンの小論に対する誤訳の指摘に移し、次のように語っている。

私はすでに、今回の中国文連全委会で、レーニンの「党の組織と党の出版物」という文章の新しい訳文を皆さんに配ったと聞いた。もしもわれわれが誠実なマルクス主義者であるなら、もしもわれわれが公正で、偏見を持たず、歴史的な見識を持っているなら、われわれは中共中央編訳局レーニン・スターリン著作編訳室が書いた「『党の組織と党の出版物』の中国語訳文はなぜこのように直すべきか」を読んでから、きっと彼らの意見に同意すると私は信じている。この説明の理由は十分であり、反論できないからである。以前「党の組織と党の文学」と訳したのが、もともと翻訳の間違いだ[5]。

胡喬木が講演で述べた「党の組織と党の出版物」（「党的组织和党的出版物」）はいうまでもなく、レーニンの小論の新訳の題目である。胡はこの委員会でレーニン小論の新訳を出席者に配られたことを聞いたと語って、初めてそれを知らされたふりをしながら、中共中央編訳局の新訳の正確さと理論的権威を強調しているが、のちにこの新訳作業に携わっていた中央編訳局の編訳員である丁世俊の回想によると、最初にレーニンのこの小論を改訳すべきと提言したのは他でもなく、実は胡喬木本人である。中央編訳局が一九八一年から、すでに胡喬木の指示に従っていくつかの改訳の案を提出し内部で論議を行い、この間に、胡喬木が屢々電話や手紙で指示を出している。同年一一月一二日、胡は秘書の黎虹を通して中央編訳局に、「『党の組織と党の文学』という文章を改訳しなければならないのは、この文章が一九四三年延安『解放日報』に翻訳・掲載されて以来、訳文の肝心なところには終始、重大な不正確さを含んでおり、文芸領域における党の「左傾」指導思想の重要な理論的根拠をなすにいたったからである」[6]という意見を伝え、延安『解放日報』に載せた訳文の誤訳を厳しく指摘していた。

胡がここでいった「一九四三年延安『解放日報』」の「訳文」とは実は延安『解放日報』一九四二年五月一四日に掲載されたレーニンの小論の訳文で、訳者は「P．K」と記しているが、それは実はソ連に留学した経験を持ち、当時『解放日報』および新華通信社の社長を務めている博古（一九〇七～四六）のペンネームである。胡の講演文を読めば分かるように、彼が指摘した博古の訳文の「重大な不正確さ」は主にレーニン小論のキーワードとしての「литература（Literatura）」の訳語を指している。

Literaturaという語彙は必ずいかなる場合においても「文学」に訳すべきではない。このような先入観を打ち砕かなければならない。レーニンのこの文章が一体、「党の組織と党の文学」に訳せば好いのか、それとも「党の組織と党の出版物」に訳せば好いのか、これはまったく科学の問題であり、言語学の問題であり、歴史学の問題でもあるので、冷静な科学的な態度をもって対応しなければならない。レーニンが講じたのは確かに「党の出版物」であり、編訳局の同志はすでに詳細に説明した。……ここには政治問題がまったくなく、純粋な語義の問題、翻訳の問題である。(7)

われわれがここで話したこの翻訳上の間違いの指摘は、マルクス主義著作の翻訳者の間において、私の知っている限り、ほとんど異論なしで、みな確かに翻訳が間違っていたと認めている。しかも『レーニン全集』の中で、この語が似たような文脈において「書物雑誌」（書刊）と訳されたのであり、すべてが「文学」と訳されたわけではなかった。ただこの文章だけは旧訳を踏襲して「党の組織と党の文学」と訳された。以前に延安の『解放日報』がこのように訳しており（その前に、上海においてもこのように訳したが、影響はそれほど大きくない）、のちに毛沢東同志の「延安の文学・芸術座談会における講話」に引用されたため、これは直してはいけないようなものとなったのである。あたかもわれわれの文芸政策は科学に基いて築かれたのではなく、かえって誤解に基いて築かれたようである。こんなことがあってはならないであろう。歴史上においては多くの誤解があった。この誤解は毛沢東が責任を負うべきではない。文章は博古が訳したもので、ひとつの錯誤を改めるのは、まったく問題にならない。(8)

胡喬木の講演はレーニンのこの文章の改訳が翻訳の問題、言語学の問題であり、政治の問題ではないと繰り返して説き、その改訳は「科学」に基づいた行為だと強調したが、前述したように、この改訳作業は長らく文芸表現と知的活動の自由を抑圧した、毛沢東の「文芸講話」を中心にして定められた文芸指導方針を改めようとする政治的な行動の一環であったに違いない。胡喬木がこの改訳を極力翻訳の誤訳の範囲に収斂させようとしているのは、文芸指導方針の転換に反対する勢力への配慮からであろうが、一方、毛沢東「文芸講話」の記録・整理および文章化に携わった者、そして毛沢東著作編集委員会の重要なメンバーとしての責任を回避すると同時に、「科学」の大義名分をもって他の議論を封じ込め、ポスト毛沢東時代においてもみずからが文芸政策の制定・解釈の権威的な地位を保ち、その権力を握ろうという目論見が潜んでいると考えられる。

このように見てくると、レーニンの当該小論の中国語訳とそれによって引き起こされた文芸政策の理論生産の問題をただ「誤訳」と直結させて、その「誤訳」が単に「誤った翻訳」だと断罪して片付けてしまえば、その理論生産の歴史にあった複雑な様相が見失われるだけではなく、新たな理論の生産と政治権力との連動装置も隠蔽されてしまう。このような認識を踏まえて、本稿は胡喬木の講演で同じく「誤訳」と指摘されたと同時に、無視された一九三〇年代における「党の組織と党の文学」の中国語訳をとりあげて検討を行い、このような作業を通して、中国におけるマルクス・レーニン主義系統の文芸理論生産の形態とその変容の一側面を考察する。

二　『拓荒者』における成文英の翻訳とその周辺

（１）『拓荒者』と中国左翼作家連盟

本稿でとりあげたレーニンの小論の最初の中国語訳は一九二六年一二月六日、上海で出版された雑誌『中国青年』六巻一九号（総一四四期）に掲載された「論党的出版物与文学」と題した訳文である。この訳文は抄訳であり、底本が明記されていない。題目に「出版物」という訳語があるためであろうか、一部分の写真版が中共中央編訳

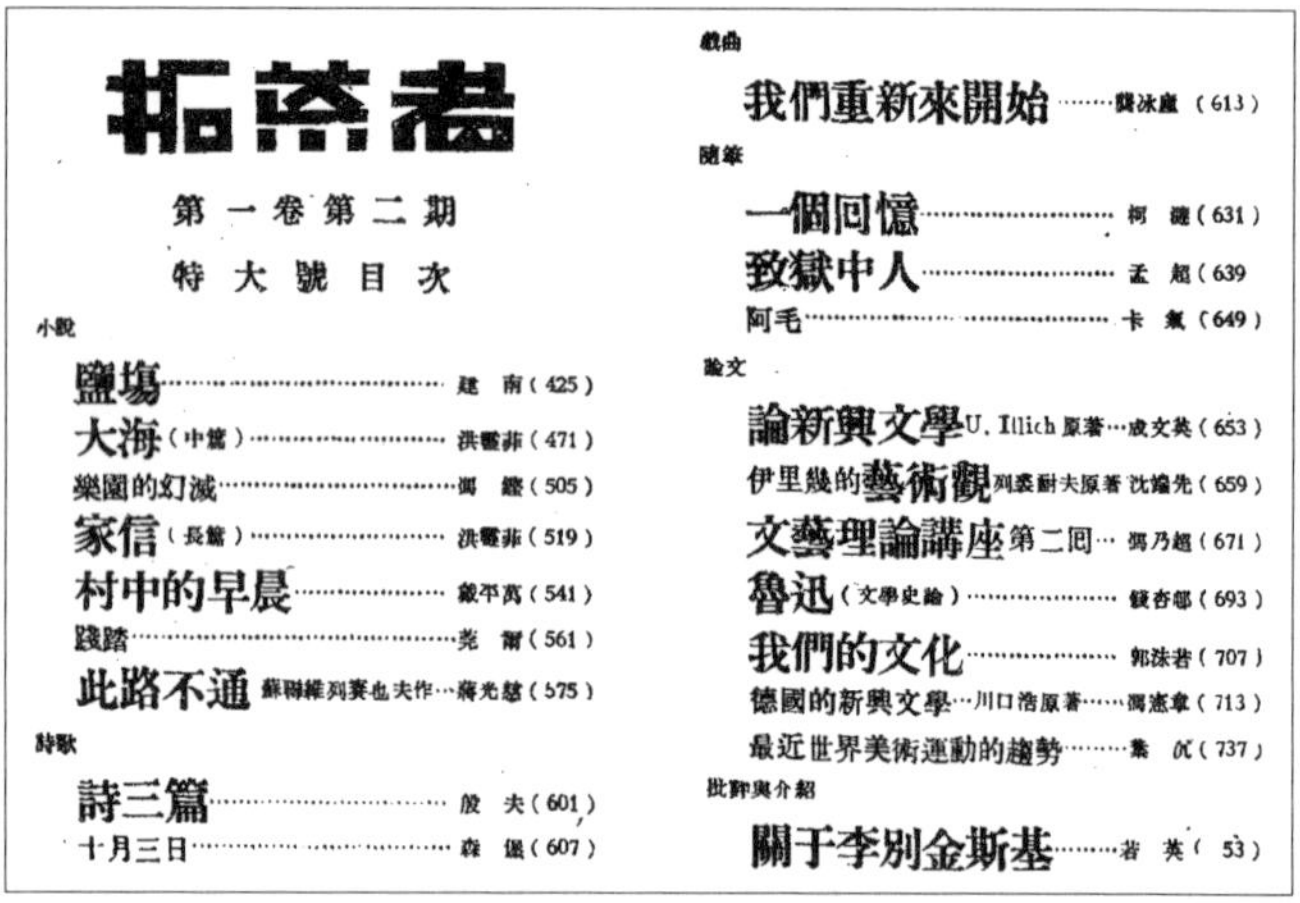

拓荒者

第一卷第二期

特大號目次

小説

鹽場……建　南(425)
大海(中篇)……洪靈菲(471)
樂園的幻滅……馮　鏗(505)
家信(長篇)……洪靈菲(519)
村中的早晨……戴平萬(541)
踐踏……尭　嘯(561)
此路不通 蘇聯維列賽也夫作…蔣光慈(575)

詩歌

詩三篇……殷　夫(601)
十月三日……森　堡(607)

戲曲

我們重新來開始……龔冰廬(613)

隨筆

一個回憶……柯　漣(631)
致獄中人……孟　超(639)
阿毛……卡　氣(649)

論文

論新興文學 U. Illich原著…成文英(653)
伊里幾的藝術觀 列裘耐夫原著 沈端先(659)
文藝理論講座第二回…馮乃超(671)
魯迅(文學史論)……錢杏邨(693)
我們的文化……郭沫若(707)
德國的新興文學…川口浩原著……馮憲章(713)
最近世界美術運動的趨勢……葉　沉(737)

批評與介紹

關于李別金斯基……若　英(53)

図１　『拓荒者』第１巻第２号（1930年２月）の目次

局によって新しく翻訳・出版された『レーニン全集』第二版第一二巻に収められた新訳の「党の組織と党の出版物」の付図として付されているが、長堀祐造氏（一九五五〜）が指摘したように、「この訳題は、литература の意義が複数あることに留意したものとなっているが、訳文のなかでは、なぜか『文学』の訳語でほぼ統一されている」[9]。しかし、この訳文は掲載された当時、中国の「革命文学」運動がまだ高まっていなかったため、文学界で注目されなかったようである。それゆえ、数年後、すなわち、一九三〇年二月、同じく上海で刊行された『拓荒者』はレーニンの同小論の翻訳を同雑誌第一巻第二期に掲載したが（図１）、雑誌の編集者も訳者の成文英も、前出した訳文の存在を意識していなかったのである。

『拓荒者』という雑誌はもともと、蔣介石（一八八七〜一九七五）が一九二七年四月一二日に起こしたクーデタで第一次国共合作を崩壊させたのち、政治的・軍事的な革命運動の中で挫折を味わった文学者、文学青年たちが租界都市上海に集まって、「革命文学」を起こそうとした時期に、「太陽社」という文学結社によって刊行されたのであり、蔣光慈（一九〇一〜三一）が創刊号と第二号（一九三〇年一月、二月発行）の編集作業を担ったが、一九三〇年三月二日に中国左翼作家連盟が結成されると共に、第三号からは「左連」の機関誌となり、第四、五号の合巻号まで発禁とされた。『拓荒者』の編集者と執筆者はほとんど「左連」の発起者あるいは盟員であり、レーニンの小論を掲載する第二号の編集、印刷時期はちょうど「左連」結成の準備期と重なっている。この意味でレーニンの小論の翻訳は「左連」結成の一つの理論的な準備だったといってもよかろう。

(2) 成文英(馮雪峰)のこと

『拓荒者』に掲載されたレーニンの小論の訳者成文英は近代中国文芸理論家、批評家として知られる馮雪峰のペンネームである。この馮雪峰(一九〇三～一九七六)は一九二〇年代初期、浙江第一師範学校在学中に口語新体詩を書き始め、「湖畔詩人」としてデビューしたが、一九二五年春から北京大学で聴講しながら創作活動を続け、独学で日本語を身につけて日本語からの重訳という形でのロシア・ソビエト文学の翻訳をも試みた。

陳早春(一九三五～)らの『馮雪峰評伝』によると、一九二七年、蔣介石の軍事クーデタと共産党粛清の最中に、中国共産党に入党したが、まもなく党の地下組織との連絡が取れなくなり、上海または故郷の義烏県を転々とした。[10] 一九二八年九月、馮は「革命と知識階級」[11]という論文で後期創造社の若手評論家らの過激な魯迅批判と異なった見解を表し、トロツキーの「同伴者」概念を用いて魯迅と彼の思想を肯定的に評価した。それ以来、新鋭評論家として新興文学の第一線で活躍しており、一九二九年前半、中共党員の身分が認められ、翌年の初頭から、中国左翼作家連盟の結成準備に携わり、「左連」結成後、重要なメンバーとなった。

詩人から評論家に転身すると共に、馮雪峰はマルクス主義文芸理論の翻訳に集中し、それをきっかけに、魯迅(一八八一～一九三六)とも親しくなった。芦田肇氏の研究によると、一九二九年半ばから一九三〇年の夏にかけて、馮雪峰が魯迅らの協力を得たうえで、「主編」として出した「科学的芸術論叢書」はプレハーノフ、ルナチャルスキーらの芸術論九種を収め、当時の同類叢書が「追随を許さぬ豊潤な質を備えたもの」だったという。[12]

表1　馮雪峰の訳著と日本語の底本（1927年～1930年）

馮雪峰の訳著	日本語の底本
新俄文学的曙光期 （日本）昇曙夢著、北京、北新書店、1927	新ロシヤ・パンフレット（3）　新ロシヤ文学の曙光期 昇曙夢編、東京、新潮社、1926年
新俄的無産階級文学 （日本）昇曙夢著、北京、北新書店、1927	新ロシヤ・パンフレット（7）　無産階級文学の理論と實相 昇曙夢著、東京、新潮社、1926年
新俄的演劇運動與跳舞 （日本）昇曙夢著、北京、北新書店、1927	新ロシヤ・パンフレット（2）　革命期の演劇と舞踊 昇曙夢編、東京、新潮社、1924年
芸術之社會的基础 （蘇聯）盧那察爾斯基著、上海、水沫書店、1929	芸術の社会的基礎 ルナチャールスキイ著、外村史郎訳、東京、叢文閣、1928年11月
作家論（論文集） （蘇聯）伏洛夫斯基著、上海、昆侖書店、1929	社会的作家論 ウェ・ウォローフスキ著、能勢登羅訳、東京、南宋書院、1927年10月
新俄文芸政策 （蘇聯）伏浪司基等著、上海、光華書店、1929	露国共産党の文芸政策 外村史郎、蔵原惟人訳、東京、南宋書院、1927年11月
芸術與社會生活 （蘇聯）蒲力汗諾夫、上海、水沫書店、1929	芸術と社会生活 プレハーノフ著、蔵原惟人訳、東京、同人社、1927年7月
文学評論 （德国）梅林格著、上海、水沫書店、1929	世界文学と無産階級 イーリンク著、川口浩訳、東京、叢文閣、1928年12月
現代的欧洲芸術 （匈牙利）瑪察著、上海、大江書舗、1930 （訂正版、新芸術出版社、1946）	現代欧州の芸術 マーツア著、蔵原惟人・杉本良吉訳、東京、叢文閣、1929年4月

この「科学的芸術論叢書」の前後、馮雪峰によって訳されたマルクス主義文芸論の著作およびその底本を合わせて調べてみれば、次の統計は完全ではないが、馮訳の特徴がうかがえると思われる（表1）。

表1にあげた一九二七年から一九三〇年にかけての馮雪峰の訳書目録だけを見てみれば、顕著に見られる特徴として、次のような点が指摘できる。

（1）すべて日本語からの重訳である。ここで当時、ロシア・ソビエト式マルクス主義文芸論における伝播経路の一つとしてソ連―東京―北京・上海という経路が確認できる。

（2）雑多あるいは多元的である。原著の面から見れば、スターリン体制が確立したのちに貶められた理論家たち、たとえばプレハーノフやマーツアの著作がよく見える。[13] 翻訳の底本としての日本語訳の面から見れば、馮は一九二八年に分裂した日本のプロレタリア文学運動内部の各派のメンバーの訳著も区別せず取り扱っている。

このような特徴をなしたのは意識的なのか、それとも情報が限られていたためなのか、定かではないが、結果としては、外から流入してきたマルクス主義文芸論に対する多元的な理解・解釈の可能性をもたらしたといえる。十数年後一九四六年、馮雪峰はみずからの訳著『現代的欧州芸術』（マーツア著）の訂正再版の「訳者序記」で、一九二七〜三〇年ころの日本語から重訳された文芸理論の状況とその役割をふり返る際、感慨深い気持ちが押さえても抑えられない様子がうかがえる。

……多くの人はこの十数年間のソ連の諸学者が芸術学と芸術史に関する研究成果をより多く知ろうと渇望しているからである。われわれはその成果がとても大きいと聞いただけで、以前、日本語訳を通して少しも知ることができたが、今現在、ロシア語が出来る友人に期待するしかないことになった。[14]

（3）成文英訳のレーニン小論とその底本

『拓荒者』に掲載されたレーニンの小論の底本について、成文英の訳文の文末に、「岡沢秀虎の日本語訳による」（「据冈泽秀虎之日译」）と記しているが、その底本の具体的な出典は言明していない。調べてみると、岡沢秀虎（一九〇二〜七三）の訳したレーニンの小論が最初に、『文芸戦線』一九二九年三月号（通巻六巻三号）に掲載されたが、訳者の「前書き」には、「この翻訳は『ソヴェート・ロシヤ十年間のプレタリヤ文学論研究』が間に合はなかった代わりとして二月号に載せやうとしたのであるが、編集の関係がハッキリしなかった為本号に変った」[15] と説明がある。「『文芸戦線』に七回にわたって断続的に連載された」岡沢のこの長編論文『ソヴェート・ロ

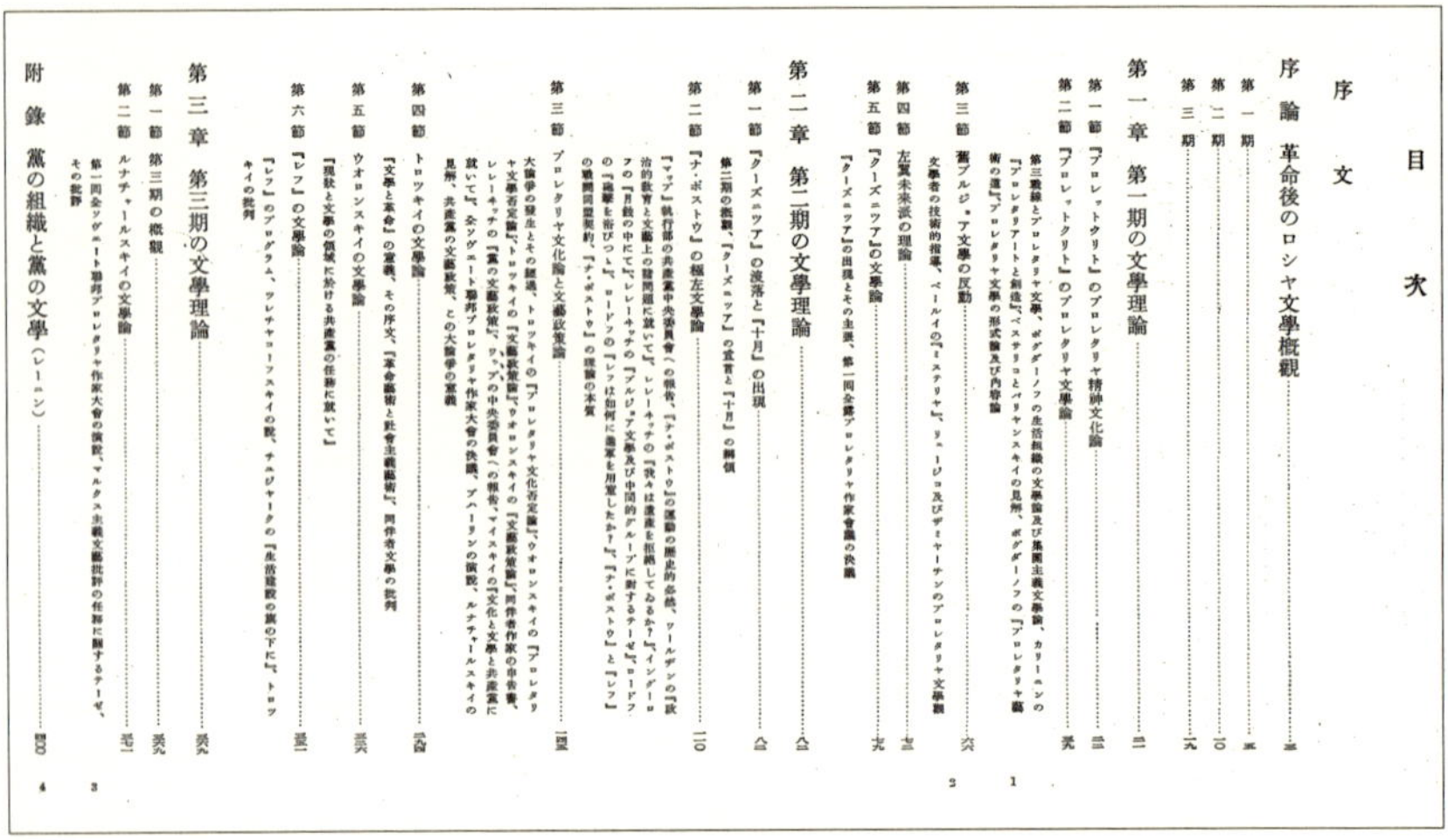
目次

序文
序論　革命後のロシヤ文學概觀……三
第一期……五
第二期……一〇
第三期……一九
第一章　第一期の文學理論……二一
第一節『プロレットクリト』のプロレタリヤ精神文化論……二三
第二節『プロレットクリト』のプロレタリヤ文學論……三九
第三戰線とプロレタリヤ文學、ボグダーノフの生活組織の文學論及び集團主義文學論、カリーニンの『プロレタリアートと創造』、ベスサリコとパリヤンスキイの見解、ボグダーノフの『プロレタリヤ藝術の道』、プロレタリヤ文學の形式論及び内容論
第三節　舊ブルジョア文學の反動……六八
文學者の技術的指導、ペールイの『ミステリヤ』、リュージコ及びザミャーサンのプロレタリヤ文學觀
第四節　左翼未來派の理論……七三
第五節『クーズニツア』の文學論……七九
『クーズニツア』の出現とその主張、第一回全露プロレタリヤ作家會議の決議
第二章　第二期の文學理論……八三
第一節『クーズニツア』の沒落と『十月』の出現……八三
第二期の概觀、『クーズニツア』の宣言と『十月』の綱領
第二節『ナ・ポストウ』の極左文學論……一一〇
『ヴァプ』執行部の共產黨中央委員會への報告、『ナ・ポストウ』の運動の歷史的必然、ヴールヂンの『政治的教育と文藝上の諸問題に就いて』、レレーヴィチの『我々は遺產を拒絕してゐるか？』、『インゲーロフの『月蝕の中にて』、レレーヴィチの『ブルジョア文學及び中間的グループに對するテーゼ』、ロードフの『逆襲を浴びつゝ』、ヨードフの『レフは如何に進軍を用意したか？』、『ナ・ポストウ』と『レフ』の戰鬪同盟契約、『ナ・ポストウ』の理論の本質
第三節　プロレタリヤ文化論と文藝政策論……一四五
大論爭の發生とその經過、トロツキイの『プロレタリヤ文化否定論』、ウオロンスキイの『プロレタリヤ文學否定論』、トロツキイの『文藝政策論』、ウオロンスキイの『文藝政策論』、同伴者作家の申告書、レレーヴィチの『黨の文藝政策』、ワップの中央委員會への報告、マイスキイの『文化と文學と共產黨に就いて』、全ソヴエート聯邦プロレタリヤ作家大會の決議、ブハーリンの演說、ルナチャールスキイの見解、共產黨の文藝政策、この大論爭の意義
第四節　トロツキイの文學論……二〇四
『文學と革命』の意義、その序文、『革命藝術と社會主義藝術』、同伴者文學の批判
第五節　ウオロンスキイの文學論……三三六
『現狀と文學の領域に於ける共產黨の任務に就いて』
第六節『レフ』の文學論……三五一
『レフ』のプログラム、ツレチヤコーフスキイの說、チュジヤークの『生活建設の旗の下に』、トロツキイの批判
第三章　第三期の文學理論……三五九
第一節　第三期の概觀……三五九
第二節　ルナチャールスキイの文學論……三七一
第一回全ソヴエート聯邦プロレタリヤ作家大會の演說、マルクス主義文藝批評の任務に關するテーゼ、その批評
附錄　黨の組織と黨の文學（レーニン）……四〇〇

図2　『ソヴエート・ロシヤ文学理論』（神谷書店、1930年2月）の目次

シヤ十年間のプレタリヤ文学論研究』は、竹内栄美子氏によってのちに「『プロレタリア文学発達史』の内容とほぼ重なっている」と指摘された[16]が、さらに一九三〇年二月に神谷書店より出版された単行本『ソヴエート・ロシヤ文学理論』の一部分となった。レーニンの小論はこの単行本の付録として載せられている（図2）。

前述したように、成文英の訳文は一九三〇年二月号の『拓荒者』に掲載されたため、一九三〇年二月に出版された単行本『ソヴエート・ロシヤ文学理論』による可能性がほとんどなく、『文芸戦線』一九二九年三月号をその底本としていたと思われる。岡沢の長編論文「ソヴェート・ロシヤ十年間のプレタリヤ文学論研究」は『文芸戦線』に連載される際、すでに陳雪帆すなわち陳望道（一八九一〜一九七七）によって訳され『小説月報』に載せられていた[17]。一九三〇年一二月、単行本の『ソヴエート・ロシヤ文学理論』も陳望道によって訳され、『蘇俄文学理論』と題して陳氏主宰の大江書舗より出版された。陳の「訳後雑記」から見れば、当時、上海では、

日本国内とほぼ同時に日本の刊行物を購読できる状況だったと分かる。

ちなみに、長堀祐造氏が陳訳の『蘇俄文学理論』に付されるレーニンの小論を「陳望道摘訳」としている[18]が、陳の「訳後雑記」にはそれが「成文英の訳文を借用した」ものであると記している。ところが、実は陳は成文英の訳文をそのまま借用したのではなく、あるところに手を入れた。それについては後で触れる。

（4）中国語訳と日本語の底本との異同

成文英の訳文を底本の岡沢秀虎の日本語訳と比べてみれば、著しい相違点がある。

（1）題目。成文英の訳文は「論新興文学」（「新興文学を論じる」）と題して、「党」という言葉がない（図3）。

（2）岡村訳の冒頭にあった訳者の「前書き」（図4）が略された。

（3）本文にも「党」という言葉が現れていない。その代わりに、「集団」という言葉がキーワードとして使われている。

よく指摘されたように、岡沢の訳文がレーニンの小論の全訳ではなく、「三分の一強が削除というかなり大幅な変更」[19]があり、とりわけ原文の「文学に関係なき書き出しと結末の頁位を除いた」[20]ため、レーニンらの「新た

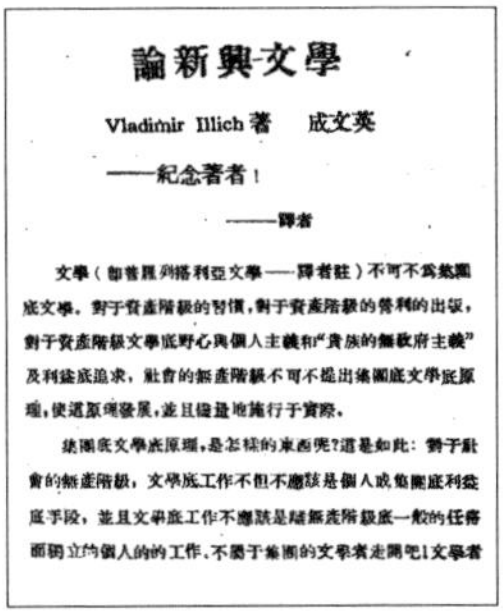

論新興文學

Vladimir Illich著　成文英

——紀念著者！

——譯者

文學（卽普羅列搭利亞文學——譯者註）不可不爲集團底文學。對于資產階級的習慣，對于資產階級的營利的出版，對于資產階級文學底野心與個人主義和"貴族的無政府主義"及利益底追求，社會的無產階級不可不提出集團底文學底原理，使這原理發展，並且儘量地施行于實際。

集團底文學底原理，是怎樣的東西呢？這是如此：對于社會的無產階級，文學底工作不但不應該是個人或集團底利益底手段，並且文學底工作不應該是離無產階級底一般的任務而獨立的個人的的工作。不屬于集團的文學者走開吧！文學者

図３　成文英の訳文（『拓荒者』第１巻第２号）

図４　岡沢秀虎の訳文（『文芸戦線』1929年３月号）

な政治状況の変化のなかでの文筆活動の再組織化」に関する論述を単に文学理論として捉えてしまい、「その結果、『文学は党のものとならねばならぬ』という言葉のみが一人歩きすることになってしまった[21]」という。しかし、岡沢の訳者「前書き」によれば、当時、彼は主に「日本のプロレタリヤ文学運動」の文脈の中でレーニンの小論を読み解き、小論から「政治運動と文芸運動との関係の原則」を見出そうとしている。岡沢は「生ける文学の機能を知らない文芸的政治論文」が「無用な長物」だと断言し、「文芸の特種範囲」または「文芸の特種理論」を繰り返して強調しているため、彼のレーニンの小論への理解は「文芸」あるいは「文学」を特権化する傾向がよく見えるが、この小論をもって文学を政治に服従させることを導くのは、岡沢のもともとの意図ではなかっただろう。

成文英すなわち馮雪峰の訳文が岡沢の訳者「前書き」を省いたのは、無意識的であっても、中国の社会状況と左翼文学運動の文脈のなかでレーニンの小論を捉えようとしていたためであろう。この意味で、馮の訳文が底本にあった中核的な概念である「党」を「集団[22]」に書き換えた動因は次のように推定できる。第一に、中国左翼作家連盟の結成は中国共産党の指導を受けたものの、「革命文学」論争を起こした太陽社や後期創造社の若手中共党員作家たちの過激な「批判」活動を反省し、彼らの組織的な「分離」運動を止めようとした運動であったため、目下の急務は何よりまず広汎な戦線・大集団を結成しようとすることであった。のちに馮雪峰が左連の準備会に関する記事である「上海新文学運動者底討論会」という文章でその意図をはっきりと言明し、「小集団あるいは個人的散漫たる活動を清算すべき[23]」対象としていた。第二に、当時、「党国」や「党化教育[24]」などの言葉が国民党政府のイデオロギー的な用語となり、左翼青年にとってあまり良いイメージを感じていないようである。第三に、当時の政治権力と資本主義の営利的な出版に圧迫された、無力な個人としての文学青年たちにとって、「集団」が魅力的な響きを持つ言葉であったのだろう。

そうはいうものの、岡沢の底本に照らしてみれば、馮雪峰の改訳はあまりにも大胆すぎるもので、陳望道がこの訳文を借用する際、訳者として座視できないため、手を入れて訳文の「集団」を底本の「党」に戻させたと思われる。ところが、「党」という言葉を除けば、馮雪峰の訳文は基本的に日本語訳の底本を忠実に訳したものであり、とりわけ馮訳が岡沢秀虎の「訳者の注」をそのまま訳したところは注目に値する。岡沢秀虎は「訳者注」で繰り返してレーニンの小論のいった「文学」がすべて「プロレタリヤ文学の意なり」、文学者が「勿論、プロレタリヤ文学者の意」だと説明し、「党の文学の原理」を党の組織内の文学あるいは文学者に適応すると強調した一方、その原理を党の組織外に拡大しないということを含意していたと考えられる。さらに岡沢の著書『ソヴェート・ロシア文学理論』（一九三〇年七月）を見て分かるように、彼はソヴェート・ロシア文学理論の歴史において、レーニンの小論を付録として位置づけており、決して神聖視していないようである。当時、その点について、成文英すなわち馮雪峰は岡沢に共感していただろう。

このような意味で成文英訳のレーニン小論と並べて『拓荒者』第一巻第二号に載せられた沈端先の訳した列裘耐夫著「伊里幾的芸術観」（イリイチの芸術観）にも注目する必要がある。芦田肇氏が指摘した通り、この「イリイチの芸術観」は沈端先すなわち夏衍（一九〇〇〜九五）による昇曙夢（一八七六〜一九五八）訳『マルクス主義批評論』（東京、白楊社、一九二九年）からの重訳である。[25]

日本語の訳者である昇曙夢の書いた「序文」によると、原著者の「列裘耐夫」すなわちレージュネフという人は、当時、ソビエトにおける「マルクス主義批評家中に最も錚錚たる青年論客で、ソヴェート文壇一方の花形」であり、この『マルクス主義批評論』はレージュネフの「近著『文学及び批評の問題』（モスクワ、クルーグ社、一九二六年）を訳したもの」であるが、「原書は前後二編から成り、前編には主としてマルクス主義文芸批評に関する総論的原則的諸篇を収め、後編はソヴェート作家の個別的評論になつてゐる。訳書は紙数の関係上、特に前編だけを訳して『マルクス主義批評論』と名付けた」[26]という。つまり日本語の訳書は実は原書の前編に当たり、次の五章、すなわち「芸術理論家としてのプレハーノフ」「プレハーノフと現代の批評」「レーニンと芸術」「プロレット・カルトとプロレタリヤ芸術」「マルクス主義批評史より」からなっている。

章の構成を見て分かるように、芸術の理論と批評の領域においては、原著者が特に重んじているのはレーニンより、むしろプレハーノフの方である。もちろん、原著者のレージュネフはレーニンをも大切に扱っており、レーニンの諸言論の中から「芸術政策の一定明確なる方針」[27]を抽出しようとしているが、それと同時に、「レーニンは、芸術の諸問題に関しては、書いてもゐないし、又公に語つてもゐない」と章の冒頭で断り、この章で述べたレーニンの文芸論は主に「様々な人々の回想記」に記された「断片的もの」[28]によると明言している。つまり、当時、レージュネフは本稿がとりあげたレーニンの小論を文芸政策の指針として捉えていないようである。

さらに付け加えて指摘しておく必要があるのは、馮雪峰のレーニン小論の訳文のなかの「集団」はすなわち「社会の無産階級」である。それゆえ、訳文には、「集団の文学の原理」によって「文学の仕事は個人もしくは集団の利益の手段であってはならない」[29]という自己矛盾の構文が現れてくる。それは単に構文上の論理矛盾の問題だけではなく、「集団の文学の原理」が個人ないし個人に立脚した「集団」(小集団のこと)の自由を許さぬことを意味しているに違いない。のちに起こった左連の作家と「第三種人」「自由人」との論争において、馮雪峰が論争文でレーニンの観点を引用する際、説明なしに「党の文学」[30]という語を使うのは、馮の論理においては、「集団」という概念が「党」に書き換えられるためであろう。

三　『世界文化』における丹仁の翻訳とその特徴

(1)　丹仁の訳文とその底本

しかし、一九三三年一月、馮雪峰は再びレーニンの小論を翻訳し、丹仁というペンネームで『世界文化』第二号に掲載した。馮がどのような状況のなかで改訳に着手したか、とりわけ彼はどのような改訳作業を行ったか。続けて考察してみよう。

前述したように、左連が結成されて以来、馮雪峰がこの組織の重要なメンバーとなり、一九三一年二月に、「党団書記」すなわち左連内部の共産党細胞の責任者となった。一九三二年二月に、馮は中共中央宣伝部文化工作委員会の書記に転任したが、依然として左連の理論批評活動に携わっていると同時に、「中国左翼文化界総同盟」(一九三〇年一〇月～一九三六年、略称は「文総」)の機関誌である『世界文化』第二号の編集を担当している。この『世界文化』第二号は一九三二年一一月一五日に上海で発刊されてからすぐ発禁とされた「文総」の機関誌『文化月報』の続刊として刊行されたものであるが、これも一号のみで発禁となった。[31]『文化月報』と『世界文化』はいずれも政治、経済、文化の総合雑誌であり、文芸に関する内容も含まれている。『世界文化』第二号の目次(図5)を見れば、この号に載せられた文芸論は二編あり、一つは洛揚と科徳の「文芸上における排他主義について」(「関於文芸上的関門主義」)であり、もう一つは丹仁の訳した「文化的建設の道」(「文化的建設之路」)である。この丹仁の訳文は実はレーニンの文芸に関する見解の摘録であり、小論もそのなかに含まれている。

丹仁の改訳の文末には、「『列寧与藝術』的編者S．特来甸」の注が付されているため、それによって、改訳に

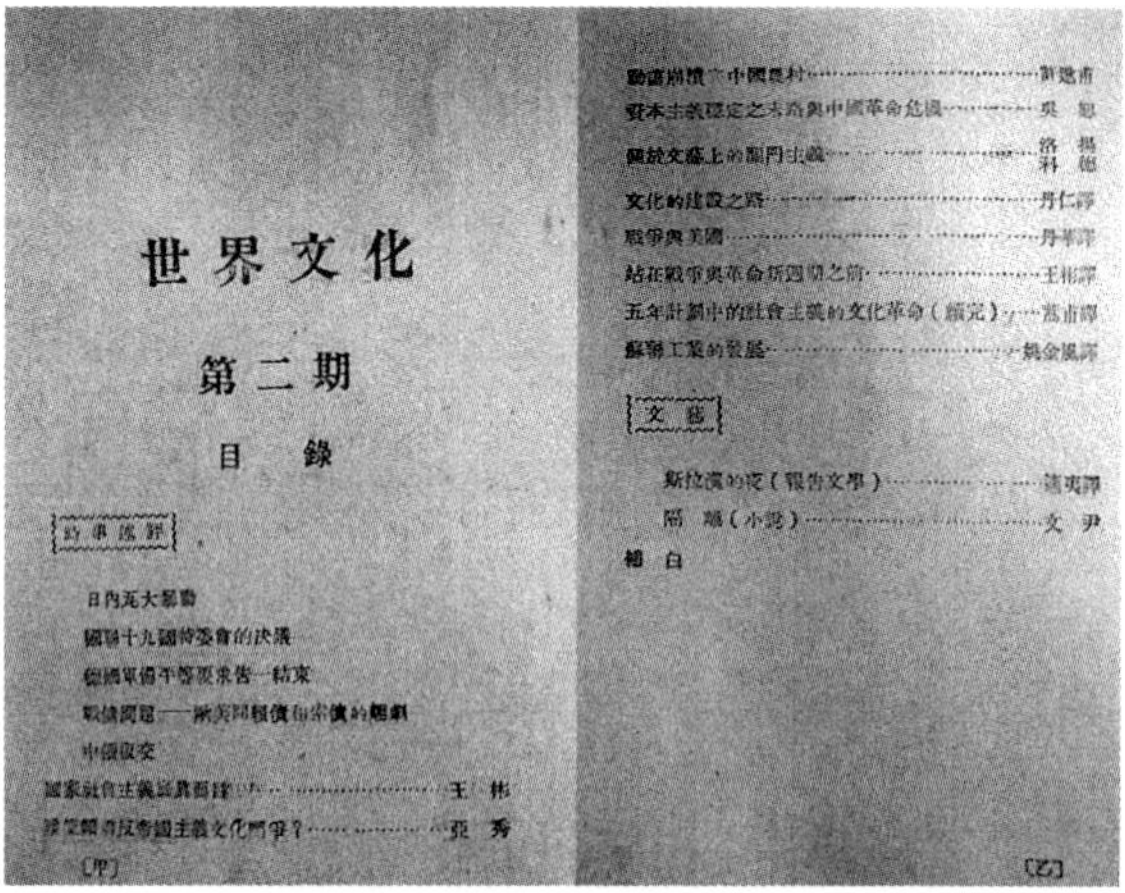
世界文化

第二期

目録

時事述評

日内瓦大暴動

國聯十九國特委會的決議

德國軍備平等要求告一結束

戰債問題——歐美間債權債務的糾紛

中俄復交

國家社會主義[illegible]……王彬

爲什麼要反帝國主義文化鬥爭?……張秀

〔甲〕

動盪崩潰之中國農村……[illegible]

資本主義穩定之末路與中國革命危機……[illegible]

關於文藝上的關門主義……洛揚 科德

文化的建設之路……丹仁譯

戰爭與美國……丹華譯

站在戰爭與革命新週期之前……王彬譯

五年計劃中的社會主義的文化革命(續完)……[illegible]譯

蘇聯工業的發展……[illegible]譯

文藝

斯拉漢的夜(報告文學)……[illegible]譯

隔離(小説)……文尹

補白

〔乙〕

図5　『世界文化』第2号の目次

あたっては「S．特来甸」すなわちレイデン編『レーニンと芸術』を参照したと分かる。馮はそれ以外のことを記していないが、彼の以前の翻訳作業を合わせて考えてみれば、この改訳もロシア語原文から訳したものではなく、日本語訳からの重訳だと推定できる。

ドレイデン編『レーニンと芸術』の日本語訳は一九三〇年六月に東京の叢文閣より出版され、訳者は蔵原惟人、外村史郎、杉本良吉、黒田辰男、村田春海である。「訳者序」は「本書は一九二九年モスクワの『テア・キノ・ペチャーチ』社発行の同名の書の全訳である」と説明し、「編輯者ドレイデンについては我々は何も知らないが、此処には芸術について、レーニンの語つた貴重な言葉のすべてとそれについての思い出とが実に周到に集められてゐて、この種の著書の中で最も優れたものであるやうに思はれる」(32)と述べている。『レーニンと芸術』は「革命と芸術」「文学批評家としてのレーニン」「ウラヂミル・イリイツチの私生活における芸術」の三つの部から構成されており、第一部「革命と芸術」の第一節が「文化的建設の道」と題され、レーニン著作から摘録した文芸論と「同時代人は語る」からなっているが、丹仁の訳文が摘録したのはレーニンの文芸論部分のみであり、この部分の日本語の翻訳分担は蔵原惟人である。

ところが、先にあげた岡沢秀虎の訳文と同じように、蔵原訳もレーニン小論の全訳ではない。両者を比較すれば、蔵原訳は小論の冒頭、岡沢が「文学に関係なき」と述べた「書き出し」部分を、同じく削除したが、岡沢訳で削られた小論の結末はそのまま訳出した。一方で特に注目に値するのは、蔵原訳が小論の文中でも削除の作業を行い、次の段落を削ったことである。

云ふまでもなく、文学の仕事は、機械的な平均、平等化及び多数決に最も縁遠いものである。云ふまでもなくこの仕事に於いては、個人的考案、個人的傾向に対して、思想及び幻想、形式及び内容に対して、大なる余裕を保証することが絶対に必要である。これは皆議論の余地のないことであるが、然しこれ等すべては只次の事を、即ち党の仕事の中で文学の分野は他の分野と一律に同一視する訳にはゆかないといふことを、証明するだけのものである。これ等すべては、文学の仕事は社会民主党の仕事の他の分野と密接に結びついてゐなければならぬと云ふ、ブルジョア及びブルジョアデモクラシイの規律にとつては奇怪な無縁な原則を、決して覆すものではない。(33)

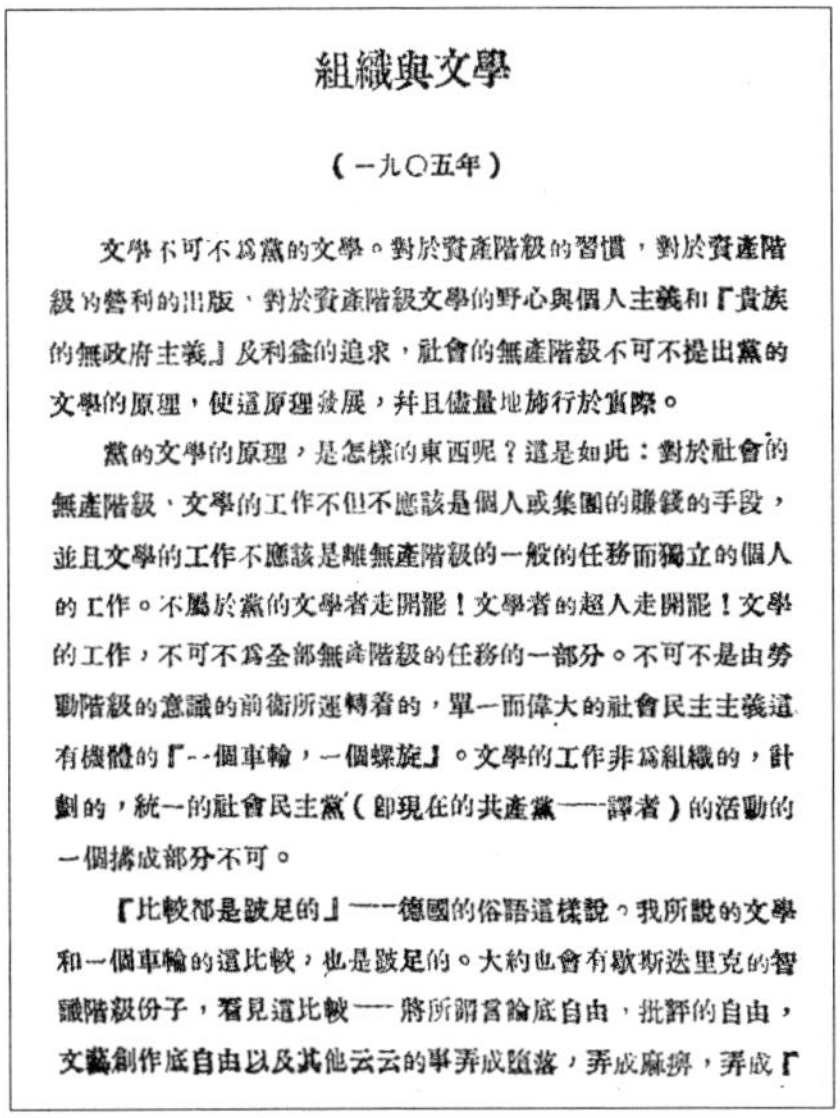

組織與文學

（一九〇五年）

文學不可不爲黨的文學。對於資產階級的習慣，對於資產階級的營利的出版，對於資產階級文學的野心與個人主義和『貴族的無政府主義』及利益的追求，社會的無產階級不可不提出黨的文學的原理，使這原理發展，幷且儘量地施行於實際。

黨的文學的原理，是怎樣的東西呢？這是如此：對於社會的無產階級，文學的工作不但不應該是個人或集團的賺錢的手段，並且文學的工作不應該是離無產階級的一般的任務而獨立的個人的工作。不屬於黨的文學者走開罷！文學者的超人走開罷！文學的工作，不可不爲全部無產階級的任務的一部分。不可不是由勞動階級的意識的前衞所運轉着的，單一而偉大的社會民主主義這有機體的『一個車輪，一個螺旋』。文學的工作非爲組織的，計劃的，統一的社會民主黨（即現在的共產黨——譯者）的活動的一個搆成部分不可。

『比較都是跛足的』——德國的俗語這樣說。我所說的文學和一個車輪的這比較，也是跛足的。大約也會有歇斯迭里克的智識階級份子，看見這比較——將所謂言論底自由，批評的自由，文藝創作底自由以及其他云云的事弄成墮落，弄成麻痹，弄成『

図6　丹仁の改訳

蔵原の日本語訳を丹仁の中国語訳と比べてみれば、丹仁訳のレーニン小論の底本が蔵原訳だと簡単には断言できないと思われる。まず蔵原訳の題目「党の組織と党の文学」が丹仁訳で「組織与文学」（組織と文学）に直されたことは一目で分かる。そして、本文を見比べても両者の相違点がよく分かる（図6）。たとえば、蔵原の訳文に現れた「ブルジョア的道徳」が丹仁訳で「資産階級的習慣」に訳され、「ブルジョア的企業家的商人的出版」が「資産階級的営利的出版」に訳されたような例が散見している（傍線は引用者）。これらの例から見れば、丹仁訳が蔵原訳より、寧ろ岡沢訳に近く、岡沢訳を底本とした成文英の訳文に基づいて改訳したと考えられる。もちろん、丹仁訳は成文英訳の重要な概念である「集団」を「党」あるいは「党の組織」に書き替え、岡沢訳でも削除された結末の部分を蔵原訳によって補足したため、厳密にいえば、この改訳は岡沢訳と蔵原訳を両方ともに底本として、当時日本語と中国語のレーニン小論の翻訳における最も削除の少ないテクストを作ったといってよかろう。

（2）丹仁改訳の動機と特徴

馮雪峰は何のために、レーニンの小論の改訳を行ったか、ということについて直接に語っていないが、「左連」の「党団書記」に就いて以後、馮は中国左翼作家連盟の性格を「疑いなく中国プロレタリア革命文学運動の幹部であり、一定かつ一致した政治的観点をもって行動して闘争する団体である」と規定し、「左連」が「作家の勝手を許すものではない」と断固として主張した上で、プロレタリア文学の「作家がプロレタリアの観点から、プロレタリアの世界観から観察し描写しなければならい」、「理論家と批評家が……終始決然としてプロレタリアの立場に立っている不撓不屈の戦士にならなければならない」という指導方針を立てている(34)。このような文脈からみれば、馮がレーニン小論の題目をみずからの旧訳である「論新興文学」（「新興文学を論じる」）から「組織与文学」（「組織と文学」）に改めたのは当時の彼の文学の党派性原則、プロレタリア作家の組織と紀律への関心を示していると考えられる。

しかし、「左連」は結成されてから、当時の国民党政府の弾圧を受けただけでなく、「自由派」側の文学者からの反発をも招いた。とりわけ一九三一年の年末から三二年にかけて、「自由人」と称する胡秋原（一九一〇〜二〇〇四）と「第三種人」と称する蘇汶（一九〇七～六四）は左翼文壇の提唱した文学の党派性、階級性に対して異議を唱え、「文芸創作の自由を問題の中心として」、「左連」と論争した。(35)

論争の諸段階で、馮雪峰は「胡秋原の主義は文学の自由であり、アンチ・文学の階級性の強調であり、さらに文学の階級的任務の廃棄である」と指摘し、胡が「『自由人』の立場から」「密かにプロ革命文学に反対する任務を実行した」と厳しく糾弾して、「彼と彼の一派に対して、今現在力をいれて暴露と闘争しなければならない」(36)と叫んだが、論争の展開につれて、馮雪峰は自分を含む左翼による批評の乱暴さと排他性を反省し、論争の相手に提起された「創作の自由」の話題を正面から取り扱うようになった。彼は「無駄ではない論争」（「並非浪費的論争」）という論文で「プロ革命文学」がまさに「人類の大多数の解放（自由）」という「最終の目的」のため、「一定の階級――プロレタリアの立場に立って他の階級に反対する」のだと説きながら、「レーニンの文学と哲学に関する党派性の原則」については、それが「いうまでもなくプロ革命文学の創作上、とりわけ批評上に応用すべき」ものだが、「一般の作家と批評家に対してわれわれはそれらを強制的に応用させることをしない」(37)と強調した。

実はこのような反省は馮雪峰の個人的な見解ではなく、当時の中国共産党中央宣伝部長を務めた張聞天（一九〇〇～七六）にも関わっている。張聞天が一九三二年一〇月二七日に、中共上海臨時中央政治局の会議において政治状況分析の報告で「左傾的情緒の増長」を問題として提起し、会議の直後、「文芸上における排他主義について」という論文を書いた。(38)この論文で張は左翼文壇の排他主義を批判し、「当下の中国左翼文芸運動を広範な群衆運動にならしめるため、決然として左傾的空談と排他主義に打撃を与えるのは絶対に必要である」(39)と主張している。張聞天の論文はまず、「歌特」の名で中共上海臨時中央の機関誌『闘争』第三〇号（一九三二年一一月）に掲載されたが、のちに作者の署名を「科徳」に改め、洛揚（馮雪峰）の論文「『第三種人』の問題」と合わせて、丹仁の改訳したレーニンの小論と呼応するように、『世界文化』第二号に載せられた。

以上の経緯を踏まえてみると、馮雪峰が「文芸の自由」をめぐる論争にけじめを付けようとしている際、レーニン小論の改訳を行った背景には、小論のテクストの再確認を通して左翼文学運動の方向転換を促そうという思惑があったと推定できる。そして、馮が論争で得た、また深められたレーニン小論への新たな認識が彼の改訳行為に影響を与えたとも考えられる。たとえば、改訳がドレイデン編・蔵原訳の訳文を参照しながら、なお岡沢訳にこだわったのは、岡沢訳では小論の「個人的考案、個人的傾向に対して」、「思想及び幻想、形式及び内容に対して、大なる余裕を保証する」という一文が削られることなく残っており、党外文学者に言及する口調も蔵原訳よりやや柔軟であったためだと思われる。(40)

しかし、前述したように、丹仁の改訳は岡沢訳と蔵原訳を両方ともに底本としているため、原編輯者のドレイデンと訳者の蔵原の思想も影を落としたに違いない。典型的な例として、改訳は岡沢訳の文中にあった訳者注を全部削り、その代りに、ドレイデンの文末注を付けていた。ドレイデンの注は小論が「党の文学（主として煽動・宣伝文学）を合法的状態に移すと云ふ問題が起こつた時期に書かれた」と説明しながら、「この論文は、唯に専門的宣伝文学のみでなく、芸術的創作一般の根本的問題にも触れて居り、今も尚ほ積極的意義をもつてゐる所の幾多の最も原則的な問題を促進してゐる」(41)と強調し、小論に提出された「原則」をより広範な「芸術的創作」に応用しようとしている。もしドレイデン・蔵原が文中の削除などの作業を通してレーニン小論における内在的な矛盾、たとえば「党の文学」と「一般的な芸術創作」、あるいは文学の党派性と個人の創作自由との矛盾を消去したといえるなら、丹仁の改訳は不本意ながら、その矛盾と揺れをうまく整合できず、むしろ一層鮮明にしたと思われる。

（1）レーニンのこの小論の中国語訳について、長堀祐造『魯迅とトロツキー』（平凡社、二〇一一年九月）第八章には詳細な考察があり、本稿の執筆にあたりその考察から大きな示唆をうけた。ここに記して感謝の意を表したい。

（2）劉錫誠「一九八二：给文艺与政治关系松绑——记中国文联四届二次全委会」（『中華読書報』二〇一二年八月八日）。

（3）中央編訳局：中国共産党中央委員会に直属しているマルクス、エンゲルス、レーニン、スターリン著作編訳局のこと。

（4）前掲注(2)劉論文。

（5）中国語原文は次の通り：在这次中国文联全委会上，我听说已经把列宁的「党的组织和党的出版物」这篇文章的新译文印发给大家了。我相信，如果我们是一个诚实的马克思主义者，如果我们是公正的，不带偏见的，有历史眼光的，那么我们读了中共中央编译局列宁斯大林著作编译室所写的「『党的组织和党的出版物』的中译文为什么需要修改」，一定会同意他们的意见。因为这个说明理由很充足，是无法辩驳的。过去译成「党的组织和党的文学」，本来就是译错了。（胡喬木「关于文艺与政治关系的几点意见」『胡喬木文集』第二巻、北京、人民出版社、二〇一二年五月第二版、五五二～五五三頁）

（6）中国語原文は次の通り：「党的组织和党的文学」一文所以要改译，是因此文自一九四三年在延安『解放日报』译载以来，因为译文」关键地方始终严重不确切，以致成为党在文艺方面「左」的指导思想的重要理论根据。（丁世俊「记一篇列宁著作旧译文『党的组织和党的文学』的修订——兼记胡乔木与修订工作」『马克思恩格斯列宁斯大林研究』二〇〇一年第二期）。

（7）中国語原文は次の通り：Literatura 这个词并不是在任何时候都应该译成「文学」。要打破这一层成见。这样我们才能比较客观地来考虑，列宁的这篇文章，究竟是翻译成「党的组织和党的文学」好，还是翻译成「党的组织和党的出版物」好。这完全是一个科学的问题，是一个语言学的问题，也是一个历史学的问题，完全应该采取一种冷静的、科学的态度来对待。列宁所讲的，实实在在就是「党的出版物」，编译局的同志已经做了详细的说明。……何况这里面根本没有什么政治问题，纯粹是个语义问题，翻译问题。（胡喬木「关于文艺与政治关系的几点意见」『胡喬木文集』第二巻、北京、人民出版社、二〇一二年五月第二版、五五三～五五四頁）

（8）中国語原文は次の通り：至于我们这里所谈的这个翻译错误，在马克思主义著作的翻译者中间，据我所知，基本是没有争论的，都认「为确实是翻译错了。而且在『列宁全集』里面，这个词在类似的情况下也是译成「书刊」，并没有都译成「文学」。仅仅这篇文章，沿用旧译，译成「党的组织和党的文学」。因为过去在延安『解放日报』上面这样译过，（在这之前，在上海也这样译过，不过影响没有那么大）后来又被毛泽东同志「在延安文艺座谈会上的讲话」引用了，这就似乎成为不可更改的了。现在好像我们的文艺政策不是建筑在科学上面而是建筑在误解上面。哪有这样的事情呢？历史上有过许多误解。这个误解毛泽东同志不能承担责任，文章是博古同志翻译的。改正一个错误，这根本不应当成为一个问题。（同前注、五五五頁）

(9) 前掲注(1)長堀書、二八〇頁。

(10) 陳早春・萬家驥『馮雪峰評伝』（北京、人民文学出版社、二〇〇三年六月）、三六〜三八頁を参照。

(11) 馮雪峰「革命与智識階級」（『無軌列車』第二期、一九二八年九月。執筆日付は一九二八年五月）。

(12) 芦田肇「魯迅、馮雪峰のマルクス主義文芸論受用(一)――水沫版・光華版『科学的芸術論叢書』の書誌的考察」（『魯迅研究の現在』汲古書院、一九九二年九月）。

(13) この点について馮雪峰と李霽野、葦漱園の共訳したトロツキーの『文学と革命』（北京、北新書局、一九二八年二月）との関わりを付け加えておく必要がある。李霽野の書いた「後書き」によると、翻訳中、馮雪峰に頼んで茂森唯士の日本語訳の注釈を訳してもらったことがあるという。

(14) 中国語原文は次の通り：因为很多人就都在渴望着想多知道一点十多年来苏联诸位学者关于艺术学和艺术史的研究成果的。我们都只听说那成果很巨大。但以前还能够从日译方面知道一点，现在则只有希望懂俄文的朋友了。（馮雪峰訳『現代欧州的芸術』訂正版「訳者序記」、新芸術出版社、一九四六年一二月）

(15) 『文芸戦線』一九二九年三月号、一二一頁を参照。

(16) 竹内栄美子「プロレタリア文学運動とソヴェットロシア文学理論――中野重治・蔵原惟人・岡沢秀虎に見る一断面」（『文学』四巻二号、岩波書店、二〇〇三年三〜四月、五四頁）。『プロレタリア芸術教程』第二輯は筆者未見。

(17) 陳雪帆の訳文は「苏俄十年间的文学论研究」と題して『小説月報』第二〇巻第三、五、六、八、九号に連載されている。

(18) 前掲注(1)長堀書、二六三頁。
(19) 前掲注(16)竹内論文、五四頁。
(20) 岡沢秀虎の訳者「前書き」(『文芸戦線』一九二九年三月号)二二頁。
(21) 前掲注(16)竹内論文、五五頁。
(22) 馮雪峰訳文の冒頭部分の中国語原文:文学(即普罗列搭利亚文学——译者注)不可不为集团的文学。对于资产阶级的习惯,对于资产阶级营利的出版,对于资产阶级文学底野心与个人主义和『贵族的无政府主义』及利益底追求,社会的无产阶级不可不提出集团底文学底原理,并且尽量地施行于实际。
(23) 馮雪峰「上海新文学運動者底討論会」(『萌芽月刊』一巻三号、一九三〇年三月一日)。
(24) 同時代作家丁玲の小説「莎菲女士的日記」(一九二八年)を参照。
(25) 前掲注(12)芦田論文。
(26) 昇曙夢「マルクス主義批評論・序文」(『マルクス主義批評論』第一頁、東京、白楊社、一九二九年)。
(27) 昇曙夢訳『マルクス主義批評論』(東京、白楊社、一九二九年、八八頁)。
(28) 同右。
(29) 馮雪峰訳文の中国語原文:集団底文学原理,是怎样的东西呢?这是如此:对于社会的无产阶级,文学底工作不但不应该是个人或集团利益底利益底手段,并且文学底工作不应该是离无产阶级底一般的任务而独立的个人工作。
(30) 馮雪峰「関於『第三種人』的傾向與理論」(『現代』第二巻第三号、一九三三年一月)。作者名は丹仁と記され、一九三二年一一月二六日作。
(31) 唐沅他編『中国現代文学期刊目録彙編』(上)(天津人民出版社、一九八一年一〇月、一四九九頁)。
(32) 「訳者序」、ドレイデン編、蔵原惟人他訳『レーニンと芸術』(東京、叢文閣、一九三〇年六月、一頁)。
(33) 引用は岡沢の訳文による。

(34)「中国無産階級革命文学的新任務——一九三一年十一月中国左翼作家連盟執行委員会的決議」を参照、この「決議」は馮雪峰が執筆したもので、『雪峰文集』第二巻(北京、人民文学出版社、一九八三年一月)に収められる。引用は『雪峰文集』第二巻、三三〇、三三二頁。

(35) 蘇汶「文芸自由論辯集・編者序」(『文芸自由論辯集』上海、現代書局、一九三三年三月、一頁)。

(36) 洛揚「致文芸新聞的一封信」(上海、『文芸新聞』五八号、一九三二年六月六日)。

(37) 洛揚「並非浪費的論争」(上海、『現代』二巻三号、一九三三年一月)。

(38) 程中原『張聞天伝』(北京、当代中国出版社、二〇〇六年一二月、一〇一〜一〇二頁)。

(39) 科徳「関於文芸上的関門主義」(『世界文化』二号、一九三二年一一月)。

(40) 岡沢訳:「党に属さない文学者が去れ!」/蔵原訳:「党外文学者を追っ払へ!」/丹仁訳は「不属於党的文学者走開罷」としているため、明らかに岡沢訳によるものである。

(41) ドレイデン編、蔵原惟人他訳『レーニンと芸術』(東京、叢文閣、一九三〇年六月、二八頁)。

侮蔑、趣味、そして憧憬から脅威へ——近代日本知識人の中国表象——

劉　建輝

一　近代日本における中国表象の変遷

かつての入唐、入宋僧などの残した渡航記録はともかくとして、いわゆる近代日本人の手になるさまざまな中国「表象」を整理してみると、そこにはいくつか時代的な波とその波にともなう内容や表現上の特徴が確認できる。

(1) 三回にわたる戦前の表象の波

まず時代的な波からいえば、およそ安政開国（一八五八年）直後の文久年間から明治改元までの間がその第一波で、この期間中には多くの遣外使節や留学生が欧米諸国に派遣されたが、彼らがその寄港先である上海や香港の状況について記した記録の一部は、いわば近代日本人による中国の最初の「表象」である。また同じ時期に、いわゆる渡欧の徒次ではなく、もっぱら内憂外患の進む中国、とりわけ列強の租借地を持つ上海の事情を「探索」する目的で、この土地にいく度か使節団が出されており、その参加者たちによって記述された、たとえば高杉晋作の『上海五録』に代表されるような数多くの日記や見聞録なども、近代初期の貴重な中国記録にほかならない。

中国「表象」における第二の時代的な波は、ほぼ日清戦後から日露戦後までの一〇年間と考えられる。これは戦地報告をはじめ、いわゆる対戦国事情についての紹介や戦後処理に関する分析などの形でさまざまな言説が生み出されたのみならず、敗戦に起因する中国国内の更なる開放によって、比較的長期間にわたって各地方を「漫遊」した一部の中国研究者、探険者たちの手になる報告書や旅行記なども少なからず残されているのである。

そして、いわゆる時代的な波の第三波は、だいたい大正半ば頃から始まり、その後やや起伏しながらもおよそ太平洋戦争の終戦直前まで続いていたと認められる（本書が主題とする「一九三〇年代」はこれに含まれる）。この時期にはちょうど日中の近代ツーリズムが相次いで成立し、旅行会社の斡旋などを利用する形でかなり多くの作家や詩人が中国を訪れて、それぞれの印象や感想を書き残していた。一方、日本軍部の度重なる暴挙に起因する日中間の戦火がどんどん激しさを増していくにつれて、同じ文学者でも、旅行者ではなく、従軍記者や従軍作家として大陸に渡るケースが現われ、彼らの記したさまざまな記録も、やはり無視することのできない重要な中国「表象」の一つといえよう。

(2) 中国表象の内容と特徴

さて、このようにまさに歴史的な要素に起因して、近代以降の日本人による中国「表象」には三度にわたる大きい時代的な波が存在していたわけだが、こういった事実を確認したところで、次には簡略ながらもその三度の波にともなうそれぞれの内容や表現上の特徴についてすこし触れてみることにしよう。

まず、最初の幕末期に現われた遣外使節たちによる第一波の「表象」だが、これには種々の時代的な制限もあって、そのほとんどが定期航路の寄港地である上海と香港の両都市に集中している。そしてアヘン戦争後における列強と中国との間の政治または軍事的な力関係により、記述者である武士たちのまなざしは、基本的には両都市の持つ西洋の窓口としての側面に注がれており、その記録の大半もそういった近代資本主義の発達に対する「驚嘆」で占められている。ただ、さすがにこの時点ではかつての「中華」に対する尊敬の念がまだ完全に断ち切れておらず、現地における列強と中国の間の支配と被支配の上下関係を指摘しながらも、町の在来の文物や接触を持った中国の友人などに対して、いずれも好意を込めて記述している。

ちなみに、この時期の武士たちの記録は、半数近くが「漢文」、それ以外もほとんど「漢文訓読体」によって記されているが、この文体は、当時彼らが外部世界を捉える際に唯一不自由なく、かつ有効に使えるものであって、こういったところの中国「伝統」との強固な結び付きも、いまだこの「老大国」を徹底的に見下すことができない立場に作者たちをとどめていたわけである。そして彼らのこうした姿勢を、たとえばかつての入唐や入宋僧の残した「中華」崇拝的な諸記述、あるいはのちの明治期に氾濫する「支那」蔑視的な諸言説と比較してみた場合、そこにはまさに前者のような慇懃もなければ、後者のような傲慢さも感じさせない、比較的対等な関係を確認できるのである。その意味で、武士たちの一連の「表象」によって、中国が西洋とともに始めて「発見」されたといわれているが、この最初の等身大の中国「発見」を可能にしたのは、ほかならぬ空前絶後ともいえるこうした対等な関係に由来する一種の「客観性」であろう。

というのも、この時期以降、日中の国力や国際的な地位が急速に逆転し、とりわけ日清戦争における日本の圧勝と中国の大敗という意外な結果によって、こうした「客観性」が完全に失われてしまい、いわば、一種のナショナリズムの高揚を背景にした、まったく「差別的」な中国像が作り出されたのである。それは時期的には、つまりわれわれのいう中国「表象」第二波の諸言説にあたるわけだが、ここでは、いわゆる日本ないしは日本人のナショナル・アイデンティティを立ち上げるために、アジア諸国、とりわけ中国と朝鮮がまさしく「文明国」日本を顕在化させる一つの比較対象として、徹底的に近代国民国家の論理によって裁断されている。その結果、中韓両国はともに日本によって「教導」されるべき「散漫」、「懶惰」で「不潔」な国家ないしは国民像を立ち上げられ、その後それが長らく日本の言論界で流布し続けていたのみならず、両国国内、中でも中国の代表的な知識人たちにもその言説の一部が受け入れられ、さらには内面化されていたのであった。

ところが、この明治期に「発見」されたさまざまな中国ないしは中国人の欠点、なかんずく国民国家の論理によって完全に否定されたその「漠然」とした国家や公共観念、「堕落」と「享楽」に満ちた社会風俗、それに「不潔」で秩序のない庶民生活などといった国民的な「特質」が、大正半ば頃になると、今度はまったく逆に、いわば「近代」を相対化する一種の貴重な価値として、忽然日本の作家や詩人たちに「評価」されるようになったのである。

この大転換がもたらされた時代背景には、たとえば日露戦争後、いわゆる国民国家の統制がいよいよ強固となりつつある日本国内の「均一的」で「閉塞的」な社会空間に対して、多くの知識人が強い不満を抱くようになったこと、また維新以来半世紀にわたる「文明国」の経営がついに軌道に乗り始め、国民の間にはある種の隣国に対する優越感をともなった「余裕」が生まれたこと、そして何よりもやはり文学や芸術などにおける西洋の世紀末的な感性がつぎつぎと紹介され、それが在来のさまざまな「悪」を再認識する一つの価値観となったことがあげられよう。その意味で、第三波とも名付けられるこの時期の中国「表象」は、一見明治期の中国言説を完全に覆したように見えながらも、根本的には依然として一種の日本を中心としたオリエンタリズムによって行われたといえよう。ただその際にこれらの作家や詩人たちが、まさしく西洋的世紀末の感性に乗りつつ、その転倒された価値観によって、従来とまったく異なった「頽廃美」のある中国を再発見したのも事実にほかならない。

二　侮蔑から趣味へ——明治、大正の中国表象——

(1)　日本人像成立の陰画としての中国像

近代日本ないし日本人は、その国民的アイデンティティを立ち上げるために、おもに二つの作業を行った。一つは、欧米の諸事物をモデルとし、なんとしてもみずからをその基準に到達させようとしたことと、いま一つは、周辺諸国を徹底的に差異化し、なんとかして自分の優位性を作り上げようとしたことである。この二つの作業は、いわゆる近代日本のモットーである「脱亜入欧」の近代化路線とも一致し、その後長らく日本人の精神構造に大きな影響を与え続けていた。中でも、後者はいわば「文明国」日本を顕在化させるための手段として、実にさまざまな表象を通じて、数多くの差別的なアジア像や中国像を作り出し、また流布せしめたのである。

日本ないしは日本人をある統一された「共同体」として捉え、ヨーロッパや東アジア諸国と比較しつつそのさまざまな特質を論評する言説は、部分的ではあるが、すでに明治初期の福沢諭吉によって行われていた。しかしこの時点では、彼はあくまで文明論の中でその特質に触れただけで、初めからけっして「日本人論」そのものを目指していなかった。その意味で、いわゆる日本ないしは日本人論の本格的なスタートはやはり明治二〇年代後半、とりわけ日清戦後に高揚してきたナショナリズムと軌を一にしていると考えられよう。

ちなみに、三宅雪嶺の「真善美日本人」(一八九一年)と「偽悪醜日本人」(一八九一年)こそ時期的にやや早いが、その他いわゆる近代日本の代表的な「日本人論」の多くがおおむねこの日清戦後から日露戦後にかけての十数年の間に刊行されたのである。それは一つのブームともいえるようなもので、その盛んな状況は、たとえば次の一覧表によっても確認できる。

志賀重昂『日本風景論』（一八九四年）
内村鑑三『日本及び日本人』（一八九四年、のち『代表的日本人』に改題）
新渡戸稲造『武士道』（一八九九年）
苦楽道人『日本国民品性修養論』（一九〇三年）
岡倉天心『茶の本』（一九〇六年）
芳賀矢一『国民性十論』（一九〇七年）
遠藤隆吉『日本人』（一九一二年）
『日本我』（一九一二年）

このような著名人の「代表作」だけにとどまらない。たとえば日清開戦の年に創刊された日本初めての大型総合雑誌『太陽』の誌上にも刊行早々からすでに金子堅太郎「日本人種の特性」（一巻九、一〇号）や岸山能武夫「日本人の五大特質」（二巻七、八号）、武富時敏「日本国民の資力」（二巻七号）、またその後も高山樗牛「日本主義を賛す」（三巻一三号）や井上哲次郎「日本民族思潮の傾向」（五巻一、二号）などがつぎつぎと載せられ、この時期における日本論ないしは日本人論の過熱ぶりの一端を伝えている。

ところで、上記の日本人論の中でさまざまな日本や日本人の「特質」が議論されているが、それらは一体どうやって抽出されたのだろうか。むろんその一つ一つを立ち上げるためにはある比較の対象、つまり「他者」の存在を必要としていた。そして近代国家としてまだ歩み出したばかりの日本は当然その相手を欧米列強ではなく、未だに「文明」に目覚めぬ隣国の「朝鮮」や中国などに求めたのであった。

たとえば、創刊間もない『太陽』の誌上に、作者は明言こそ避けたが、「朝鮮」の特質を「第一、国家、属邦の歴史を有し、独立の歴史を有せざる事」「第二、国民遊惰にして勤倹の徳無く、文弱にして尚武の気象無き事」「第三、国民、軽薄にして廉恥無く、卑劣にして節義無き事」「第四、政治家、朋党を結びて常に相傾軋し、絶て国家的精神無き事」(川崎三郎「朝鮮問題」一巻七号)などの十箇条にまとめる前に、その基準となる国のあるべき姿、すなわち日本に代表される「独立自主の国」の国家像を掲げている。それは次のような十箇条からなっている。

第一、国家独立の歴史を有する事
第二、国民勤倹尚武の気象に富める事
第三、国民廉恥節義の精神に富める事
第四、政治家公徳を重んずる事
第五、経済上の要素ある事
第六、兵備上の要素ある事
第七、教育上の要素ある事
第八、交通運輸の便利を有する事
第九、宗教上の要素ある事
第十、文学、工芸、美術、言語の独立を失はざる事

この十箇条は、いわば「独立の要素なき」「朝鮮王国」を裁断する前提となっているが、しかし視点を変えれば、そのすべてがいわゆる「朝鮮」の特質を裏返して立ち上げたものばかりだとも受け止められる。つまりここ

では「朝鮮像」が一枚の写真の陰画となっており、日本像がその陽画となっていることは誰の目にもはっきりとわかる構造となっている。(1) そしてこの構造は後述するように日本と中国との関係にもそのまま当てはまるのである。

ところで、各条の内容こそやや違ってくるが、『太陽』誌上で始められたこの一国の特質を十箇条にまとめる「習慣」はその後もどうやらいろいろなところで継承されたらしい。たとえば既述の芳賀矢一の『国民性十論』や大町桂月の「日本国民の気質」などはすなわちそれぞれ日本の国民性を同じ十箇条に整理して提示しており、またその影響を受けたとされる後述の中国の啓蒙思想家である梁啓超も未完ながら「国民十大元気論」(一八九九年)という中国版国民性論を世に送り出している。そして、芳賀はその後また『日本人』という『国民性十論』の補論ともいえる著作を著わし、後者の諸項目を今度は「すめらみこと」「家」「武勇」「修業」「簡易生活」「同情」「救済」「公益」「国家」と九項目に改めてみずからの議論をさらに深化させている。

芳賀のこれらの主張もそうだが、実は日清戦後に始まる一連の日本ないしは日本人論をよく読んで見ると、そこには主に三つの要素が特に強調されているように思われる。その三つの要素とは、すなわち国家観念、勤労観念、また衛生観念のことであるが、日本人にはこれらの観念が昔からすでに身についているというような言説はおよそほとんどの作者から繰り返し提示されている。これは明らかに近代国家を意識し、その基礎ともなる国民観念の存在を意図的に顕在化させようとするものにほかならない。そして前にも述べたように、その顕在化の作業はまたあくまでも中国や韓国への徹底した差異化によって行われているのである。

たとえば、中国や韓国にはこれらの観念が欠如しているため、未だに「文明国」にはなれないというような議論が『太陽』を始めとするさまざまなメディアに溢れ、いわゆる当時の「言論」の大勢を占めているのみならず、その後も長らく中国観や韓国観に影を落としている。やや長くなるが、ここでそのいくつかの例を見てみよう。

支那国民が国家の観念なるものに至りては、甚だ漠然として明瞭ならず、支那国民は仏教に由りて国家の観念を養成せらるるものに非るなり、又支那国民は我輩日本国民の如く帝室と国家との観念を結合するものに非るなり、……（日本では――引用者）国家の観念は皇室に於て統一せらるるものなり、之に反して、支那国民は其帝室と国家とを全く別視す、而して其所謂国家の最上理想なるものは平和と秩序とを善く保ちたるものにして、其主権者は自国人なるも外国人なるも敢て問う所に非ず。

（中西牛郎「支那帝国の真相」『太陽』二巻一号）

……東洋に行わるる忠君の主義に二様の別あり。其の主義を国家地盤の上に樹立すると、個人的利害或は禄制の上に樹立すると是れなり。……第一の主義之れを称して国家的忠君主義或は更に適切に勤皇主義と云ひ、第二の主義之れを名づけて利禄的忠君主義と云ふ。而して此の両主義中第一の主義が史前より史後の今日に至る迄、数千年を貫通し、終始一日の如く行はれたるは東洋、否、坤輿に於て特り我が邦あるのみ。古公の心中、仁政の精神は蓋し之れありたらん。而かも国家的観念に至りては、毫末の存するあるを見ず。……以て支那人民の理想に於て、国家的観念の痕跡だもなき所以を徴するに足るものあり。

（清野勉「支那国性の由来」『太陽』二巻二〇号）

以上は主に国家観念に集中したものであるが、むろん他の二つの観念についてもこれらには勝るとも劣らぬさまざまな議論が展開されている。たとえば、次の二つの引用はつまり中国人のそうした勤労や衛生などの意識の欠如をことさらに強調するものにほかならない。

幸にして此度の戦争のお陰で、私は遼東朝鮮等を漫遊することが出来ました。向ふに参つて清潔が何の位迄行はれて居るかと研究して見ますると、是はどうも案外千万で、遼東半島なんど申しまするものは、迚《とて》も言葉を以て其の不潔を形容することが出来ない位です。不潔の極端で、清潔と云ふこと又不潔と云ふことを知らない国である。

（岸本能武太「日本人の五特質」『太陽』二巻七、八号）

支那人資性の悪端は世人のすでに知了せるところ、この自尊にすぎ、保守にすぎ、国家の公に薄く、自利の私に厚く、狡獪に散漫に、野卑に倹嗇に、因遁に姑息、間が抜け気の利かざる、兼ねて虚礼を重んじ、辞令に嫺《なら》ひ、又た一般に不潔を厭わず。字して豚といひ、号してチヤンといひ、甚だしきに至りては之をジユウと比し、又た世界最下等の国民と称するものあるに至る。

（藤田剣峯「支那人の資質を論じて対支那策に及ぶ」『太陽』四巻五号）

むろん、このような言説はけっして『太陽』に始まったものではない。たとえば『太陽』にしばしば登場する論客の一人である尾崎行雄が早くもその一〇年前の中国旅行の際に記した『遊清紀略』においてすでに中国人の「懶惰」や「不潔」についての議論を行っているし、またさらに溯って見れば、明治初期の福沢諭吉のさまざまな文明論の中にも一部似たような批評が確認できる。その意味で、日清戦後のこうした一連の言説の大量流布は、いわば戦勝という大きな自信を背景に従来の散発的な議論をより強固により鮮明に展開したに過ぎないといえよう。

しかし、よく考えて見れば、上記のこのような中国への徹底した差異化は実はかなり危険な操作であることに気付く。というのは、ここまで何千年来みずからが「師」として仰いできた中国を否定してしまうと、その文明の恩恵を受けてきた日本の立場もどこかで揺らがないとも限らないからである。この危険を避けるために唯一取られる対策は、つまり古代中国と現代中国を切り離し、その古代中国の本当の継承者は実はわが日本であることを暗示することによって、中国を否定しながらも自分を正当化するという一石二鳥のものだったのである。

今の支那人を観たる者、誰れか、その礼法を壊乱するに驚かざる者あるか、苟くも黄白を得んには、如何に、其の身を不潔にし、其の行を卑劣にするも、敢えて之れを厭わざるにあらずや、然れども更に首を回らして、四千余年前の往時に溯ぼり、その古文学を繙きて、考一考するときは、大に今日と懸隔せるを知る、彼等は優美なる人民なり、礼法を以て自ら持したるの人民なり、或る点に於ては、泰西人の常に艶称する所の、希臘人種に似たる如き点なきにあらざるなり。（小柳司気太「支那文学一斑」『太陽』一巻一二号）

ここでは、古代中国また古代中国人がかなりの「好意」によって持ち上げられているが、その際に比較の対象として否定されたのもまた同じ「礼法」を壊乱した現在の中国と「卑劣」で「不潔」な現代の中国人である。そしてこうした「野蛮国たる非理国たる」中国と「多くの欠点ある」中国人に対して、日本および日本人がまさに「百事を異にする」ことによって、みずからの「優美なる人民」としての地位が獲得されたのである。

むろん、この際に「百事を異にする」日中の最大の「違い」もさまざまな「実例」をもって証明されている。その違いとはつまり戦場における日中兵士の行動の差であるが、日本人兵士が「武勇絶倫」であるのに対して、中国の兵士は「不規律の徒」であり、「身を全うすることのみに汲々」たるに過ぎず、両者の間には「雲壌の差異あり」とされているのである。

このように、日本および日本人がおよそすべての面において中国ないしは中国人より「優れている」ことが証明されたわけだが、こうした立場の逆転が存在する以上、当然、「一等国」の日本が「未開国」の中国をリードし、また「教導」する必要も生まれてくる。それはいわばアジアの「盟主」としての「使命」であり、「責務」である。

よくいわれるように、一九世紀の一〇〇年間とは基本的に国民国家が世界各地で立ち上げられ、かつ強化されていった一〇〇年だと認識できる。その中である国が近代的な国民国家のレベルに達しているか否かをはかる基準の一つとしては、その国がすでにどの程度「富国強兵」を実現したかということがどうやらまず想定されていたようである。その意味で「国家観念」「勤労観念」などの精神面にとどまらず、一時劣勢といわれた軍事の分野でも清国を下した日本は、まさにあらゆる領域で相手を「弟子」にまわしたことによって、いよいよみずからの近代国家の「先生」としての地位を強固にしたのであり、また実際にもそういう立場で中国などを「教導」し始めたのである。

ところが、この「散漫」「懶惰」で「不潔」の中国人が、たとえば大正時代に入ると、新しい時代の文脈の中で今度はまったく違う「オリエンタリズム」の対象となり、その表象によっては一種の日本では得られない「癒し」や「デカダン」の「美」が発見され、いわゆる日本発の「中国像」がまたあらたな展開を見せ始めたのである。

(2)「支那趣味」の成立とその展開――谷崎潤一郎の場合――

従来、日本文学における世紀末といえば、おおむね明治中期に発生した西洋伝来の耽美主義やデカダンス、さらにはアール・ヌーヴォーとして日本に里帰りしたジャポニスムなどを指してきた。西洋受容の一環として、これらの文学的感性が多少の時差こそあれ、欧米の世紀末的文学の延長線上で展開し、開花したことはだれしも否めまい。しかし大正時代に入り、そのエッセンスがいよいよ作家たちに内面化されていくにしたがって、今度は受身ではなく、むしろ主体的にみずからの「世紀末」を作り出したのではないか。その最たるものは、つまり「支那趣味」である。それは、かつてのフランスにおけるジャポニスムと同様、いわば実体としての「中国」に、「歪曲＝加工」、「抑圧＝昇華」を施し、一連の差異化と賞賛の「再構成」を通してグロテスクにして華麗なる表象を織り上げていく、パターナルな「オリエンタリズム」の極致を示すものであるといっても過言ではない。

このような状況に鑑み、ここでは、谷崎潤一郎という媒体を通し、創作営為の根源ともいえる作家の想像力において、このいわゆる「支那趣味」がいかに発生し、培養されていったのか、そのプロセスを追跡してみたい。

周知のように、谷崎と中国との「関係」は、早くもその少年時代の漢文素読に始まり、およそ小学校高等科を卒業する前からすでに日本橋亀島町にある貫輪《ぬきわ》秋香《しゅうこう》塾という漢学塾で「大学」や「論語」を始めとする多くの漢籍を読破したようである。しかし少年時代に身に付けられたこれらの漢学的素養がそのまま発展し、一直線に後年の「支那趣味」にまで変貌したかというと、けっしてそうではなかったと思われる。それはあくまで一般的な古典教養に過ぎず、作家の精神的な資質として成立するには、またさらなる契機を待たなければならなかったのである。

その契機とは何かといえば、すなわち高校や大学時代における西欧の耽美主義文学、およびその影響を受けた永井荷風の文学などとの出会いにほかならないが、これらの文学の繙読から、谷崎はいわば自分の潜在的な資質を発見する一種の精神的な「啓示」(2)を受け、ついに「悪」のスピリチュアリズムに開眼したと考えられる。そして、この隠れた感性に一旦目覚めた彼は、かつてあくまで学力として身に付けたみずからの漢学的素養を振り返った時、はからずもそこに自分の資質とまったく符合する豊かなデカダンティスムの世界を発見したのである。その意味で、谷崎が文壇デビュー当初においていく度も「中国ダネ」を使い、また生涯にわたってその「支那趣味」を貫き通したのは、けっして偶然のことではなく、その世界の背後にはまさに彼の精神的な「栄養源」が隠されているといえよう。

たとえば、彼の処女作である『刺青』（明治四三年一一月）において、小説の主人公、「光輝ある美女の肌」に「己れの魂を刺り込む事」を宿願とする刺青師清吉が、長年尋ねあぐんだ念願の女を見つけるやいなや、真っ先に彼女に見せたのは、つまり中国歴代の悪女の中でもその筆頭に数えられる妲己《だつき》と彼女のために「今しも庭前に刑せられんとする犠牲の男」たちが描かれた一枚の絵であった。そしてまさにこの不思議な絵を前にして、女主人公の芸奴の娘が「知らず識らずその瞳は輝きその唇は顫《ふる》え」、「其処に隠れたる真の『己』を見出す」ようになり、さらにその後「悪」の象徴ともいえる巨大な女郎蜘蛛を背中に刺り込まれたことで、ついに魔性の女と生まれ変わったのであった。ここでは、「この絵にはお前の心が映つて居るぞ」と清吉もいっているように、中国最大の悪女である妲己の絵は、いわば彼女に「自己発見」の啓示を与えた一つの記号として、同様の役割を果たした女郎蜘蛛とともにこの作品を根底から支えていると思われよう。

このように中国に伝わる「伝説」や「故事」を谷崎流に「再利用」し、自分独自の作品世界を作り上げていく試みは、この『刺青』に続く第二作目の『麒麟』（明治四三年一二月）の中でも確認することができる。創作当初、小説ではなく「戯曲」として構想し、「満天下を聳動させる意気組」で書かれたこの短篇において、谷崎は今度は直接『論語』から孔子の「吾未見好徳如好色者也」という嘆きの言葉を取り、それをあたかもこの時期に多用するワイルドのアフォリズムと同様の感覚で、作品世界の成立する「根拠」、ならびにその証明すべき「真理」として逆用したのである。つまり、作者はここで本来「悪」への戒めともいえるこの聖人の教えをまったく反転させ、そこから南子夫人という孔子を「敗北」させた女主人公をまさに反道徳的な「美しきものの力」の代表として再発見し、前作とほぼ同様の「美（エロス）」の王国をもう一度構築したといえよう。その意味で、出発期の谷崎にとってこの「中国発見」は、従来指摘されてきた「江戸発見」とほとんど軌を一にしており、双方ともいわゆる「悪」のスピリチュアリズムへの開眼によって獲得された無尽蔵の「美(エロス)」の世界にほかならなかったのである。

そして、この「江戸」と同等の意味を持つ「中国」の存在は、その後生涯にわたって彼の創作を支える大きな想像力の源であり続けていたことは、たとえばみずからの作風を一時的に「やや写実的な」方向へ転換させたことによって、「自分の生活と芸術との間に見逃し難いギヤップが」(『父となりて』大正五年五月)生じたことになり、そのジレンマを解消すべくもう一度「浪漫的な」世界を取り戻そうとした際に、ほかならぬ「中国題材」にそのきっかけを求めた事実からもうかがうことができる。その「中国題材」の作品とは、すなわち大正六年一月に発表された『人魚の嘆き』のことであるが、「作者が真に鏤心彫骨の苦しみを以て」書いたこの小説は、その「照り輝く」純白な肌を持つ「人魚」の女主人公にも象徴されるように、いわば従来の谷崎の白人崇拝、西洋憧憬などの資質が端的に現われている作品として認めることができる。

しかし、一方、忘れてはならないのは、そうした西洋志向と並んだ形で、いわゆる「支那趣味」的な要素もこの作中に濃厚に取り入れられているのである。それは、単に小説の舞台が南京で、主人公が清王朝の貴族出身の青年であるという設定のみならず、たとえばこの貴公子と彼の妾たちの生活ぶりやその囲まれた居住空間などにもかなり具体的に現われている。そしてこれらの要素が同じ「異郷憧憬」でも先の「人魚」の存在と明らかに異なり、前者の神秘で、幻想的な世界に対して、後者はあくまでも現世の欲望を中心とした頽廃と放蕩の極致を示している。ただ両者の関係でいえば、おそらく貴公子らの醸し出した極端なデカダンスの雰囲気の中からはじめて「人魚」に代表されるような非現実の世界が構築可能となったのだろう。とすれば、いわゆる作者の幻想的なエキゾチシズムの中には、まさに西洋と中国の二重の異郷性がつねに存在し、そしてその両者の華麗な交差こそが数多くの「浪漫的」な作品を生み出し続けていたといえよう。

このように、谷崎はおよそその出発期において西洋文学の新たな精神的「啓示」を受け、「悪」のスピリチュアリズムに開眼してから、一貫して「中国題材」に関心を示し、そこから巧みにデカダンスやエロチシズムなどの要素を汲み取ったことで、初期の創作の成功を導き出した。そして、それは先にも指摘したように、いわば近代国民国家の論理をまったく反転させた形で、古典中国の「堕落」的で、「享楽」的な側面から一種の「頽廃美」を抽出したのみならず、また世紀末的な感性からそれに新たな価値を付与したことによって、幕末以来の中国「表象」を完全に覆したのである。むろん、後述するように、谷崎のこうした一連の創作そのものも根本的には依然として日本を中心とした言説構造から離脱していないが、ただ従来と違い、まさに「趣味」としての中国を新たに立ち上げたところに、彼の独自な中国発見ないしは再発見の「価値」が認められよう。

その意味で、幕末以来多くの日本人が基本的に「近代国家」というただ一つの基準で中国を「表象」し、しかもその内容がほとんど現地の「状況」報告に終始していたのに対して、谷崎はいわばはじめて新たなオリエンタリズムの眼差しで中国を観察し、それにみずからの文学的な「言説」ないしは「表現」を与えたといえる。そして「支那趣味」を背景に生まれたこの谷崎の新しい中国「表象」は、すでに見てきたように、初期の作品においては一種の「きっかけ」あるいは「背景」として使われ、まだ従属的なものでしかなかったが、しかし、それが一旦「古典」というフィルターを外し、「現実」の対象と直接向かい合った時、まさに真の開花を迎えたと思われる。前記の『人魚の嘆き』を世に送り出してから一年後、大正七年に行われた作者の大陸漫遊が、つまりその新たな展開をもたらす最初の旅である。

一九一八年一〇月、谷崎は鉄道院発行の「ガイドブック」を手に、ただ一人、朝鮮半島を経由し、およそ二か月にわたって中国各地を旅行した。この時、彼のたどった旅のコースは、ちょうど鉄道院案内書の「二様の経路」の前者で、そして日程もおおむね「周遊計画」の通りであった。その意味で、谷崎はまさに「制度」としてのツーリズムに乗せられた形で渡来したことになるが、しかし、のちほど詳述するように、彼は巧妙にもそれを突き破って、みずからの中国景観を数多く「発見」したのである。

谷崎自身によれば、この一回目の中国旅行は「マル二ケ月で、十月の九日に東京を出発」し、途中は「朝鮮から満洲を経て北京へ出、北京から汽車で漢口へ来て、漢口から揚子江を下り、九江へ寄つてそれから廬山へ登り、又九江へ戻つて、此度は南京から蘇州、蘇州から上海へ行き、上海から杭州へ行つて再び上海へ立戻り、日本へ帰つて来た」（「支那旅行」大正八年二月）という行程であった。ただその間、彼はどうやら一般観光客のよく出かける「朝鮮」や「満洲」についてはあまり感銘を受けた様子がなく、そうした北方の町よりもむしろ南方、とりわけ「南京、蘇州、上海の方面」が、さっそく来春にも再訪したいというほど気に入っていたのである。そして、帰国後、あたかもこの度の体験を忘れまいと意を決したかのように、短いエッセイも含めて全部で一四篇もの中国関連の小説や紀行文、また戯曲を立て続けに発表し、なかでも旅に直接取材した『廬山日記』などの五篇においては、旅行中のさまざまな行動や「発見」を実に詳細に書きとめている。

この二か月にわたる外遊の中で、谷崎は、いわば従来あくまで書物などを通して抽象的に獲得した「支那趣味」を、まさにみずからの直接の体験によって補強しつつ、同時にまたこれまであまり認知していなかった新たな「事実」もいくつか発見することができた。その「事実」のうちもっとも代表的なのは、「水郷」としての江南の存在にほかならないが、彼は、「一体山国よりも水郷の景色を好む」（「蘇州紀行前書」大正八年二月）という資質からだろうか、その中国南方の「水郷」と出会うや否や「すつかり気に入つて」しまい、以後その旅の道々にほとんどいわゆる伝統的な水路を使って、「水郷」の点在する江南地方にアプローチし続けていたのである。

以上、われわれは、いわゆる中国表象の第三波、つまり明治維新から五〇年経った大正半ば頃、国民の間でようやく一種の隣国に対する優越感のともなった「余裕」が生まれたのを受けて、一部の作家や詩人たちが新興するツーリズムに乗りながら訪中し、従来とやや異なったオリエンタリズムのまなざしで中国を観察し、また表現し始めたという大きな時代的言語空間の中で、谷崎の中国「表象」、とりわけ大正七年の訪中体験に関わるさまざまな「記録」や「小説」を紹介した。その個々の作品の「意味」、またそれにまつわる作者の「意図」については、不十分ながらも一応説明したつもりなので、ここではこれ以上繰り返さない。

ただ、最後に一つだけ強調したいのは、われわれが普段問題にしている「オリエンタリズム」にしろ、「世紀末的感性」にしろ、当たり前のことだが、そのどちらも決して西洋対日本という閉ざされた構造の中でのみ発生するものではなく、それはつねに日本対アジア、とりわけ「下位」と見なしがちな中韓などの近隣諸国との関係に波及してくることである。そして、もし前者の間で生まれた諸々の文学的営為をあえて「受容」という言葉で日本の立場を単純化してまとめるならば、後者、すなわち日本と中韓の間で発生したさまざまな文学的作為において、日本は明らかに「発信者」という地位に置かれている。その意味で、「支那趣味」というのは、ちょうど「オリエンタリズム」と「世紀末的感性」を同時に内面化した日本人作家の中国に対する独自の文学的関心で、それをもっとも巧みに「活用」し、かつその「活用」を通してますますみずからの文学的「想像力」＝「創造力」を増していったのは、まさに谷崎潤一郎を代表とする一連の大正作家にほかならない。

三　憧憬から脅威へ——戦後と今日の中国表象——

（1）　贖罪的中国像と憧憬的中国像

かつて、中国文学研究者竹内実がその「昭和文学における中国像」(3)という論文において、戦前（昭和初年）の時期、戦中(昭和一〇年代)の時期、戦後の時期の中国像について、それぞれ革命的中国像、空白的中国像、贖罪的中国像と評したことがある。革命的とは、おもにこの時期のプロレタリア文学や一部の新感覚派文学による一九二〇年代の中国革命運動の表象を指し、また空白的とは、おもに戦時中の従軍作家のルポルタージュの中国に対する「無知、無理解」を意味し、そして贖罪的とは、おもに戦後新たに創作を再開する作家たちの中国への心情を表している。

戦前、戦中はさておき、戦後の贖罪的中国像については、たしかに氏の指摘する通りで、その心情は戦後の一時だけではなく、およそその後も長らく多くの文学者、そして知識人全員に意識、無意識的に共有され続けていたと思われる。ただ補足すべきなのは、この贖罪的中国像から、実はまもなくまた「自己否定的憧憬」(4)、つまり共産党革命がいよいよ実現するにつれ、その成功を日本の現実と比べて、より先進的、近代的と見なす眼差し——憧憬的中国像も派生してきたのである。以下、この両者を中心に、戦後における中国表象の変遷についてごく簡単に整理してみたいと思う。

まず、贖罪的中国像だが、これを説明するには、おそらく何よりも次の武田泰淳の文章が一番有力なものとなるだろう。

中日戦争を忘れて、中国を論ずることは、彼等の何人にも許されていない。何万何十万の中国民衆の家庭を焼き払い、その親兄弟を殺戮したあの戦争を語る事は苦痛だ。唇が歪み、心臓がねじれるほどの苦痛だ。その黒々とした事実、それは彼等の全人生を蔽う。……隣国人の血潮と悲鳴と呪いにどろどろと渦巻く、その巨大な事実が彼等の出発点であった。

(「風媒花」『群像』一九五二年一~一一月号)

小説主人公の口を借りて語られたものだが、この中国に対する深い罪の意識は、たとえば戦後派の代表的な作家堀田善衛らの作品にも確認できるように、けっして武田一人の心情ではなく、またその罪への追求が一九七〇年代の国交回復後まで続いていたように、けっして戦後一時の衝動でもなく、およそ良識のある多くの知識人に長年にわたって抱かれていたと認められよう。

そして、まさにこの贖罪的心情が、両国の交流が再開するにつれて、多数の文化人代表団を中国訪問に駆り立て、革命中国への好奇心とともに一種の理想郷的中国像を生み出してもいたのである。たとえば、一九五六年三月に、片山哲を会長、中島健蔵を理事長、青野季吉、梅原龍三郎、川端康成、木村伊兵衛、久保田万太郎、佐藤春夫、武田泰淳、谷崎潤一郎、松村謙三、山田耕筰、山本健吉らを役員とする日中文化交流協会が東京で創設されたが、この組織がその後一〇年間にわたって、作家代表団を八回、演劇家代表団を二回、映画人代表団を二回、書道家代表団を二回、美術家代表団を四回、写真家代表団を二回それぞれ派遣し、団員によるさまざまな中国報告を残した。それらについて、むろんここでは逐一紹介する余裕がないが、ただ一時「ハエのいない国」という概括的なイメージが広く流布していたことでも分かるように、その内容は総じて称揚といえるほどきわめて肯定的なものであった。

贖罪的中国像は、中国の文化大革命運動が始まった一九六六年以降も続いた。というより、その存在が一部、文化大革命の真実を伝える妨げにさえなったと考えられる。そして、そのもっともストレートで、もっとも衝撃的な提示がほかならぬジャーナリストの本多勝一が一九七一年に中国を取材したルポルタージュ「平頂山」「万人坑」「南京」「三光政策」（一九七一年八〜一二月『朝日新聞』連載）とそれらをさらに加筆、編集した『中国の旅』（朝日新聞社、一九七二年）だったといえる。中国の東北部、華北地域、南京、上海などを約四〇日にわたって踏破し、戦争また植民地支配による被害者を直接取材して、その生々しい証言を記録した一連の報告は、戦後二五年間、あえて目を背けてきた日本の過去の恥部を晒したことにより、発表当時からきわめて大きな反響を呼んでいた。確証できないが、その効果が一年後の日中国交回復時、さらには七〇年代半ばから八〇年代前半にかけての日中「蜜月」時の一部の世論形成にも波及していたと推測される。

むろん、また後述するように、今日にいたっては、一九九〇年代以降の「プチ・ナショナリズム」の高揚とともに、これらの贖罪的中国像がもうだいぶ色褪せ、かつてそれを積極的に推し進めていた『朝日新聞』でさえ、一種の「国益」優先のもとで大きく従来の姿勢を後退させ、いわゆる「中国脅威論」にすこしずつ加担し始めている。

次に、この贖罪的中国像から派生したともいえる「自己否定的憧憬」の中国像である。これは、おもに中国文学者の竹内好が最初に提示し、その後多くの知識人によって追認、補強されたものである。竹内は第二次世界大戦の日本の敗戦を受け、その現実を当時進行中の中国革命と比較し、両者の違った結果の原因をそれぞれの西洋受容のあり方に求めようとした。たとえば、一九四八年一一月に発表された「中国の近代と日本の近代——魯迅を手がかりとして」(のちに「近代とは何か(日本と中国の場合)」に改題、東京大学東洋文化研究所編『東洋文化講座』第三巻「東洋的社会倫理の性格」白日書院)という論文において、彼は次のように述べている。

転向は、抵抗のないところにおこる現象である。つまり、自分自身であろうとする欲求の欠如からおこる。自己を固執するものは、方向を変えることができない。わが道を歩くしかない。しかし、歩くことは自己が変ることである。自己を固執することで自己は変る。……それは古いものが新しくなる時機でもあるし、反キリスト者がキリスト者になる時機でもあるだろう。それが個人にあらわれれば回心であり、歴史にあらわれれば革命である。回心は、見かけは転向に似ているが、方向は逆である。転向が外へ向う動きなら、回心は内へ向う動きである。回心は自己を保持することによってあらわれ、転向は自己を放棄することからおこる。回心は抵抗に媒介され、転向は無媒介である。回心がおこる場所には転向はおこらず、転向がおこる場所には回心はおこらない。転向の法則が支配する文化と、回心の法則が支配する文化とは、構造的にちがうものだ。

そして、「日本文化は型としては転向文化であり、中国文化は回心文化である」と強く断じた。四八年といえば、ちょうど国共内戦の真っ只中で、中国国内はいわば混乱を極めていた。しかしそれでもというか、それだからこそ、竹内はそこに「回心」の苦しみ、またそれゆえの「希望」を見出していたのである。翌年、共産党革命がいよいよ成功するのを受けて、彼はさらにこの「回心」論を敷衍し、次のように指摘している。

この歴史の流れが、中国民族固有の運動として発展していることは、各時代の先覚者によって導き入れられた外来思想が、内部へ滲透して、血肉化されて否定を強めるテコの働きをしていることでわかる。中国の革命は、民族に内在する本源的な力の発露であって、たとい外の力を借りていても、運動自体はつねに自律的であった。……そこで、中国の近代化は、日本にくらべると、異質なものとしてあらわれてきている。おなじ後進国でも、日本と中国では、近代化の型がちがう。この型のちがいは、歴史を図式に還元する公式主義者の目には見えない。かれらは、質を量に変え、日本の近代と中国の近代に、歴史的段階の差を認めるだけだ。そこで結果としては、中国にたいする侮辱感を合理化することにおわってしまい、素朴侮辱感の信奉者である侵略者にさえ利用された。

（「伝統と革命——日本人の中国観——」のちに「日本人の中国観」に改題、『展望』一九四九年九月号、筑摩書房）

ここでは、竹内は、日中両国の西洋受容における時間的先後関係を数量的優劣関係とした日清戦後の主流的認識布置に痛烈な批判を加えながら、まさに「質」において、両者の上下関係を転倒させようとした。そしてみずからのこの結論を補強するために、彼は、さらにジョン・デューイの中国認識を援用し、次のようにたたみ込んだのである。

デューイによれば、日本は、伝統の圧力が少なかったために容易にヨオロッパの技術を取り入れることに成功したが、そのため逆に、根柢に古いものが温存された。中国は、伝統の抵抗が激しいために、近代化の時期におくれたが、そのためかえって、変革が徹底化されて、国民心理の革新という本源的な基盤に立つことができた。つまり、張群のいう「思想革命と心理建設」が中国では実現された、というのである。（同前）

近代化における中国のこの「質的優位」について、竹内がのちにまた「内発」（中国）と「外発」（日本）という表現を使って両者を差異化し、「日本の近代化のポイントが、西欧そのままの型が外から持ち込まれたことになる。ところが中国においては、民族的なものを中心にして打ち出して来た。そこに近代化が純粋になり得るポイントがあった」[5]とどこまでも中国を持ち上げた。竹内のこの中国、より端的にいえば革命中国への憧憬は、本人の意図的な尖鋭性を差し引いた形で、およそ当時の知識人、とりわけ敗戦後、日本の進路を思い悩んでいた知識人たちに多かれ少なかれ影響を与えており、一時はかなり普遍的な心情として働いていたと思われる。先ほどの文化人代表団をつぎつぎと中国訪問に駆り立てたのは、贖罪意識とともにこの憧憬的心情も大いに背景となったと推測されよう。

ちなみに、一九九〇年代に日中知識人間の「知の共同体」を唱え、両国の学界で大活躍した溝口雄三によれば、自分自身がつまり「中国革命に触発されて中国研究の道に入った一人」で、自分を含め「戦中・戦後育ちの中国研究者のほとんどの研究起点に、中国への批判的視点というものはなかった」が、その際、「その有力なよりどころの一つが、たとえば竹内好氏の『魯迅』や「中国の近代と日本の近代」にみられる中国観であった」（注4所掲『方法としての中国』）という。むろん、溝口はこの時点で、のちに文化大革命賛美につながった自分たちのこの憧憬的中国観を反省し、竹内の提示した転向日本と回心中国の構図も結局は「世界史をヨーロッパ中心にみてきた近代期以降のヨーロッパ側の一元的視点」（同前）を脱していないと批判した上で、日中同士もさることながら、従来の「世界」全体を相対化し、より「高次の世界像」の創出を目的とする「方法としての中国」（前掲『方法としての中国』）を提唱している。それはまさに竹内の「方法としてのアジア」を批判的に継承し、かつての憧憬的構造を完全に相対化してたどり着いた新たな地点といえよう。

このように、戦後日本において長らく共有されてきた贖罪的中国像、憧憬的中国像が、およそ一九八〇年代に入ると、文化大革命の混乱を含むさまざまな内部的「真実」が露呈し、また中国自身も四〇年前の「革命」を否定し、完全に西洋、ひいては日本的近代化を目指し始めたことによって、その「質的優位」が一気に失われ、まったくもとの「先後的優劣」の秩序に戻ってしまった。そのため、あたかも明治以降にたどってきたコースを遡るように、しばらくは日本を学ぶ近代化の「劣等生」として同情され、またその立ち遅れも一種の「郷愁」として趣味化されたのち、今度は、二一世紀以降の急速な経済成長によって、にわかに「脅威」（蔑視の裏返し）[6]の対象となったのである。

（2） 憧憬から脅威へ

近年、領土問題や資源開発等の「国益」が絡んでいることもあって、いわゆる「膨張」中国に関する議論がまさに洪水の如く日本の言論界に溢れ返っている。書籍の検索サイトアマゾンに「中国」というキーワードを打ち込めば、約四六、〇〇〇点の検索結果が表示される（二〇一三年二月二一日現在）。これらは、ごく一部の「客観的」な学術書を除けば、ほとんどが「中国崩壊論」か「中国脅威論」を唱えるものとなっている。しかし思えば、この両者は一見相反するが、実はまったく同じ心情から生まれている。つまりどちらも在来の西洋受容、近代化の先後的優劣観に依拠しており、前者はその抱える問題点（人権、格差、バブル経済、民族問題等）の多さゆえに崩壊するだろうと予測し、後者はその偏る「近代国家」の発揚（政治体制、軍備、資源獲得、海外投資等）ゆえに脅威となると警告する。つまり、現れ方こそ違うが、認識の構造自体は日清戦後に成立したものとまったく同じといっていい。それは竹内や溝口らがしきりに批判してきた戦前の「中国なき中国像」と何ら変わらず、その再生産にしかすぎない。かつて、竹内がこの現象を嘆いて次のように述べたことがある。

日本から何百万の兵隊が行っていますが——私も兵隊を経験したのですが、この人たちが何を見たかというと、何も見ていない。人間の観察能力というものは、非常に頼りないものだと思います。自分のほうに問題がなくて、ただ行ったって、何も見えるものではない。いかに多くの人が行ったって中国の事情はわからない。

（前掲「方法としてのアジア」）

この言い方はすこし修正すべきかもしれない。自分の方に問題がないから見えないのではなく、在来の「優劣」の秩序に胡坐しているから見えないのである。戦後の時空間を飛び越え、六〇年前の状況がそのまま今日に当てはまるといわざるを得ない。一「日本研究者」としてただただ今後を危惧するばかりである。

（1）いわゆる日本人の「自己像」が立ち上げられた際に「朝鮮像」がその比較の対象となり、そして前者が一枚の陽画であるのに対して、後者が常にその陰画となっていたことはすでに南富鎮「近代日本の朝鮮人像の形成――総合雑誌『太陽』と『朝鮮』を軸にして――」（筑波大学近代文学研究会編『明治期雑誌メディアにみる〈文学〉』二〇〇〇年）によって指摘されている。本論を作成するにあたって、この南氏の論考からは多くの啓発をいただいており、ここに感謝の意を表したい。

（2）野口武彦『谷崎潤一郎論』（中央公論社、一九七三年八月）参照。

（3）竹内実『日本人にとっての中国像』（岩波書店、一九九二年八月）。

（4）溝口雄三「〈中国の近代〉をみる視点」（『方法としての中国』東京大学出版会、一九八九年六月）。

（5）竹内好「方法としてのアジア」（武田清子編『思想史の方法と対象――日本と西欧――』創文社、一九六一年一一月）。

（6）溝口雄三『中国の衝撃』（東京大学出版会、二〇〇四年五月）。

〔附記〕本論の内容はすでに韓国語（『日本批評』編集委員会編『日本批評』第六号、ソウル大学日本研究所、二〇一二年二月）と中国語（譚晶華・李征・魏大海編『日本文学研究：多元視点与理論深化――日本文学研究会延辺大学十二届年会論文集』青島出版社、二〇一二年八月）によって公刊されていることを断わっておく。

研究ノート

下位春吉とイタリア・ファシズム

川田真弘

戦前・戦中にかけて日伊交流の担い手として、日本人に最も知られていたのが、下位春吉《しもいはるきち》と思われる。下位はイタリア事情通として、またガブリエーレ・ダンヌンツィオの友人としてたびたび新聞や雑誌でとりあげられ、のちになるとムッソリーニやファシズムの宣伝者として多くの講演を行うようになっていく。ダンヌンツィオやファシズムを語る上で重要な人物といえるだろう。しかし、今まで目立った研究はされていない。以下で述べていることは概論であるが、こうした研究状況からみれば、意義あるものとなろう。

下位は、福岡県士族井上喜久蔵の四男として生を受けた。一九〇三年に、東京高等師範学校英語科に入学。高等師範学校在学中は、上田敏に師事することとなる。『詩聖ダンテ』や訳詩集『海潮音』を出版していた上田の影響を受けて、下位もダンテに傾倒するようになる。のちに新聞社からのインタビューで、イタリア渡航の目的を「たゞダンテの研究が目的」(1)と語っている。卒業と前後して、日本橋で材木商を営んでいた下位嘉助の娘、富士子（もしくは富士）と結婚し、下位家の養子となる。

卒業後は教職に就き、東京府立第一高等女学校で英語教師をする傍ら、高等師範学校内にて「大塚講話会」を主宰し、童話口演に熱を入れた。下位は口演童話家として高度な技量を持ち、難易度の高いシリーズものの口演を得意としていた。また、一九一七年には童話口演の理論書として『お噺の仕方』を刊行している。この本は下位独自の「お噺論」を基本としているものの、お噺の技術に関する注意や練習法、聞き手の反応とその反応に対する反応など、童話口演の技術に関することを詳細に論じている。

一方で、おそらくダンテを研究するに当たって原書講読に必要な語学力を得るためであろう、下位は東京外国語学校伊語科専修課程に進学していた。下位は専修課程五期生として一九一四年三月に卒業。卒業時にイタリア語で行った謝辞が評価され、駐日イタリア大使からナポリの王立東洋学院の日本語教師として推され、イタリアに赴くこととなる。

イタリアにおいて下位は王立東洋学院で教員として働く一方、当地で知り合った若手詩人らと共に日本文学の紹介を行うようになる。与謝野晶子や前田翠渓、泉鏡花の作品をイタリア語訳して紹介し、一九一七年には与謝野鉄幹、佐佐木信綱、吉井勇など「明星」系の歌人の作品も合わせて『日本の詩篇 *Poesie giapponesi*』として刊行している。

一九一五年、イタリアが第一次世界大戦に参戦すると、下位は戦地に赴くこととなる。これはもともと、下位は当時、軍司令官だったアルマンド・ディアズ将軍と戦前から知己を得ていたため、駐イタリア大使の伊集院彦吉から連絡係の役目を担わされていた。また、ディアズ将軍からも戦地訪問を持ちかけられていたため、戦場に向かうこととなったのである。

この戦地訪問は、下位に強烈な印象を残すこととなる。日本に帰国したのち、彼はイタリア研究の泰斗として多数の講演を行うこととなったが、その時に話のネタとして、戦場でのことをかなりの脚色を加えて披露している。また、この戦地訪問がきっかけとなって、ある大物と見知ることとなる。

それは、詩人・作家・劇作家、そしてファシストの先駆者とされる、ガブリエーレ・ダンヌンツィオである。

下位とダンヌンツィオが始めて邂逅したのは、第一次世界大戦中、下位が前線を訪れる前だった。知人の新聞記者アントニオ・ベルトラメッリの紹介でダンヌンツィオの飛行隊が置かれている飛行場を訪ねたことが始まりとされている。ダンヌンツィオは若い頃に日本趣味があったようで、その点で下位と懇意になったと推測される。

下位とダンヌンツィオの関係の深さをうかがわせるエピソードは、いろいろある。

たとえば、下位は第一次世界大戦後の一九一九年に、戦地での経験を『日本人がみたるイタリヤ戦線』というタイトルで一冊の本にまとめている。イタリア語で書かれ、イタリアで出版されたこの本に、ダンヌンツィオが序文を寄せている。

また、興味深いエピソードの一つとして、イタリアから日本への長距離飛行計画というものがある。ダンヌンツィオと下位、それからイタリア空軍のパイロットの三人で、日本に向かうという計画だ。詳細な計画も立て、その計画は日本の新聞でも報じられていたが、二度にわたり頓挫し、結局一九一九年九月にダンヌンツィオがフィウメ占領を起こしたため、計画は事実上中止となった。下位は、ダンヌンツィオから手紙を渡すので一人で行ってくれと頼まれたが、伊集院彦吉に「君がダンヌンツイオと一緒に行くといふことであつたら意味がある。（中略）併しダンヌンツイオが行かないのに、君が一人で手紙だけ持つて行くなんて、それは無駄だ」[2]といわれ、下位も飛行機による日本帰国を断念した。

一方、下位はフィウメ占領中のダンヌンツィオを訪ねている。のちに、日本で行った講演では、自身もフィウメ占領に参加したのだと怪気炎をあげたが、これもまた脚色だろう。

さて、そのフィウメ占領中に、下位とダンヌンツィオの関係が深いことを物語るような、ダンヌンツィオの悪戯がある。下位が雑誌『改造』に寄稿した「ダンヌンツィオの横顔」では、次のように描かれている。

一九一九年の晩秋、それはフイウメ籠城中のことであつた。岡の上の司令部で食事の後、コーヒーを啜つて皆談笑してゐる時、予のすぐ右の椅子に坐を占めてゐたダンヌンツイオが、低い声で『シモイ』と呼ぶ。『何？』と振り向くと、『静かに！』と目で叱つて、予に早口で囁いた。『君起つて、何でもい丶から、日本語で今日は。サヨナラ。アリガタウ……ペラペラと十語か二十語づつ纏めて朗々と話せ。おれが皆を驚かして見せる』予は何の事か解らぬが、求められる儘に立ち上がつた。ダンヌンツイオは皆を静まらせて、『今之からシモイ君が日本の詩を諳誦する。それをおれが翻訳するから聴いてゐろ』といふ御披露だ。予はすぐに手品の種が解つた。そこでいろはにほへとからチシンプイプイ、……鬼は外福は内、……如是我聞一時仏在……そりや聞えませぬ伝兵衛さん……口から出まかせに一句切りづつやつて息を休めると、ダンメンツイオが勿体らしくそれを翻訳して行く。落花を悼む詩となり、梢の露をあはれむ歌となり、行雲を讃へ、清流をめで月にあこがれ、虫の音に嘆く千種萬様の『日本詩』となつて誦せられる。勿論押韻の短詩である。その一つ一つ食卓の四方から讃嘆の声が揚がる。(3)

この「悪戯」は、ダンヌンツィオ自身も一九三六年の詩「キドトシオに」において懐かしく思い出している。下位とダンヌンツィオとの関係の深さを物語るエピソードは、まだある。下位は酒に弱いと自身の作品で吐露しているが、ダンヌンツィオは「シモイ酔はないと、東洋風の黄色の微笑（ソルリーゾ、ヂヤルロ）で一切ごまかす。酔つた時だけ、男性の真紅の笑ひを見せる」(4)といって朦朧となるまで飲ませたという。そうなると、ダンヌンツィオは下位を抱え、彼の自動車で送っていったといわれている。また、下位はダンヌンツィオとムッソリーニの崇拝者という日本人男性から頼まれて、ダンヌンツィオに備前長船を届けている。ちなみのその備前長船は、一九二二年のジェノヴァ会議に参加したソ連外相チチェーリンとの会見時に、チチェーリンに向かって切り掛るという度の過ぎた冗談に使われた。以下が、その「冗談」の内容である。

家に入つて、すぐ右手の階段を、燕尾服をつけたチチエリンが詩人の副官に導かれて登る。登りつめた刹那、猛獣の如く緞帳の蔭から飛び出したダンヌンツイオが、大声を張り上げて、『おれは或る日本人の親友に頼まれて、お前を斬つて捨てる約束をした。そこ動くな、覚悟しろ』と雷の如き叫びを真ツ向から浴びせて、スラリ鞘を払つたのが備前長船の業物。それを振りかぶつて飛びかかつたので、度肝を抜かれたチチエリンは、真碧になつて逃げ出さうとして、階段口に向ふと、そこには首皿の銀盆を捧げたダンテが彫像の如く立つてゐる。チチエリンは転げるやうに階段をかけ下りると、忽ち哄笑が後に聞えて、『今のは冗談ですよ。さアどうぞ……』とダンヌンツイオの童顔が満面の笑みを湛へて上から覗いてゐるので、チチエリンはおづおづと引ツ返したものの、数日前から丹精を凝らして準備しておいた挨拶の辞を読むどころの騒ぎではなく、『あの時の魂消た様子ツたらなかつた……』之は予がその次に『勝利の山荘』を訪れた時、指揮官から副官、忠僕ダンテまでが腹を抱へての話であつた。(5)

その他、ダンヌンツィオの飼い犬の話をするなど、各所でダンヌンツィオとの関係の深さをアピールしている。一方で、下位は一九二〇年に王立東洋学院に復帰。同時に文芸誌『Sakura』を創刊することとなる。一九二〇年六月から翌年の一月まで、通算五号発刊されたこの雑誌では、毎号日本の近代文学や古代の文芸作品、日本の民族に関する記事、彫刻や建築、日本画の研究など、日本の文化を多岐にわたって紹介しており、下位も精力的に文学作品を翻訳し、森鷗外や樋口一葉、二葉亭四迷の作品や、万葉集、貧窮問答歌、狂言、醒睡笑などを紹介している。(6)

この『サクラ』はかなり好評だったようで、イタリア国内はおろか英国、ドイツ、フランスなどでも読まれ、またダンヌンツィオも熱心な読者だったといわれている(7)。

しかし、日本大使館と折り合いが悪くなり、その援助が途絶え出版が不可能となると、下位は叢書に取り掛かるようになる。与謝野晶子の『青海波』や樋口一葉の『にごりえ』の完全訳や狂言集など、一九二一年までに六冊の叢書が発刊され、一九二二年に発刊された国木田独歩の作品集で叢書は閉じられることとなる。

この後、下位はファシズムへと傾倒するようになり、日本に帰国後は精力的にファシズムとムッソリーニの宣伝をするようになっていく。一九二五年に『ファッショ運動』と題する本を出版したことを皮切りに、ファシズムやムッソリーニに関する書籍を多数出版するようになる。しかし、そのほとんどが講演の書き起こし、またはイタリア政府が発行した公文書の翻訳を基にしたものだった。また、内容はどれも似通ったものであり、第一次世界大戦での従軍経験とダンヌンツィオのフィウメ占領を語り、ダンヌンツィオと自身の親密ぶりをアピールし、ムッソリーニとファシズムを若々しく躍動感があると礼賛し、それに対して英国やフランス、アメリカはすでに年寄りの、よぼよぼの国だと批難する、というものだった。

もっとも、学生時代に培った口演の技術が活かされたのだろうか、下位の講演は各地で評判を呼んでいたようである。一九三三年に出版された『伊太利の組合制国家と農業政策』という本（これもまた、講演の書き起こし）のはしがきで「本文の講演をした下位春吉氏は、わざわざ紹介する必要もないほど有名な(8)」と紹介されていることから、下位の講演は好評であり、またその妙も推測できるだろう。

その高評価に気を良くしたのだろうか、下位のファシズムとムッソリーニへの礼賛はとどまることを知らず、一九三五年に起きた第二次エチオピア戦争ではイタリアを擁護する、というより熱烈に支持する立場を取った。同年に発行された『日本人の誤りたる伊エ紛争観』という小冊子では、エチオピアは戦争狂の少数が支配し、専制を布いている国だと批難し、イタリアはエチオピア人民を解放するためにエチオピアに侵攻したのだと、エチオピア侵略を正当化している。さらには、一国の独立に関して次のようなことを書いている。

……多くの国々の国内の立法の中にも、個人の所有権の制限があつて、社会民衆が生活のために、その土地の生産物を必要としてゐるのに、個人が自己の所有地を耕作しない儘で放棄しておいて、社会に損害を与へる事を許さない法規が制定されてゐるではありませんか。[9]

有効活用されていない領土があるならば、それを必要とする国が奪っても構わないではないか、という論理である。下位は英国やアメリカを帝国主義国家だと批難しているが、いま述べた論理こそが帝国主義そのものではないだろうか。もっとも、下位はそんな矛盾を無視し、イタリアには古代ローマ以来の植民の歴史があるから、エチオピア人はイタリア統治下において自由と幸福をつかむことができるだろう、とあっけらかんとした結論で結んでいる。

この、あまりにもファシズムとムッソリーニに偏った下位の講演や著作に対して、批判がなかったわけではない。下位への批判はしっかりとあった。その批判者の一人に、高畠《たかばたけ》素之《もとゆき》がいる。

高畠素之は、一八八六年生まれ、群馬県前橋市の出身。日本で初めてマルクスの『資本論』を全訳し、また、ユニークな社会評論家として世に知られていた。その高畠が、下位を次のように批判している。

下位氏は勿論、最も熱心なムツソリーニとフアスシズムの紹介者であらうが、忌憚なくいへば氏は如何にも職業的紹介者である代りには、その団扇的紹介に依つて我国人の理解を偏波ならしめ、愛国業者の看板的利

用を助長した傾きもなしとしない。(10)

下位をファシズムの最も熱心な紹介者であることは認めつつも、その紹介が偏っているため、ファシズムという題目が愛国主義者に利用されていることを憂えている。これはまだ穏健な批判で、次のように鋭い批判もある。

ムッソリーニの兄弟分らしく吹聴し、故国への『売り込み』を忘れないところは鞘取りしたせぬに拘らず、これをブローカーと呼ぶのは当今の常識である。(11)

このように批判された当の下位は、さほど気にせず、何なら「自家広告と直了して、けちを附けたがる日本名物のさもしい連中があるかも知れぬが、私はそんな手合は一切念頭におかない」(12)と述べ、批判を無視する態度を取った。事実、下位は自身への批判に対してこれといった反論を述べていない。

下位がこのような態度を取った背景には、ひとつには下位の講演や著作が好評だったことがあるだろう。もうひとつとして、国外では満洲事変をきっかけとする一連の問題が、国内ではテロやクーデターへの危機感があって、ファシズムへの期待感が高まっていたことがあるだろう。一九二二年、ムッソリーニが政権を奪取したころの日本のマスメディアは、ファシスト党を「国粋党」と称し、「反動主義の暴力団」(13)と評していた。当時、次のような論評もなされている。

世人は危険思想といへば直に急進主義と思ふ。然し反対主義の国家に危険なるは、急進主義に劣らぬのみでなく、寧ろ一層甚だしいことは伊太利のファスシスチの適切に示す所である。(14)

ファシズムは共産主義の反動というのが二〇年代の一般的な評価であり、またその独裁的な手法に否定的だった。一九二八年七月八日付『読売新聞』で三浦生なる人物が書いたコラムにおいて、一九二三年に成立した全国で最多得票を得た政党が議席の三分の二を獲得できるという新選挙法（アチェルボ法）を「べらぼうな選挙法」と論じ、ムッソリーニ政権も「既にその頂上を超えた感を抱くのはあながち筆者のみであるまい」[15]と酷評している。

しかし、三〇年代に入ると、日本社会の行き詰まりを打破する手段としてファシズムを見出す論評も現れ始めるようになる。一九三六年（昭和一一年）一〇月二〇日付『読売新聞』に、「悪性ファッショ」（室伏高信著）と題する記事が載っている。「悪性インフレイションといふ言葉がゆるされるのなら、悪性フアツシヨといふ言葉も許されるであらう」[16]という書き出しから始まるこの記事は、次のように結んでいる。

ヒトラアもムソリニイも大衆の中から身を起し、原理と政策をもつてこれに投じ、これに訴え、これを率ゐ、これを表現した。彼等の行くところ必ず大衆がある。これを独裁政治と名づけるはよい。大衆的支持のもとにおいてはじめて現代の独裁政治は可能である。現代の独裁政治はこの意味においてこれを厳格にネロやカリギユラの専制政治と区別しなければならない。

（中略）悪性フアツシヨはフアツシヨでも独裁でもなく、これは昔の秘密陰謀な専制政治のほかの何ものでもないのである。[17]

すなわち、大衆の支持がない専制政治はともかく、大衆的支持がある独裁政治ならば容認されるべきではないか、と論じている。このファシズムを肯定的にとらえるような風潮は、ムッソリーニや精力的にファシズムの宣伝をしてきた下位を喜ばせ、批判を取るに足らない問題とさせたのではないだろうか。

しかし、終戦で下位は表舞台から容赦なく引き摺り下ろされることとなる。

戦後、下位は枢軸陣営への支持扇動の罪で、一九五一年まで公職追放を余儀なくされることとなった。戦後は表舞台に出ることはなく、著述も少なくなっていた。そして、一九五四年一一月三〇日に脳出血のため逝去。晩年は外出が稀になり、歌劇『ラ・ボエーム』の翻訳をすすめていたといわれている。

（1）下位春吉「滞伊十八年　ダンヌンツィオとムツソリーニとを語る」四八頁。

（2）同右、五五～五六頁。

（3）下位春吉「ダンヌンツイオの横顔」四五六頁。

（4）同右、四五七頁。

（5）同右、四五八頁。

（6）雑誌『Sakura』は国文学研究資料館のＨＰで確認できる。ＨＰアドレス http://world.nijl.ac.jp/~kiban-s/database/sakura_pdfpage.htm

（7）下位春吉「伊国に紹介されたる日本文学」二二三～二二四頁。

（8）下位春吉『伊太利の組合制国家と農業政策』はしがき。

（9）下位春吉『日本人の誤りたる伊エ紛争観』一四頁。

（10）高畠素之『ムッソリーニとその思想』一六七頁。

（11）同右、一八六頁。

（12）下位春吉『大戦中のイタリヤ』序六頁。

（13）一九二二年（大正一一）一〇月三一日付『読売新聞』三面。

（14）同右。
（15）一九二八年（昭和三）七月八日付『読売新聞』二面。
（16）一九三六年（昭和一一）一〇月二〇日付『読売新聞』一面。
（17）同右。

〔参考文献〕

下位春吉『お噺の仕方』（同文社、一九一七年）
――『ファッシヨ運動』（民友社、一九二五年）
――『下位春吉氏熱血熱涙の大演説』（『キング』九巻一〇号附録、大日本雄弁会講談社、一九三三年）
――『伊太利の組合制国家と農業政策』（ダイヤモンド社、一九三三年）
――『日本人の誤りたる伊エ紛争観』（東京パンフレット社、一九三五年）
――『イタリヤの参戦を回る世界政局の動向』（日本協会出版部、一九四〇年）
――「滞伊十八年　ダンヌンツィオとムッソリーニとを語る」（『現代』一四巻七号、大日本雄弁会講談社、一九三三年）
――「ムッソリーニと国家社会主義」（北玲吉編『ファッショと国家社会主義』音楽世界社、一九三七年）
――「ダンヌンツイオの横顔」（『改造』二〇巻四号、改造社、一九三八年）
――「伊国に紹介されたる日本文学」（斎藤昌三編『書祭』八巻、書物展望社、一九四〇年）
――「内と外と」（梅津長兵衛編『日独伊枢軸を強化し即時三国同盟を締結せよ』興亜義会出版部、一九四〇年）
――「O.N.D. を語る」（『日伊学会』三号、一九四一年）
――「伊国宗教説話（1）」（『日伊学会』四号、一九四二年）
――「伊国宗教説話（2）」（『日伊学会』五号、一九四二年）
――「伊国宗教説話（3）」（『日伊学会』七号、一九四二年）

――――「人間ダンヌンツィオ」(『日伊協会会報』三号、一九四三年)
――――「ナポリの「歌まつり」」(『女性線』一巻一号、女性線社、一九四六年)
高畠素之『ムッソリーニとその思想』(実業之世界社、一九二八年)
土肥秀行「下位春吉とナポリの文芸誌「ラ・ディアーナ」――下位春吉伝(上)――」(『イタリア図書』三九号、二〇〇八年)
――――「下位春吉とナポリの文芸誌「サクラ」――下位春吉伝(下)――」(『イタリア図書』四〇号、二〇〇九年)
大内紀彦「イタリアにおける下位春吉の活動――雑誌『サクラ』による日本文学紹介を中心に――」(『イタリア図書』四一号、二〇〇九年)
――――「イタリアにおける下位春吉の活動(2)――雑誌『サクラ』創刊をめぐるメディア状況と詩友群像――」(『イタリア図書』四三号、二〇一〇年)
藤岡寛己「下位春吉とイタリア＝ファシズム――ダンヌンツィオ、ムッソリーニ、日本――」(『福岡国際大学紀要』二五号、二〇一一年)
『東京朝日新聞縮刷版』
読売新聞記事データベース「ヨミダス歴史館」

一九三四年周作人の日本再訪とその周辺

劉　岸偉

一　再び日本へ

一九三四年七月一一日、周作人は妻の羽太信子、息子の豊一、甥の豊三とともに大阪商船の「長城丸」に乗り込み、日本へ向かった。一五日の早朝七時に神戸港に到着、一二時半、三ノ宮で急行に乗り、夜の九時頃東京に着いた。一九一九年の妻子との帰省以来、一五年ぶりの日本再訪である。

神田の芳千閣旅館に一晩泊まった後、翌日は本郷菊坂町の菊富士ホテルに移った。あのあたりは周作人にとって、若き留学時代の足跡を残したなじみの場所であり、しかも大震災の厄《わざわい》を逃れた、古い東京の佇まいを見せる懐かしい旧遊の地であった。

真夏日の東京は夕方になっても暑気が消え去らず、湿り気のある空気に包まれている。和服に下駄姿で、周作人はホテルを出て、東京帝大の方向へ散歩に出かける。夜店や露店をひやかしたり、古本屋の前に立ち止まったりして気の向くままに街を逍遥する。微温の夜風に撫でられて、熟知した街の匂いと混じりあって、遠い昔の、温もりのある記憶がまた蘇ってきた。妻の信子とはじめて会った日のことも、今も時々夢境に入ってくる、あの裸足の娘、伏見館の乾栄子のことも、そして二束三文で馬場孤蝶の旧蔵や徳富健次郎の手沢を手に入れた時の興奮も。むろん東京に留学した二〇代の頃や北京大学に就職したばかりの一五年前とは違って、今の周作人はすでに「天命を知る」年をむかえ、中国の文壇で押しも押されもせぬ著名作家となったのである。年齢と境遇の変化によって、旧遊の地を再び訪れる感慨もひとしおであろう。

妻子の帰省に同行した私的な滞在とはいえ、周作人の訪日は各方面の注目を浴びた。滞在中の日記を見ると、日華学会、外務省、東方文化研究所、中国文学研究会などを訪ねたり、その来客との応酬や宴会などが連日記され、朝日新聞、読売新聞、中央公論社、改造社などメディアのインタビュー、取材もたびたびあった。

七月二二日の『東京朝日新聞』(日曜版)の一一面には、「周作人氏来る」というタイトルの短い記事が載っている。「支那《しな》の文豪《ごう》魯迅の実弟《じってい》で現代《げん》支那《しな》における日本文学の権威《けんい》である周《しう》作人氏(五〇)が十数《すう》年振《ふ》りひょっこり来朝した。周氏は嘗て日本に留学したことのある大の親日家で、現在北京大学の外国文学部で日本文学の教授として教鞭をとつてゐるが、氏の日本文学における造詣は驚くべきものがある、最も得意とするところは現代ものよりも古い狂言もので「狂言十番」の翻訳さへある、漱石のものも相當読破し、明治、大正の文学では漱石が一番好きだと言つてゐる。氏の今回《かい》の来朝の目的《てき》は休暇《か》を利用しての日本文学再研究《さいけんきう》で本郷《ごう》菊富士《ふ》ホテルに落《お》ち着《つ》いた」という(1)。

翌日の二三日、『読売新聞』の梶原記者がホテルの部屋を訪ねてきた。再度の来日の感想を聞かれると、浴衣に寛いだ周作人は記者に対してこう答えた。

「まるで変つてゐるので驚きましたが、書生時代に住んでゐた土地で少しはその頃の面影の残つてゐる本郷に落ちついたのです。私より先きにきてゐた徐祖正君もここへ呼びました。私は一ケ月位東京に滞在して、京阪を見物して九月初めに北京へ帰ります」。

「日本の作家では武者小路氏を大正八年にきたとき日向に訪ねましたし、志賀氏とも北京で逢つてゐます、是非こちらで逢つてゆくつもりですが」と。

この日のインタビュー記事は、「現代支那文学を語る」という題で、三日後の『読売新聞』の第一〇面に掲載された。「私は云はゞ鳥なき里の蝙蝠《かうもり》で、北京大学《がく》に日本語《ほんご》を講《こう》じてはゐるが文学《ぶんがく》を研究《けんきう》の対象《たいしやう》としてゐるのではなく、従《したが》つて複雑な支那の現代文学を鳥瞰する任ではないのである」(2)とことわりながら、周作人は中国現代文学の概略——日本の影響を受けていること、プロレタリア文学が一時盛り上がったこと、魯迅の「阿Q正伝」は写実もので、日本でいわれているようにプロ文学の作品ではないこと、それにいわゆる純文学の停滞、日本発イズムの理論が空回りし、創作が追いつかないこと、白話の新体詩の苦境などを述べた。

二　山水楼の歓迎会

八月四日の夜、中国文学研究会の計らいで、周作人、徐祖正を迎える歓迎晩餐会は日比谷の山水楼で開かれた。有島生馬、佐藤春夫、島崎藤村、戸川秋骨、竹田復、塩谷温《しおのやおん》、堀口大学、新居格《にいいたる》、松村梢風《まつむらしょうふう》、正宗《まさむね》得三郎などが出席した。一週間前に周・徐を歌舞伎座の文楽に案内した外務省書記官柳沢健も同席した。柳沢の記述(3)によると、当夜は三〇人を超える盛大なパーティで、出席者はほとんど当時文壇や学界で名を知られている錚々たる者であった。にぎやかで、和やかな雰囲気に包まれて、まず発起人を代表して新居格が挨拶に立ち、続いて四、五人が指名によって歓迎の言葉を述べた。なかんずく、文壇の耆宿である島崎藤村の出席と挨拶に二人の客人は深い感銘を受けたに違いない。

徐祖正は藤村の研究家で、『新生』の翻訳の件で藤村としばしば文通していた。この初対面の二週間後、藤村は周・徐の二人を麻布区六本木大和田の自宅に招待し、和辻哲郎と有島生馬が同席した。一九四三年八月、島崎藤村の訃報に接した時に書いた追悼文（「島崎藤村先生」『藝文雑誌』一巻四期）によれば、その席上で藤村は岩波文庫版の『茶の本』を周作人に贈り、「周作人君に贈る、島崎生」と題した。また丁寧に「この一冊は旧いもので、すまないが」といったが、「その実私はむしろ新しいものよりこっちのほうが好きだ」と周作人は回想する。食事の後に、藤村は用意した扇子を数本持ち出し、記念として皆に揮毫してもらった。周作人がもらった扇子には、有島生馬の手になる水墨の西瓜と藤村が題した短歌が描かれている。

なつのよは、しのの小竹の、ふしじけみ、
そよやほとなく、あくるなりけり。

西行法師の歌である（『山家集』）という。(4)

八月九日の午後は少し雨が降ったが、夕方六時に周作人は佐々木信綱《ささきのぶつな》博士に招かれて西方町の邸宅を訪ねた。改造社の山本実彦社長、武田祐吉、松村武雄、佐々木夫人など一〇人が集り、ささやかなホームパーティであった。のちに『改造』の九月号に「日本文学を語る」という周作人の談話記録とともにその日の写真も掲載されている。(5)

三　二つのエピソード

さまざまな招宴、会合のなかで、やや異色と思われる集いもあった。八月二一日の夕方、藤森成吉《ふじもりせいきち》は周作人と徐祖正を池袋の家へ招いた。秋田雨雀《あきたうじゃく》、徳永直《とくながすなお》、江口渙《えぐちかん》、神近市子《かみちかいちこ》、渡辺順三《わたなべじゅんぞう》、島田和夫などが集まり、いずれも社会主義運動やプロレタリア文学に関わった作家仲間だった。かつて周兄弟が刊行した『現代日本小説集』には、江口渙の「峡谷の夜」が収められているし、今回来日した際、『読売新聞』の取材記事に藤森成吉のことも言及されているから、この会がもたれたきっかけの一つだったかも知れないが、周作人は概してこの系統の作家との交流は少ない。ことに中国の左翼作家との応酬、彼らの主義と一線を画して距離をとっている周作人のスタンスを考えると、招く側と招かれる側とがどんな心境で対面したのか興味をそそられるところである。もっとも左翼文学といっても、国の事情も運動の内実も人間関係もそれぞれ違うから、互いにさほど意識しなかったかも知れない。

藤森の回想によれば、暑い日なので、みんなシャツ一枚や浴衣一枚の姿ですっかりくつろいだ。主人も客もほとんど初対面なので、二人の印象に関しては、「周氏は大がらで、どこか大陸的な茫々とした感じ、徐氏のほうは色白で小がらで、瀟洒《しょうしゃ》たる少壮教授の趣き」という。質問に応じて、周作人はじみな調子でいろいろと話をした。

「魯迅の文章なんか、漱石とニイチェに拠ったもんです。」

「翻訳で見ると、だいぶ魯迅と漱石とは違った感じですがね。」と誰かがいうと、

「いえ、漱石の皮肉が……。」といった調子である。

中国における日本文学の受容の現状に話を及ぼすと、日本のブルジョア作家の物よりもプロ作家の物のほうが愛読されているということ、エロシェンコが日本を去って北京に行った時、周宅に泊まり世話をみたこと、その時のいろいろな逸話、さらに中国の農民が税金や搾取に堪えられずよく逃亡することなどを話したという。客は主人の立場や興味をわきまえてうまく話に合わせたようにも見える。そして八月四日に山水楼で周・徐両氏の歓迎会が開かれた際、「プロ作家」と呼ばれている者の誰へも通知が来ていなかったらしい。

「そういう会の場合は、ロシアでは、平生どんなに立場がちがっていようと、論争していようと、みんな必ず一緒になって迎えるもんですね」と秋田雨雀が不満をもらすと、みんなが同感した。「文学者は、こういう点もっと物がわかっていていいだろう」と藤森成吉もやんわりともの申したのである(「周作人を招く」)[6]。

周作人の東京滞在中、亡命中の郭沫若《かくまつじゃく》との邂逅は双方にとって多少なりともドラマティックなものであった。同じ日本留学組ではあるが、魯迅、周作人などの「語絲《ごし》派」と郭沫若をはじめとする「創造社」のグループとは思想、審美、個人の気質においてかなりの相違が見られる。一九二〇年代後半、中国国内の情勢の急変により、その相違がますます鮮明になっていく。『創造月刊』を牙城に「革命文学論」を呼号している「創造社」から見れば、「語絲を中心とする周作人の一派」は、「有閑のブルジョアの代表」にほかならない。実際、創造社同人と魯迅との間に公開論争もあった。

しかし周作人は郭沫若に対して、個人的に格別悪感情をもっていたわけではない。七月三〇日の日記には、「郭沫若君がその四女と耀辰(祖正)を訪ねてくる。共に長く語り合って去っていく」[7]とある。この初対面の印象が意に適ったらしく、周作人の方からまた会いたいという気持を徐祖正に頼んで伝えてもらった。八月一四日、周作人は電車に乗って市川須和田二六七にある郭沫若宅を訪ねた。「午後宿に戻ってすでに四時」[8]になったという。そして三日後の八月一七日、千駄木町の田中宅、つまり旧時の森鷗外の観潮楼を訪ねた時、郭沫若も来ていた。時下の周作人は日本の文壇学界にもてはやされる上座の客であるのに対して、郭沫若は難を逃れて異邦に身を寄せる亡命者である。この境遇の懸隔を感じ取り、人一倍勝ち気な郭沫若は日記の中で、自分の感触を次のように書き記していた。

豈明先生(周作人)の生活は、実に羨ましい。豈明先生は黄帝の子孫であるが、私もまた黄帝の子孫である。豈明夫人は天孫人種であるが、私の夫人もまた天孫人種である。豈明先生の交遊するものは騒人墨客であるが、私の朋友は刑事や憲兵である。豈明はこの頃江戸に滞在している。江戸の文士は礼遇すること甚だ慇懃で、新聞には時々宴会や招待の記事がある。(「浪花十日」(9))

かつて無遠慮に「語絲派」を批評した郭沫若だが、おそらく異郷索居の侘びしさは故旧に逢う喜びを引き立て、周作人との距離感を縮めたように思われる。一方、後日陶亢徳に宛てた手紙の中で、周作人は自分の所感をこう伝えた。「鼎堂(郭沫若)は会って大いに談《かた》るべし。唯ものを書くと、どうやら行き過ぎになりがちだ。個人の性癖として見れば、亦あまりこだわらなくてもよい」という。

四　さまざまな反応

周作人の来遊に対して、大方の反応は好意的なものであった。だが、かなり風変わりな批評が思わぬ方面から現われた。辛島驍《からしまたけし》という京城帝国大学の助教授なる人物が『文藝』九月号に掲載された周作人と井上紅梅との談話を読んで、『朝鮮及満洲』に感想文「周作人氏と現代支那」を寄稿したのである。辛島はまず兄の魯迅や革命文学に対する周作人の皮肉をとりあげて、「周氏の此の言葉を鵜呑にして一緒になつて慨嘆することは何より早計である」と読者を戒めて、「私達は先づ周氏自身の立場を反省してみたうへでそれから改めて読み返してみなければならない」という。そして辛島は実に奇妙なことを次のように書いている。

そこで氏の身元を洗つてみると、現在では国民党南京政府を支持する者の側に立つて　居られるやうである。一説によれば——是れは風聞であるが、国民党藍衣社の北方に於ける主要な人物の一人であるとも云ふ。とにかく現代支那の支配的勢力の内部の人であるといふことは否まれない。是れは氏の言葉を聞く時に当つて私たちが心構へとして用意してをかなければならない第一前提である。(10)

どこからの「風聞」なのか知らないが、それを論拠に引用する作者の資質はまず疑われる。しかも周作人を国民党、いわば支配的勢力内部の人間とみなすところは、その観察の皮相、ずさんさを露呈してしまう。「第一前提」があっけなく崩れてしまった。国民党の「清党」に対する周作人の批判と諷刺を辛島は何一つ知らないようだし、中国社会の各階層の政治的スタンスや、利害が交錯している複雑な状況をそもそも理解しているとは思えない。

辛島の政治的背景に関しては不明だが、魯迅が中国左翼作家同盟に加入し、兄弟二人は違う陣営にいること、「革命文学」に対して、周作人が批判的であること、中国農村の荒廃、革命に走る若者、こうした現実の前では、批難的詠嘆は無力であることを述べたところを見れば、左翼陣営の言説をある程度知っているらしい。そして社会問題の解決を考えるにあたって、満洲の新国家建設は一つのモデルを提示したという辛島の見解は、「昭和維新」を唱えた右翼急進派にもいささか通ずるところがあるように思われる。

辛島の奇抜な憶測に比べて、地道で穏健だが、専門家による的確な観察もある。『斯文』第一六編第九号(一九三四年九月)に発表された松井武男による長文「中国文壇と周作人」がそれである。作者は「五・四」新文化運動、口語創作と周兄弟の活躍、ジャーナリズムの隆盛および周作人の著作を要領よく概観したのち、話題を時下の文壇と周作人の立場にかえた。国民党、共産党の合作と分裂という時局の変転のもとで、中国の文壇と作家は三つのグループに分かれたことを論じた。つまり魯迅を頭領に担いだ左翼作家連盟、国民党御用の民族主義文芸作家と左右両派に超然たる態度をとる、いわゆる第三種人なる作家群である。周作人について、次のよう文面がつづく。

この人々は左右両派から挟撃せられ、お互同志の抗争もするが、生命と生活の安全地帯に在つて、純粋の学芸にたづさはる自由を有する。周作人は勿論この第三種人の中に入れられる。
氏は現在上海中心の文壇の浮躁凌励に慊らず、左右両派の文学運動に超然として、独自の立場に在り、あまり意見を吐かない。一九三二年に試みた、輔仁大学での講演筆記が、同年九月に「中国新文学の潮流」と題して出版された。これは五四文学運動の批判と反省である(11)。

興味深いことに、文章の末尾に、「左派の周作人論の抄訳」が添えられている。それは鄭振鐸の編集で、上海の生活書店から出ている『文学』「一周年記念号」に掲載された許傑の「周作人論」の抜粋訳である。「訳者附記」において、この左翼陣営からの批判に自分は与しないと松井はいう。

東京滞在中の周作人の日記には、松井の名がしばしば登場する。八月一〇日、妻の信子、その弟重久と小田急電車で江ノ島へ行って来たその晩、松井がホテルまで訪ねてきた。その時の会話が長文の最後に記録されている。

浴衣姿の周作人は巧みな日本語を操り、おもむろに口を開いた。

「私は近来文学に対する考へが変つて来たので、沈黙を守つてゐる。今は一日本語教師を以て自任してゐる。此の私の態度を慊らなく思ふ人々が多いが、誰もが同じ目的で同じ運動に従へ、といふのは無理な要求と思ふ。私は寧ろ論語の中に出て来る長沮桀溺の様に農夫の境涯に甘んじる心持ち、之れに同感である。」

「友人沈兼士君が校長をしてゐる間だけといふ約束で輔仁大学で講演した、その講演筆記が、あの「中国新文学の源流」である。嘗て燕京大学で近代散文を講じた時に、そのテキストに用ひた文が、鄭板橋や李笠翁の物であつた。この時に必要上遡つて桐城派の文学に及び、明末の公安派の主張に注目して、この説をなすに到つた次第である。一昨年清華の学生であつた銭中書君が「新月」へ賛成論を書いた。胡適先生も、必ずしも反対ではなく、私の説に賛成もしてゐられるのだが、従来の行懸り上、止むを得ないので、独立評論へ反対説を出して居られる。」

「許傑の周作人論は、実は心理分析でもやられるかと心配したが、友人の送付を受けて読んでみると、従来左派から言ひ旧された事の集大成であつて、私は何の痛痒も感じない。左派の戦術も大いに進歩して、攻撃して釣り出したり、沈黙せしめて文壇から締め出したり、煽てて巧妙に誘ひ入れたりする。背後の者の指令に依つて誰か大物をマークして共同策戦に出る。魯迅なども、この手を食つたのだ(12)。」

左翼作家の批評に対して、周作人はおおやけの反論をひかえ、たいてい黙殺していたが、内心では苦々しい思いをしていることは松井との会話からも読みとれる。しかも今回の非難合唱はけたたましいもので、日本の雑誌もとりあげるほど世間に注目されていた。そして騒ぎの発端とは、つい数か月前に起きたことで、許傑の批評文の冒頭にも引用された周作人の「五十自寿詩」だった。

(1) 国立国会図書館所蔵『東京朝日新聞』縮刷版。
(2) 国立国会図書館所蔵『読売新聞』縮刷版。
(3) 柳沢健「周・徐両先生を迎へて」(『支那』東亜同文会編、昭和九年九月号)五〇~五一頁。
(4) 周作人『薬堂雑文』(石家荘・河北教育出版社、二〇〇二年)一一八頁。
(5)『改造』(改造社、昭和九年九月号、一九三四年)二四六~二五三頁。
(6) 藤森成吉「周作人を招く」(『文学評論』昭和九年一〇月倍大号、一九三四年)六一頁。
(7)『周作人日記』下巻(鄭州・大象出版社、一九九六年)六五四頁。
(8)『周作人日記』下巻、六六二頁。
(9)『郭沫若全集』文学編、第一三巻(北京・人民文学出版社、一九九二年)三九二頁。
(10)『朝鮮及満洲』(三二二号、一九三四年九月)三九頁。
辛島驍《からしまたけし》(一九〇三~一九六七)は、中国文学者、東大文学博士。福岡県福岡市博多生まれ。修猷館中学校、山口高等学校から、一九二五年東京帝国大学文学部支那文学科入学、増田渉と同期。一九二六年の夏、塩谷温の紹介で魯迅にはじめて面会、以後一九二九年、三二年と二回上海で魯迅に会い、『中国小説史略』の日本語訳についての許可を得る。一九二八年京城帝国大学へ赴任、一九三九年博士論文『中国現代文学の研究——国共分裂から上海事変まで——』を東大に提出するが、混乱の中で博士号授与は一九四六年となった。戦後は鎌倉文士とのつきあいもあり、昭和女子大学、相模女子大学教授などをつとめた。東大文学部東洋史教授・辛島昇は息子。没後の一九八三年、博士論文が汲古書院から刊行された際、著者自身の解説によると、「本来著者は、大学における中国文学の研究が、古代に偏向していて、近くも清朝末をもって打切られていることと、ややもすれば所謂漢学の臭気を多分に漂わせていて、現代に疎く、動きつつある友邦の動向に対して相変わらず旧尺度をもって測らんとしつつあることに不満をもち、清朝末期、欧米文化の流入以後の中国の真実を探らんとして、現代文学の研究に志した者である」とあるが、もっと若い世代の中国文学研究者、たとえば竹内好、武田泰淳らから見れば、既成の学界、旧態依然たる漢学の伝統の域をあまり出ていないように受け止められているらしい。

周作人が来日した昭和九年三月、竹内好らが「中国文学研究会」をたちあげ、三月一日に第一回準備総会を開いた(「竹内好日記」)。そして一〇月二九日に帝大仏教青年会館で行われた第一回例会で一戸務が「郁達夫論」、辛島驍が「最近の中国文壇」を発表した。それについて翌日竹内は次のような感想を漏らした。「一戸のは、方法的に考証的にまちがえ多く、かなり独断を含むが、評価の点では(自分の)卒業論文の時考えたことと大差なし。辛島のは表で文学革命以来の一般的叙述のつもりであろうが、文学研究には遠し」と(一〇月三〇日日記)。『朝鮮及満洲』に掲載された「周作人氏と現代支那」の一文を読む限り、辛島は同時代中国の政治、文学の事情についてあまり明晰な認識をもっていなかったといわざるを得ない。

(11)『斯文』(一六編九号、一九三四年九月)三八頁。
(12)『斯文』(一六編九号、一九三四年九月)四六頁。

ピラミッド高しといえども……——平壌高等普通学校時代の金史良——

李　建志

はじめに

金大中大統領による「太陽政策」で、南北が和解ムードにつつまれはじめたのが前世紀末のことであった。それまで「敵」でしかなかった北朝鮮は、同胞の国として韓国で認知されていき、かわってそれまでは朝鮮戦争当時に韓国を救った友邦として位置づけられてきた米国が、徐々に「敵」視されはじめた。もちろん、米国を敵視する視点は、それまでもあるにはあった。しかし、このような見方がより一般化し、韓国社会全体にひろがりを見せはじめたのは、前世紀末から今世紀にいたるまでの時期に起きた変化だったといっていい(1)。

筆者は、この変化の直前の時期に韓国で金史良の高等普通学校時代の事績を調べようと、朝鮮戦争を前後して平壌から脱出し韓国で暮らす「平安道民会」を訪れ、「平壌高等普通学校同窓会」(2)にてインタビューなどを行ったことがある。多少おおげさにいえば、拉致問題などでゆれる日本と北朝鮮の間に、共通の話題としてとりあげられる作家がいるとしたら、それは金史良をおいて他はないと筆者は考えている。もちろん、金史良は韓国でも評価される作家であり、日本と朝鮮半島の双方で再評価すべき作家ではないか。というのは、金史良が生まれ、育ったのが平安道平壌であり、彼の出身校が平壌高等普通学校だったからだ。金史良がこの学校に通った一九三〇年代初頭は、のちに「アジア・太平洋一五年戦争」とも呼ばれるようになる大東亜戦争へと向かう時期であり、総動員体制へと徐々に取り込まれていった時代だった。しかし、一方では戦争景気で燃えあがった時期でもあり、経済的には敗戦前の最高水準に達していた。

筆者は金史良の高等普通学校時代の同級生だった、医師の李根培氏に直接お会いして、インタビューを試みた。彼は金史良についての思い出話を発表しており（李根培、一九九五）、旧制佐賀高等学校に進学する前の金史良のことを知る数少ないひとだといえるからである[3]。

本稿はこのような調査作業による結果をまとめたものである。金史良という作家のいわゆる「中学」時代を通して、一九三〇年代の日本と朝鮮の位置関係を探る一助となれば幸いである。

一　「世界」とは日本語を通して――金史良と林和――

いきなりで恐縮だが、朝鮮文学の裏話から話をはじめてみようか。

一九三四年春、私たちのグループの誰かの提案で、当時ソウルで病に倒れていた詩人の林和氏をしばらくのあいだ平壌にお呼びしようということになり、私に向かって「おまえの家の裏庭」が広くて部屋も余裕があるから、そうしようという。私はすぐに承諾し、林和先生をお連れした。それが三四年の晩春のことであった。先生は健康が少し回復するや、座談会式の講義をはじめた。私たちのグループの大多数は、当時別に職業を持っていたわけではないので、五～六人は訪ねてくる。夏休みに入ってからは、日本に留学にいっているひとたちも加わって、大盛況をなした。当時佐賀高等学校二年に在学中だった金史良君もあらわれた。彼の姿は一際目立つ。今日は麻のももひきに麻の上着に草鞋、またある日にはまるでお貰いさんのようだ。そんなときは履物も不揃いだ。彼は久しぶりに友だちに会うことも兼ねて、熱心に訪ねてきた。夏休みには訪ねてくる人も多いので、林和先生は独逸浪漫主義という題目で連続講義をした。私たちは彼の正確な記憶力、豊富な話題に驚嘆した。金君の専攻は独逸文学だったのでいっそう興味を感じたのかも知れない。ある蒸し暑い日のお昼時のことだ。金君が小さな箱をもってきた。その中からアイスクリームを取り出して林和先生に差し上げる。もちろん完全に溶けてしまっている。和信商会から我が家までは二キロも離れている。なんでよりにもよってアイスクリームなのか。蒸し暑さを払って差し上げようという考えだったのだろう。私はそのときのおかしくもあり、また反面敬虔でもあるその場面が、いまも目の前に、そして心の内に残っている。金君から別の場所でこんな話を聞いた。途中でアイスクリームが全部溶けてしまっただろうから、取り出してひと息に飲んでしまいたかったというのだ。彼の先輩に対する畏敬の念が胸を打つ。(李根培、一九九五、九〇～九一頁)

この引用文は、金史良と林和という日本とも関わりの深い二人の作家と親交をもっていた李根培氏が書いた回顧談だ。林和といえば、分かっているところでいうと、一九三四年秋に「平壌実費病院」に入院しているのだが、それ以前にこんなところで金史良と交わっていたのだ。ちなみに、李根培氏は長じて医師となった。そして、金史良が延安へと脱出するときの模様を描いた記録文『駑馬万里』に登場する「李博士」そのひとだという。(4)

それはそうとして、金史良が佐賀高等学校在学中である三四年の夏休みに、平壌で林和に会っているということ、さらにそこでドイツロマン主義についての講義を受けているということは興味深い。李根培氏は同じ文章の中で、林和に何を参考にして講義をしているのかと尋ねたところ、「独逸文学史家のゲオルグ・ブランデスが書いた『独逸浪漫主義』という本だ」と答えたという（李根培、一九九五、九一頁）。ゲオルグ・ブランデスの著書は『独逸浪漫派』という題目で、内田老圃堂から訳本が出ている。訳者は吹田順助で、大正三年、すなわち一九一四年の出版だ。おそらくは林和が参照した本は、この吹田訳であろうと思われる。

ついでに事実関係の発掘をすると、李根培氏の「グループ」とは、「楊雲閒、金利錫、李彙昌、金化清、趙福孫、朴泰泳、金朝奎、崔正翊、朱永渉、李彙栄、文学洙、金永輯、金永赫（兪恒林）、韓徳宣（笛仙）、金秉騏」に李根培氏自身を加えた一六人が核になるという。要するに、金史良は少し離れたところにいたということか。ともあれ、朝鮮文学にくわしいひとなら、きっとこの顔ぶれに目をひかれることだろう。楊雲閒と金朝奎は、崇実専門学校（当時は平壌にあった、ソウルにある崇実大学校の前身）出身の詩人であり、金利錫と兪恒林も独特な世界を築いた小説家として有名だ。また、崔正翊といえば朝鮮文学の世界に異彩を放つモダニストとして有名な崔明翊の実弟であり、自身も作家として活躍していた。かつこのメンバーの多くは、雑誌『断層』の同人として創作活動をしている。だとすれば、彼らはのちに文学グループへと育っていった人びとであり、李根培氏はそのグループで林和を呼んで来るなどの世話役的な役割を担っていたことになるからだ。

私たち〔上記メンバー――引用者註〕は未成年時代に少しませていて、トーマス・マン、リルケ、アーサー・フィドラー、ジイド、バレリィ、ピカソ、マティス、コクトー、ドストエフスキー、チェーホフ、スタニスラフスキーを話題に話しあった。幸い永赫（兪恒林）君が平壌府鶏里で古本屋を経営しながら欧米や日本の作家たちの全集ものをダンピング価格で輸入して、私たちにわけてくれた。だから私たちは、古典から現代にいたるまでさまざまな作品に接することができた。そして夕方になると喫茶店やビヤホールに集まり、三、四人ずつテーブルを囲んですわり、夜遅くまで討論をした。私たちの頭は知識がぎっしりと詰まっていた。別れるとき、牡丹峰をひとまわりしたのだが、ある友人はスタンダールの『赤と黒』の一節をスラスラと暗唱しながら歩いた。彼はフランスに行こうと目論んでいた。「解放」されたら、私たちはいっしょの村に住もうと約束をしたものだ。(李根培、一九九五、八八頁)

李根培氏はこれらの文学全集がすべて日本語訳であったこと、そしてプルーストやジョイスなど、当時日本に紹介されたばかりの作家の作品も読んでいたことなどを語ってくれた。一九三〇年代の朝鮮の一般民衆にとって、「世界」とは日本を通したものでしかなかったのである。これが日本本土であったら、なんの変哲もない地方の文学、芸術を愛する学生たちであろう。しかし、筆者が李根培氏に、それらの海外の作家の文章などは、何語で読んでいたのかと問うたときに、当たり前だという顔で「日本語だ」と答えてくれた姿から、もう少し深読みする必要を感じる。植民地では宗主国言語＝日本語を操ることが前提となって、はじめて「平凡な文学青年」になれるという(ある意味では当たり前の)状況が朝鮮のインテリ(の卵)たちをむしばんでおり、それが「当たり前だ」という状況が現出したのがこの時代だったのではないか。彼らの知性は日本語によって、より深い意味で操作されているのだ。

ところで、李根培氏がつきあっていた作家(の卵)たちは、彼が語ってくれるまで韓国の国文学研究の世界で伝記的事実が充分には分かっていない人びとでもあった。これは、北朝鮮に残った作家たちに対する研究が制限されてきたことが一因となるが、李根培氏は縺れた糸をほぐすかのように、次のように述懐してくれた。

まず彼らはみな平壌の生まれであり、楊雲閒、金朝奎、韓徳宣の三人は崇実高等普通学校出身、朴泰泳(詩人の朴泰鎮の兄）は李根培氏と同じ平壌高等普通学校出身であるのをのぞけば、残りはみな光成高等普通学校出身者だったという。[5] また、崔正翊は光成高普卒業後に早稲田大学英文科に進学した。兪恒林も光成高普出身だが、卒業後は古本屋を経営していた。彼はいちばん貧しかったという。金利錫は光成高普を終えて延禧専門学校（現・延世大学校）の文科に入学したのだが、つまらないといって辞めてしまった。朱永渉は当時すでに活躍していた作家の朱耀翰のいちばん下の弟で、光成高普卒業後に東京にわたり、法政大学で学んだ。彼は詩人であったが、京都松竹映画で助監督の修行もしていたという（彼が監督した映画もあるというが未見）。当時東京には朝鮮人留学生の演劇団体である朝鮮学生芸術座があったが、朱永渉と韓徳宣はその中心となって『幕』という雑誌を発行していた。

文学とは若干ずれる話になるが、そこに名前があがっている趙福孫は建築家となり、金秉騏は画家となった。文学洙は川端画学校と青山学院高等部で学び、やはり画家になった。また李彙栄はアテネ・フランセで学び仏文学者となって解放後のソウル大学で教授を務めたという。金史良や李根培氏と同じ一九一四年生まれだったのは、兪恒林、金朝奎、金利錫、崔正翊、朱永渉の五人で、楊雲閒は若干年上だったという。

蛇足になるが、当時平壌にいた作家の卵には、小説家の黄順元、詩人の朴南秀、楊明文といった人物がいたが、なぜかつきあいが希薄だったという。彼らも文学青年として新聞などに投稿していたのだから、お互いに面識はあったらしいが、道であったら挨拶する程度だったという。また崔正翊の兄の崔明翊は、当時ガラス工場を経営していたと、李根培氏は話してくれた。

以上のように、金史良が参加した「林和氏の講義」は、のちに作家として名をあげるであろう若き文学青年たちのサークル活動だったといえよう。そして彼らは、さまざまなかたちで相互につながりをもって成長していった。言いかえれば、こういうことになるだろうか。彼ら平壌の文学青年たちは、お互いに影響を与えながら、ソウルとは違った文学空間をつくっていった。その中心となったのは、一九三八年に『断層』という雑誌を創刊した兪恒林や崔正翊で、崔正翊の兄の崔明翊はその指導的な立場にいたであろうと想像される。この『断層』派は、雑誌のカットにマチスやピカソのイラストを使うなど、当時としては斬新なもので、ソウルの中央文壇とは距離をおいた、いわば萌芽的な意味での地方文壇として「平壌文壇」とでもいうべきものへと成長しかけていたのかもしれない。もちろん、その後すぐに戦争が激化し、また解放、南北分断、朝鮮戦争といった激動の中で、この地方文壇〔の萌芽〕はついには〈かたち〉にならなかったのではあるが。(6)

いま、分断の話が出たが、上に見た作家たちの多くも、平壌に残留したため、越南した李根培氏とは生き別れになってしまう。しかし、これらの作家の多くが、北朝鮮で処刑された詩人にして文学史家の林和とかかわっているのは非常に興味深い。さらに、このグループのオブザーバーの位置に金史良がおり、彼が林和を慕っていたという事実を確認できたのは、非常に意味あることだと特筆大書したい。

二　平壌高等普通学校時代の金史良

前節では金史良と林和の出会いを記したが、ここでは彼の本格的な伝記的事実の発掘作業として、彼の平壌高等普通学校時代の事績を追ってみることにしたい。

金史良は一九一四年に平壌府陸路里一〇二番地に金泰淳の次男として生を受けた。本名は時昌。きょうだいとしては、六歳年上の兄である時明のほか、姉の特実、妹の五徳がいたことが知られている。金史良は一九二七年に平壌高等普通学校に入学した。兄の時明が一九二六年には卒業しているので、兄が佐賀高等学校に入学したあと、彼は高等普通学校に入学した計算になる。あとでまた触れるが、金史良が平壌高等普通学校を同盟休校事件で退学処分になるのが一九三一年一一月だ。この事件のあと彼は、兄を追うようにして佐賀高等学校、さらには東京帝国大学文学部独逸文学科に進学している。(7) さて、彼の家の生業や彼の出身小学校については、ほとんど知られてなかったが、筆者の調査をまとめると次のような結果となった。以下に述べよう。

金史良の家業についてはいろいろ詮索されてきた。安宇植氏は『評伝金史良』のなかで、母が平壌の料亭のほか満洲で手広く百貨店を営んでいたと指摘している(同書、四六頁)。さまざまな意見のある中で、ただひとつ「裕福な家だった」ということだけは一致しているのだが、この点については彼の同級生二人から、次のような証言を得られた。

ひとりはすでに触れた李根培氏だ。彼は金史良の家は「大きな米穀商」であったと語ってくれた。また、もうひとりの証言者は金昌潤氏で、彼は金史良と小学校からの友人であった。金昌潤氏によれば、金史良の実家は「飯釜商」であったという。思えば、金史良の短編小説「コブタンネ」の冒頭には、次のような一節もある。

別段金持ちである訳ではないが、昔から私の家には広い庭があり、それに大きな倉があつた。秋のとり入れ頃になると、田舎から牛車がひつきりなしに詰めかけて来て、この庭には籾俵が山と積み上げられ、倉庫にも亦一杯に穀物が積み込まれる。それで道を行く人達でさへ世間には大した金持ちがゐるものだと、羨ましさうに覗き込んだり、又恨めしさうに呟いたりした。(金史良、一九四〇、二〇七頁)

このようなことを見るにつけ、聞くにつけ、いまひとつはっきりとはしないものの、金史良の実家はおそらくは精米から米の小売り、そして炊飯釜まで手広く商いしていた商家だったのではないかと思われる。

さらに、金史良の住んでいた街についてだが、金昌潤氏はかなりはっきりと記憶していた。彼によると、金史良の住居は陸路里イアクタルの町立小学校の道に面していて、向かいには「妓生整理所」があったという。この「妓生整理所」とはなんなのか、もしかしたら検番のことを意味しているのかもしれないが、いずれにしろ妓生とかかわる施設があったことだけは間違いなさそうだ。このような彼の生家の立地条件から、金史良の実家は料亭だったという憶測を生んだのだろう。いや、実際に料亭に家を貸していたのかもしれない。なぜならば、彼の家は、彼が旧制佐賀高校に上がる一九三三年までに、市内中心部から離れた「平壌府上需里」に移っていたからだ。彼の父は高等普通学校時代に亡くなっているから、母ひとりになったとき、実家を料亭に貸して定収入を得ようとしたのかもしれない。彼の生家が、向かいに妓生関係の施設があるほど色っぽい盛り場にあったとしたら、それは充分にありえる話ではないか。

さて、本題に戻ろう。金史良は一九二二年に平壌府立鐘路普通学校(日本の小学校に相当)に入学し、一九二七年に卒業している。のちに彼が回想で「小学校から大学まで官学で学んだ」と述べているように、やはり彼は公立普通学校に通っていたのだ。

彼は小学校を卒業すると、公立平壌高等普通学校に進学した。この学校は平壌一の名門校で、白い線が二本はいった学帽は、当時の平壌の朝鮮人学生たちの憧れの的だったという。この中学には主に、鐘路普通学校、上需里普通学校、そして郊外の若松普通学校を出た学生が多かったという。概して山の手生まれの学生と、郊外出身で学校付近に下宿している地方学生は、仲がよくなかったと、平壌高普OBたちは話してくれた。

金史良の兄である時明が、彼の入学前に卒業していることは述べたが、この兄の同級生に小説家の李石薫がいたことは忘れてはなるまい。また他にも、金史良の三年先輩には朝鮮プロレタリア芸術同盟(通称カップ)の主導的作家となった金南天がおり、二年先輩には朝鮮最初の探偵小説作家となった金來成が、そして彼の一年後輩には劇作家としてのちに活躍する呉泳鎮がいた。金史良がこれらの作家たちとどの程度のかかわりがあったか釈然とはしないものの、前節で紹介した文学青年グループ（前期『断層』派とでもいえるような文学グループ）同様、金史良をつつむ文学的空気として、彼が作家になっていく動機としてなんらかの遠因となっていたといえまいか。

金昌潤氏は平壌高普の卒業が遅れ、一年下にいた呉泳鎮と同じクラスになり、金史良と呉泳鎮の仲を取り持ったという。呉泳鎮は京城帝国大学朝鮮語朝鮮文学科を卒業したあと一時東京にわたっており、当時京城帝国大学独逸文学科の大学院にいた金史良と親しく過ごしたという。金史良も戯曲をたくさん残しているが、二人は演劇という共通の関心があったので近づきやすかったのかも知れない。

金史良のひととなりについては、彼の同級生たちは一様に、性格的には純粋で、温和で、意欲ある人だったと証言してくれた。活発な情熱家で、ひとことでいって男性的なタイプだったようだ。また学業成績優秀で雄弁な面をもっていたため、煽動家としての素質もあったのかも知れない。友だちから悪くいわれるようなことはまずなかったそうだ。これらのことは「大人の風格があり、温厚で怒ったのを見たことがないと口を揃え、他人のけんかを止めに入る度量があった」（白川、一九九五、五〇頁）という佐賀高等学校時代の級友たちのことばとも通いあっている。

彼の風貌はどうであったかというと、身長は一七〇センチから一七五センチぐらい、目はよく、体格はよかったが、身だしなみはあまり気にする方ではなく、爪に垢が詰まっていたりしたそうだ。これも前節で引用した李根培氏の文章にある「麻のももひきに麻の上着に草鞋、またある日にはまるでお貰いさんのようだ。そんなときは履物も不揃いだ」という記述となんとなくつながるところだ。こんなにも愛すべき男だったら、当然あだ名もあっただろうと思って尋ねてみると、李根培氏は「あった」と答えた。三年生のときあたりから髪の生え際が少しあがってきたことから「ハゲアタマ」といわれていたという。成績の方はというと、実際に確認するすべがないのだが、会うことがかなった同級生たちは一様に「三、四等にできた」と語った。

平壌高普は毎年一五〇人の生徒を募集していた。ひとクラスは五〇人で、卒業までに出入りがあったともいう。平壌出身ではないが、金史良と同時に佐賀高校へと進学した朝鮮人学生はあと三人いた。そのうち二人は京城の学校を卒業していたため調査することができた。二人は崔成世氏と李有浩氏というのだが、一九三三年に京城の培材高等普通学校と普成高等普通学校をそれぞれ卒業している。彼らの成績はとてもよく、卒業席次は崔成世氏が一一四人中四番、李有浩氏が九〇人中二番だった。(8) 二人とも所見としては「性質：穏健、言語：明瞭」「性質：温順、言語：明瞭」と書かれていることも忘れてはなるまい。ここで言う「性質」とは思想動向を含むもので、体制に批判的かどうかが語られ、「言語」とは日本語がどれぐらいできるかという意味をもつからだ。

両者の出身校は平壌高等普通学校と同様に朝鮮の名門校であった。佐賀高等学校も「地元の中学校で成績が上位数名のうちに入らなければ入学はおぼつかなかった」(白川、一九九五、四四頁)とされる難関校だったことを勘案すると、やはり金史良の成績も学年一五〇人中一〇番以内には確実に入っていたはずだと類推される。やはり彼は優等生だったといえよう。クラスが三つあったから、だいたいクラスで「三、四等にできた」ぐらいの成績だったわけだ。その彼は、それでも平壌高普を卒業することはできなかった。次節で見るように「同盟休校事件」で学校を追われたからである。この事件について、くわしく見ていこう。

三 「ピラミッド高しといえども……」——若きアジテータとしての金史良——

前節で金史良にアジテータ(煽動者)の素質があったと述べた。金史良は演説がうまかったといわれていたが、どんな演説をしたのだろうか。以下に見てみよう。

一九二九年、光州学生事件が発生したときだ。そのときは万歳を叫びながら、校舎南側の門の外に飛び出そうとしていたところ、金君と私〔李根培氏――引用者〕は偶然同じ隊列にいたのだが、だしぬけに物理を教えている加藤先生があらわれて、金君をつかまえて「お前もか〔原文日本語――引用者〕」と叫んだ。当時加藤先生は金君の兄・時明氏との関係もあってお互い親しかった。しかし金君は振り切って外に走り出ていった。また、一度は一級上の先輩のための送別会のときだ。全校学生と先生たちが講堂に集まり歓送式をしていた最中に、金君が急に演壇に飛びあがり、拳を振りまわして演壇をたたきながら「ピラミッド高しといえども……〔原文日本語――引用者〕」(この前後のことばを思い出せない)と声を張り上げた。もちろん不穏なことだ。演壇の下で聴いていた加藤先生が当惑したあまり、壇上に駆けあがり、金君を引きずりおろした。(李根培、一九九五、八九頁)

最初のエピソードは、一九二九年秋に起きた光州学生運動のときの金史良のとった行動の一端を語ってくれている。当時彼は三年生だったはずだ。日本人学生の朝鮮人学生に対する差別に端を発した全国的な運動だが、金史良もこれに積極的に参加していたことが見てとれるではないか。そして後半の話だが、「一級上の先輩のための歓送式」というのだから、金史良が四年生の三月ごろの逸話と見るべきだろう。正確には一九三一年三月ということになる。上級生になるにつれて徐々に政治活動に目覚めていく金史良の軌跡をたどれるような気さえしてくる生々しいエピソードではないか。

彼の演説が日本語で行われたということから、聴く対象を日本語を解するもの=教師と設定していたとわかる。明らかに彼は体制に真っ向から対立する選択をしているのだ。惜しむらくは、彼の演説がいったいどういう内容だったかわからないということだが、ピラミッドということばで想起されるのは、権力者が奴隷を使って巨大建築をつくっていくという支配―被支配の関係性ではないか。それは支配される朝鮮人と、支配する日本人の関係をほのめかすものといえよう。そう、いかに巨大建築でも、権力者はみずからつくったのではなく、被支配者を動員してつくったのだ、それを実際につくったのは奴隷たちであった、という主張があったのではないかと思われる。

この事件より数年前、京城では朝鮮総督府庁舎、京城駅（ともに一九二六年）、そして京城帝国大学（予科が一九二四年、大学は一九二六年）がつくられている。この権力を象徴する建造物には、朝鮮人をはじめとした植民地の労働力が注ぎ込まれている。朝鮮半島内の鉄道敷設にも多くの朝鮮人労働者が使われている。あくまでもことばの深読みでしかないが、このような関係を比喩するのが「ピラミッド」なのではないかと筆者は考えるのである。

また、この政治少年金時昌が、のちに金史良という名前で小説を書いたこと、それは日本語によるものが出発点であったことを重ねて考えると、被支配者のインテリとして語る意志を持っていたということになるからだ。実際、彼は支配者たる日本人を対象に、彼の高等普通学校時代の日本語による演説もさらに興味深く思える。彼は人前に出て何かを訴えることに長けていたといえよう。加藤という金史良と近しかった教師は、おそらくそんな彼に気を揉んでいたのではないだろうか。

加藤先生の本名は、加藤虎清という。「加藤清正の虎退治」を想起させる名のこのひとは、引用にもあったように物理の教師であった。当時同僚だった近藤英男という体育教師（敗戦後、近畿大学教授を務める）は、筆者のインタビューに答え、加藤先生は人望があつく、生徒にも好かれていたと回顧する。その時代、学校業務は朝鮮人教師の李宣教先生と加藤先生が相談して行っていたという。ただし、李先生に関しては、あまりいい印象がなかったと、当時の学生たちは口ぐちに語っていた。少なくとも加藤先生と協力して学校を運営していたということから、学校側への妥協者としてうつったことは想像するに難くない。のちに見るように、李先生は学生運動で排斥要求されるほど、学生からは批判的に見られていたのである。

　ところで、金史良の伝記的事実の中で、とくに重大な事件とも思える事柄として、彼が平壌高等普通学校を退学処分になっているということがあげられる。しかし、その経緯についてはあまり詳しく知られているとは言いがたかった。彼はどのようにして学校を出る羽目に陥ったのであろうか。

　安宇植氏は金史良が「母への手紙」の中で「私がこの汽車に最初に乗ったのは十七歳の寒い十二月でした」（書簡、一〇五頁）と、自身の退学直後に日本に行くことを決意し、それが一二月であったことから、金史良が一九三一年一一月三日の「光州学生運動の記念日」に運動を起こし、「『諭旨退学』といった生ぬるいものではなく、放校というきびしい処分を受けたことを物語る」と示唆する（安宇植、一九八三、五一頁）。安宇植氏の著作には教えられることは多いが、この時代の金史良については、筆者の調査の方が有効だったと思う。後述するように、金史良が学校を追われた理由は「光州学生運動の記念日」ではなく、「世界平和記念日」だったのだから。

　また、金史良のエッセイ「玄海灘密航」には、金史良が高等普通学校を退学処分になってから、日本に「密航」しようとしたことが語られている（同書、五九頁）。この時代、朝鮮から日本へ渡る際、密航という方法がとられることはままあったのだ。

　植民地時代の朝鮮では、朝鮮人の日本渡航は制限されていた。朝鮮人の渡航には基本的に「旅行証明書」が要求されたからだ。たとえば「三一万歳独立運動」のあった一九一九年だとか、「関東大震災」が起きた一九二三年には、政治的処置としてこれが実施され、一九二五年以降には「漫然渡航の禁止」が定められるなど、朝鮮人の日本への移動の監視体制は紆余曲折を経て制度的に固定されていった。漫然渡航とは、食い詰めたものが日本にあてもなくわたることであり、これを制限するために、日本での就職口が確実で渡航費の他に一〇円以上の所持金がある者に限定して証明書が発行されたのだ。(9) 金史良の場合、三一年当時、兄の時明が京都帝国大学に在学しているし、また彼の実家は経済的にも問題ないはずである。すると彼はなぜ「密航」したのであろうか。

白川豊氏によると、佐賀高校時代の金史良は夏休みや冬休みのたびに故郷に帰っていたという（白川、一九九五、五三頁）。すると、少なくとも高校入学以前には、彼はすでに「密航」する必要のない身分になっていたことになる。以上のことから、金史良は一九三一年一一月〜一二月の段階では、なんらかの事情で「旅行証明書」を申請できない立場だったと考えるしかない。なぜそうだったのかについては、彼が退学になった原因でもある「同盟休校事件」をひもとく必要がある。

金時昌が五年生、私が留年のため四年生のとき、金在昌、柳和青らがある晩うちに訪ねてきて、読書会が主導して配属将校である山東先生排斥デモをやるつもりだから、君が四年生を引っぱってくれという。［中略］次の日、五年生と三年生が主体となって校内でデモがあったが、四年生は同調しなかった。校内で起こった事件に対して教務会議で退学にするか停学にするか議論され、李宣教、崔基郁、加藤先生は停学処分を主張したと言うが、金時昌、金在昌と三年生だった金最善らが退学処分をくらってしまった。（金昌潤、一九九二、一一九頁）

これが事実だとすれば、このデモは突出した一部の読書会員が中心となって引き起こした、非常に限定された素朴なデモのような印象を受ける。当時、実際にデモに参加し、退学処分を受けた金相龍氏は、やはり読書会のメンバーだった。三年生だった彼は、自分を含めた三年生一五人前後が中心となったこと、三一年一一月一一日にことを起こしたこと、自分は逮捕されたが不起訴処分になったことなどを、筆者に対して語ってくれた。

しかし、そのころの新聞を見ると、次のようなことがわかる。彼らの要求は「和田校長、三村、三輪、李宣教、岡本、富沢、米谷、中村、大后、林鳳鉉、馬場先生排斥」、「山東先生生徒殴打で、教練撤廃」、「校友会自治権獲得」など一三項目にわたっていた。当時の『朝鮮日報』や学生の記憶によると、スローガンとして「日本帝国主義反対」、「植民地主義反対」ということばが並べられていた。これに対して学校側は、警察に通報し、一二日には七五人の大量処分を決定した。内容としては懲戒退学が五年生四人、三年生一一人、二年生一〇人。諭旨退学が三年生、二年生あわせて二三人、無期停学が同じく二七人であった。さらに、首謀者一五人は逮捕され、そのうち八人が治安維持法違反で起訴された。金史良の名前はその一五人のなかにはない。中心人物は三年生の辺光植（当時一七歳）で、彼は八月に大連で共産党ビラまき事件で逮捕された辺英植のいとこにあたるため、共産党との関係が疑われた。右の数字を見ると、その運動がかなり政治的に準備された計画的なものであったと思われる。また、学校側の対応の早さも気になるところだ。

この事件は、単に平壌高普のみによる運動ではない。当時の『朝鮮日報』の見出しは「続出する学園波瀾」と踊り（一九三一年一一月一三日）、一一月一一日を期して全国的にひろまった学生運動だったことが確認される。いわゆる「赤色読書会」がこの運動の中心になっていること、そしてその読書会は朝鮮共産党再建運動のひとつだったことなどを勘案すると、この事件を偶然の産物だったとはとうていいえないだろう。

実はこの一一月一一日は、第一次世界大戦終結日にあたり、「世界平和記念日」とされていた。朝鮮の学生たちはそれにあわせて運動を起こしたようだ。「光州学生運動」という朝鮮内に限定されたものではなく、世界平和記念日という全世界規模の運動であったことが、このデモ活動が共産党と関係していることを物語るのではないか。ただ、ここで問題となるのは、学校および警察権力が迅速な対応をしたため、全国規模で行われたこの運動が不発に終わってしまったということだ。これは「光州学生運動」を経験した警察権力が学生に対する統治方法を〝学習〟したことにより、より密に学校と連絡して対抗手段を準備していたことによる〝権力側の勝利〟という側面が強いのではないか。そうでないと、上のような迅速な処分と逮捕という展開にはなりえない。そう、朝鮮総督府は「光州学生運動」の苦い経験を〝いかし〟学生運動を押さえ込む術を身につけるにいたったといえよう。平壌高普OBたちは、おしなべて読書会だけでなく学生の行う活動全般について警察が介入していたと語る。このような毛細管的介入が運動を阻止してしまったのである。

五年生の退学者の中に金史良が入っていることは間違いない。金史良は「学校の裏山である万寿台にあった測候所と消防署の間で、自分の書いた決議文を同校生徒の前で読んだ」との証言もある（金一植、一九八三、三〜四頁）。また、この運動が、おそらくは見せしめ的だったのではないかと考えられるが、治安維持法を適用されるほど大きな事件へと発展したということが、金史良を窮地に追い込んだはずだ。金一植氏は金史良が「同級生の密告で捕えられた」ともいう（同書、四頁）。かくて金史良は母が「私［金史良――引用者］の頭にショールをくるんでくれながら」（書簡、一〇五頁）まるで逃げるようにして「密航」を企てたのだろう。逮捕はまぬがれたとはいえ、治安維持法違反に問われるような事件に関連した人間が、旅行証明書などとれるはずがないではないか。そして翌年度（一九三二年）、事件のほとぼりが冷めたころ、金史良は兄の母校である佐賀高等学校の門をたたくのである。

さて、前節で説明したとおり、当時の内申書にはその学生の思想性が所見として書き込まれた。すると誰かが金史良の同盟休校事件参与を隠し、思想を「穏健」と記してくれたことで、彼は高等普通学校四年終了の資格で佐賀高校に入学できたということだろう。これについては確実に知る方法はないが、李根培氏は「加藤先生がはからってくれたのではないか」と推測する。一九三三年には彼の兄の金時明が高等文官試験に合格して朝鮮総督府役人になっていたということ、そして兄弟ともにかわいがってくれた日本人教員の加藤先生の存在は、その後の彼の進学に有利に働いてくれたのである。

誤解のないように付け加えておこう。筆者は金史良が共産党とかかわっていたとは考えていない。もしもそうであれば、さすがに彼も逮捕されていただろう。彼はおそらく諭旨退学で助かっていると思われる。諭旨退学は懲戒処分ではあれ、表向きはみずから退学届けを書き、学校に受理されるかたちになる。もしも学校を懲戒退学（安宇植氏のいう「放校」）されたのであれば、どんなに加藤先生ががんばっても高等学校を受験できないはずだ。上級生の歓送式で政治演説をする金史良のことだ、ことあるごとにみずからの政治的主張、それは支配者である日本と被支配者である朝鮮の関係性を中心としたものだと思われるが、その植民地主義批判を展開したのではないか。そして、学校全体が揺れるこの大事件の最中に、彼はおそらくいつもの演説を行い、そして処分されてしまったのではないか。であるがゆえ、一年後のほとぼりが冷めたころ、加藤先生は彼を高等学校へ送ろうと思ったのであろう。(10)

蛇足になるが、この事件をモチーフとした金史良の小説「草深し」の中には「実は中学五年の二学期のこと全校生を挙げて同盟休校に入ったとき、仁植［この小説の主人公——引用者］達はこの鼻かみ先生をも共に排斥したのである」（同書、一五〇頁）という一節がある。前述したように、平壌高等普通学校の朝鮮人教師は二人排斥要求されている。そのひとりである李宣教先生は、学生たちに人気のない〝体制〟の人間でありながら、気弱にも自分を排斥しようとした学生たちを退学させないようにと主張する。ここから類推しても、この「鼻かみ先生」というさえない人物は、李宣教先生をモデルにしているのではないかと思われる。こんな朝鮮人教師がむしろ当時の朝鮮では平均的でさえあったという現実を、残酷にも自分の恩師を戯画化することで描こうとしたのではないかと思えるのである。

このように、高等普通学校時代の金史良は校内のアジテータとして政治に目覚めていった、といえる。そしてすでに見たように、学生運動での失敗が彼に最初の挫折を味わわせた。そして、彼はこの挫折を忘れなかった。

小説「草深し」でこの事件がモチーフとされたり、『駑馬万里』では「海州、平壌、新義州と、三つの中学校がほとんどときを同じくしてストライキに突入したのであった」(金史良、一九七三、二九八頁)と述べるなど、この事件は彼の作品世界に影響を与え続けているからだ。やがて彼は、この挫折から「光の中に」出て行く作家へと変貌していくだろう。

四　日本語作家の自己批判──むすびにかえて──

佐賀高等学校時代および東京帝国大学時代以後の金史良については、白川氏・布袋氏などによる詳細な調査・研究があるため、筆者がここで繰り返す必要はあるまい。ただひとつだけ彼のかくれた一面を紹介しておくにとどめる。これもやはり、李根培氏の証言によるものだ。

金史良が東大独文科一年生だった一九三六年、ベルリン・オリンピックで孫基禎がマラソンで金メダルを取ったとき、高等普通学校時代からの友人だった石宙一氏の家に集まり「[独逸語の──引用者]新聞を翻訳、解説しながら、臨場感を出してしきりに騒ぎ立てたので、集まっていた友人一同が拍手喝采をした」(李根培、前掲書、九三頁)という。

また、小説「光の中に」が芥川賞候補にあがり、次席に終わったのは一九四〇年の初頭だった。そのときの講評は、金史良も悪くないが寒川光太郎の「密猟者」がより優れていた、というものだった。ところで当時の文学雑誌は他の雑誌社の出す賞について消息を伝えており、このときの芥川賞選考もさまざまな雑誌でとりあげられている。四〇年四月号の『三田文学』と『新潮』は、寒川の作品が受賞作となったことを当たり障りのないことばでつづっている。ただその中で目をひくのが『文芸』の論調だ。

四〇年四月の『文芸』の作品評では、寒川の小説が「手腕はあるが、作家の心といふやうなものが一行もない」（同書、二一七頁）と指摘する。さらに寒川の受賞の「感想」の中の「嬉しくなつて家内の頰を一つ張りとばした」という部分を引用し、その「心の部分」に対して露骨に不快の念をあらわす。そして、金史良の「光の中に」の方が「遙かに文学である」と褒め、その「眼の正しさと、心の深さ」とを推賞するなど、芥川賞選考委員たちの裁定を「冗談ではないだらうが、本気だとは思へない。本気だとしたら困つた傾向である」（同書、二一七頁）と断ずる。『文芸』作品評のいうとおり、寒川は敗戦後にはむしろ忘れ去られていく作家であった。いつの時代にも長いものに巻かれない批評姿勢を貫くものはいるようだ。

金史良の代表作といっていい「光の中に」について簡単に説明しよう。日本に留学している主人公の南は奉仕活動で労働者子弟に教育を施している。そこで出会った春男という少年は、南を朝鮮人だと暴露する。南は自分が朝鮮人だということを公にしてはいなかったのだ。しかし春男の母が朝鮮人であり、彼女に対して夫の半兵衛が暴行を加えるという事件を期に、春男と南の関係は近づいていく。上野公園で南は、踊りの先生になりたいという春男の希望を聞き、光の中で踊る彼の姿を想像するのだ。

この「光の中に」出ていきたいという希望は、当時の朝鮮人全体の思いだったのではないか。当然のことだが金史良もまた、一個の朝鮮人だった。では、彼の創作態度は「解放」という事件を境にどう変わっていったのであろうか。

解放直後にあたる一九四五年一二月に、金史良はソウルに立ちよっている。このとき彼は「文学者の自己批判」座談会に出席している。これは大戦末期の日本による総動員体制下で対日協力してしまった作家たちの率直な自己批判として注目に値する。出席したのは林和、金南天、李泰俊など八名だった。このとき金史良は次のように発言している。

私としては朝鮮語で書くよりももう少し自由に書けるのではないか、弾圧の手がゆるいのではないかと思って日本語で書いたというよりも、朝鮮の真相、私たちの生活感情といったものをリアルに投げかけ、[日本社会に――引用者]訴えるという高い気概と情熱のもとに筆をとったのですが、いまになって反省してみるに、その内容はともかくとして、やはりひとつの過ちを犯しはしなかったかと考えているということを率直に告白します。そして今回、そこ[延安――引用者]に行って、これから朝鮮の解放戦がくりひろげられていくなら、もう少し直接的で構想的な演劇の方向に出ていって活動してみようかと思ったのです。(金史良他、一九四六、三九頁)

このように彼は、自分の日本語による創作を総括し、さらにこれからの自分の文学を演劇の方に差し向けることを告白する。解放を迎えたいま、日本に朝鮮の真相や生活感情を訴える必要がとりあえずなくなったということもあるだろう。「ピラミッド高しといえども……」のころと変わらず、彼は朝鮮の「状況」を日本社会に伝えるために日本語での表現活動を積極的にすすめていたことがわかる。それにしても、彼がより「直接的」な文学に進もうとしていたのは、解放を前後した時期からだったとわかる。その動力となったのは日本語作家としての「過ちの意識」だったのだろう。極端にいえば、彼はこの座談会で、「民族」を描くことでみずからの過去(日本語作家としての過去)を振り払おうと宣言しているのである。金史良がほんとうの意味で「光の中に」飛び出していくのは、このときだったのかも知れない。しかし、註(10)にもあるとおり、その創作は決して北朝鮮では高く評価されることはなかったようだ。

北朝鮮は「北朝鮮文学芸術総連盟」を結成し、文学・芸術のすべての分野を統合・管理した。金史良はもちろん、金朝奎・崔明翊・文学洙といったかつての文学青年グループは、そこで役職をえている。金史良は単に平壌という地縁・血縁の世界に帰ったのではなく、また延安の独立義勇軍での濃い思想的体験や往年の政治少年として思想的な親和性のみから北朝鮮を選択しただけでもなく、彼の文学を形成するうえで大いなる影響を与えあった仲間＝文学青年グループの懐に戻るという側面もあったのではないか。この複合的な要因があってはじめて、彼の体制＝北朝鮮の選択の意味が見えてくるはずだ。

北朝鮮が金日成を中心とする満洲遊撃隊グループの独裁政権となり、その指導イデオロギーとして「主体思想」が確立していくのが一九六〇年半ばから七〇年代にかけてである。この思想による国家全体の統合がはかられたとき、作品活動における作家個人の自由は事実上喪失してしまったといっていい。日本語作家だった自己と訣別し、己の表現せんとする「民族」を、それこそ「積極的に」「構想的に」描こうとした金史良がこの時代まで生きながらえていたら、はたして彼はその事態を「光」ととらえたであろうか、「闇」ととらえたであろうか。北朝鮮の文壇で決して高い評価を受けられないまま亡くなった金史良のこと、もしかしたら粛清対象になり、「闇」に葬られていた可能性さえあるような気がしてならない(11)。

(1)　たとえば映画では、『口笛姫（邦題「ヒドゥン プリンセス」）』（イ・ジョンファン監督、二〇〇二年）は、北朝鮮の最高指導者の隠し子を抹殺しようとするCIAを相手に、南北の諜報部員がたたかうという内容だ。また、『ウェルカム・トゥ・トンマッコル（邦題「トンマッコルへようこそ」）』（パク・クァンヒョン監督、二〇〇五年）でも、朝鮮戦争中に桃源郷のような村に迷い込んだ南北の兵士が、米国を相手に「南北連合軍」としてたたかう。このような北朝鮮への表象の変化については（李建志、二〇一三）参照。

(2)　高等普通学校とは、総督府による朝鮮統治の過程でつくられた朝鮮人教育のための教育機関で、日本人が通うところの中学校（旧制）にあたる。第一次朝鮮教育令では四年制であったが、第二次朝鮮教育令で五年制にあらためられた。

(3) 具体的には安宇植(一九八三)、任展慧(一九九四)、白川豊(一九九五)、李建志(一九九八)、布袋敏博(二〇〇一)、郭炯徳(二〇〇七)の論文があげられる。これらは先行研究として有効だが、郭氏のものは文献の渉猟が恣意的なため信憑性はおちる。

(4) この延安への脱出については、布袋氏の論文にくわしい。参考とされたい。

(5) 李根培氏は、平壌高等普通学校は官立でもあり旧制のナンバースクールと呼ばれる高等学校にも多数進学する名門校で、崇実高等普通学校は私立(ミッション系)の専門学校付属学校、そして光成高等普通学校は私立で、比較的入りやすい学校だったという。

(6) 筆者は、この論文の原形にあたる論考(李建志、一九九八)で、この文学青年のグループを「北朝鮮の中央文壇」へと成長した可能性があると、性急な論を展開してしまった。まったくといっていいほど本論とは関係のない、いわば「蛇足の数行」だった。「若書き」ということばがあるが、やはり飛躍しすぎていたと思う。これについては布袋氏が、実際に北朝鮮の文壇成立について詳細に論じながら、筆者の誤った見解を正してくれている(布袋、二〇〇一)。ここに感謝のことばを述べておきたい。ちなみに、李根培氏の証言として、一九六〇年代の北朝鮮から送られてくる放送に、兪恒林が青年時代によく使っていた詩の文句が入っていたので、仲間内では「兪恒林はまだ生きているのではないか」と話しあっていたとうかがった。本論とは関係ないが、貴重な証言なのでここに残しておこう。

(7) 兄の金時明は京都帝国大学法学部を卒業後、朝鮮総督府の役人になっている。

(8) 当時、高等普通学校は一五〇人と定員が多く、平壌高普とともに培材高普・普成高普にも一五〇人が入学しているが、卒業時には三、四割が退学しているのが分かる。主に経済的な理由があるだろうが、その他にも思想的な問題で退学になることもあった。

(9) 朝鮮人の日本への渡航については、内海氏の論考(内海、一九八七)や外村大氏の最近の著書(外村、二〇一二)を参照。この証明書をとれない人びとは密航という手段を使って日本に渡るしか方法がないという状況は、密航を盛んにしただけではなく、炭坑や戦時勤労動員などでの労働者募集を容易にしたといっていい。

(10) 布袋氏は、金史良が解放後(日本敗戦後)に北朝鮮の文壇で、その思想性の不徹底を追求されていることを実証的に論じている(布袋、二〇〇一)。なるほど、金史良は決して体制的な人間ではなかったが、共産党活動などもともと不向きだったのではないかと思える逸話だ。

(11) インタビューを通じて、朝鮮戦争時に人民軍に従軍して南下してきた金史良に会ったという方にお話をうかがうことができた。黄明燁氏はソウルの中華料理屋で彼と話をしたという。また、噂として、金史良が英語を駆使しながら米軍捕虜を詰問し、暴行していたという話を伝え聞いたとも語ってくれた。真偽のほどはわからないが、貴重な証言なのでここに記しておく。

〔参考文献〕

安宇植『評伝金史良』(草風館、一九八三年。初出は『文学』一九七〇年一一月〜一九七一年八月)。

任展慧『日本における朝鮮人文学の歴史』(法政大学出版、一九九四年)。

内海愛子・村井吉敬『シネアスト許泳の「昭和」』(凱風社、一九八七年)。

郭炯徳「朝鮮人作家と日本文壇① 金史良の東京帝国大学時代――「光の中に」の原点に帰って」(「繍」一九号、二〇〇七年)。

金一植「金史良の思い出」(『くさのかぜ』九号、一九八三年)。

金昌潤「平高普と母」(『大同江』一三号、一九九二年)。

金史良「コブタンネ、草深し」(『光の中に』小山書房、一九四〇年)。

――「草深し」(『金史良全集』第一巻、河出書房新社、一九七三年)。

――「書簡」(『金史良全集』第四巻、河出書房新社、一九七三年)。

――「駑馬万里」(『金史良全集』第三巻、河出書房新社、一九七三年)。

金史良他「座談会 文学者の自己批判」(『人民芸術』二号、一九四六年)。拙訳。

白川豊「佐賀時代の金史良」（『植民地期朝鮮の作家と日本』大学教育出版、一九九五年。初出は『朝鮮学報』一九九三年四月）。

外村大『強制連行』（岩波書店、二〇一二年）。

「文芸」編集部「『文芸春秋』『日本評論』作品評」（『文芸』一九四〇年四月）。

布袋敏博「解放後の金史良覚書」（『青丘学術論集』一九号、二〇〇一年）。

李根培「私の生涯から――ある断章（附・金史良の思い出）」（『大同江』一六号、一九九五年）。拙訳。

李建志「『日本語』に殺された男――金史良の文学と死」（『二〇世紀を生きた朝鮮人』大和書房、一九九八年）。

――「韓国映画の中の北朝鮮――北朝鮮表象から見えてくるもの」（『地域研究』一三号、二〇一三年）。

〔インタビュー〕（一九九七年）

面談　平壌高等普通学校同期生　李根培氏
電話　平壌高等普通学校同期生　李昌鍋氏、黄明燁氏、呉在杰氏
電話　平壌高等普通学校デモ首謀者　金相龍氏
手紙　平壌高等普通学校体育教師　近藤英男氏

〔付記〕　本稿は、科学研究費「語りの経験ともの語の修辞学」（研究代表・菅原克也、研究課題番号・24320067）による成果の一部である。

一九三〇年代日本語雑誌における在朝日本人女性の表象
――『朝鮮及満洲』の女給小説を中心に――

金　孝順

はじめに

近年帝国主義・植民地主義に関する研究が盛んになり、植民地期における韓半島の多様な社会状況および在朝日本人に関する実態調査と研究が盛んに行われるようになった。たとえば、木村健二『在朝日本人の社会史』（未来社、一九八九年）、高崎宗司『植民地朝鮮の日本人』（岩波書店、二〇〇二年）、蘭信三編『日本帝国をめぐる人口移動の国際社会学』（不二出版、二〇〇八年）等がそれである。これらの研究は社会学や地理学、経済学等の側面からの考察にとどまり、当時の在朝日本人および彼らと韓国人との関係に関する具体的な研究はまだ少ないうえ、制限的に行われている。すなわち、この時期における在朝日本人の内面や具体的な日常は、植民地期に韓半島に居住し戦争後に帰国した日本人たちの回顧談の分析を通して[1]、その実状が少しずつ明らかになっているが、回顧談の執筆者は主に中上流階級の人であり、また彼らの遠い記憶によるものであるし、政治的状況も歪曲されたり偏向されたりした視点から説明されているのである。

しかし、植民地期の在朝日本人と韓国人との関係の実状を把握するのに重要なことは、その当時、帝国日本の支配者たちだけが朝鮮に渡ってきたわけではないという事実である。日清戦争（一八九四〜一八九五年）、日露戦争（一九〇四年）、韓日併合（一九一〇年）ののち、植民地朝鮮におけるさまざまな特権的利益を狙って多様な階層の日本人たちが多く渡韓した。当時植民地主義と帝国主義を主張していた日本上層部の論理とは異なり、韓国に移住した日本人たちが、植民地政策を具体的に実行していった主体として、植民の論理を実現し内面化していく過程は、個人によって多様な様相を見せる。特にこの時期には、男性を主として立案され実行された各種の植民地政策や帝国主義の論理によって、家長に付き添ってあるいはお金を稼ぐために多くの日本人女性が渡韓した。彼女たちが植民の論理を実現し内面化する過程は、彼女たちが女性であるがゆえに経験する植民地の現実によって、植民者／被植民者という枠だけでは捉えられない、より多層的で複雑なものとなった。

本論文では植民地朝鮮で発行された在朝日本人の総合雑誌『朝鮮及満洲』の女給小説の分析を中心に、一九三〇年代初めに渡韓した日本人女性たちはどのような出自であったか、彼女たちは植民地朝鮮でどのような経験をしたか、自己認識はどうであったか、彼女たちはどう表象されたか等を検討する。『朝鮮及満洲』は一九〇八年三月『朝鮮』という名称で創刊され、韓日併合後の一九一一年一二月の第四七号からは『朝鮮及満洲』と改称され、その範囲を「満韓」に拡大し、一九四一年の第三八九号まで三四年間にわたって刊行された、植民地朝鮮において最も発行年数の長い総合雑誌である。その創刊目的は、在朝日本人たちの利益を図り、植民地政策を宣伝し、内地の日本人に朝鮮移住に関する情報を提供することであり、その中には渡韓日本人たちの実状をありのまま見せる多様な声が豊富に含まれている。

一　一九二〇年代末から三〇年代初めの消費都市京城と在朝日本人女性

一八七六年の江華島条約締結と釜山開港以来、日本人の韓国移民は漸増し、韓日併合を前後とした時期には家長に付き添い渡韓した家庭の主婦とその家庭の女中、単身赴任した男性たちを相手にする芸妓等が渡韓女性の主流を占めていた(2)。続いて一九一〇年に朝鮮が植民地化されてから、首都京城は一九二五年朝鮮神宮の建造、一九二六年朝鮮総督府の移転等を経て植民都市としての外形を整え、一九二〇年代後半からは本格的に近代都市、消費都市としての面貌を備えていた。すなわちこの時期、京城は郵便局、電話局、病院、学校等近代的制度を確立し、デパート、カフェー、映画館、旅行会社等消費産業が活性化された。

そのような消費産業の労働力補給のため、内地日本から多様な出自の女性たちが渡韓した。それまでは家庭の主婦や女中、料理屋や旗亭《きてい》の芸妓等、限られた女性たちだけが渡韓したが、一九二〇年代末から三〇年代初めには電話交換手、看護婦、医師、教師等の専門職の女性たち、デパートの店員、カフェーの女給、映画俳優、ガイドガール等各種の消費産業に従事する女性たちが多く渡韓して活動した。そのような状況で、『朝鮮及満洲』には彼女たちに関する記事や体験談が紹介され、彼女たちは雑誌記事の主役となっていった。

特に一九三〇年代以後の京城は「半島の首都京城は消費文化の都市であつて生産都市ではない」(3)と述べられているように、エロ・グロ・ナンセンスで表象される頽廃的で消費的な国際都市としてメルティング・ポットになっていった。西欧の資本主義と近代制度が実現されていた東京の銀座、横浜、大阪等の近代的、消費的文化の形態は京城にそのまま移植され(4)、それにしたがい大規模な人的移動がなされ、京城の人々の生き方にも大きな変化をもたらした。エロティシズム（eroticism）とグロテスク（grotesque）を合わせた和製英語である「エログロ」

は植民地期の京城という都市空間を貫く重要なキーワードとなった。そのような消費文化的な変化をもっとも端的に見せるのは、在朝日本人の商業の中心地であった本町を中心に一九二〇年代後半から現われはじめ、一九三〇年代初め全盛期を迎えたカフェー文化である。カフェーは女給の身体性を売り物にしたエロ産業の中心になり、その頽廃的社会風俗は当時の大衆を虜にした。

首都・京城は高速度で国際都市の容貌を化粧してゆく。急角度の伸展運動を試みる街衢・上昇する建築会《ビルディング》・近代感覚を盛つた鉄骨を叩くエアハムアの律動・流線型の自動車が驀進する。御婦人は化粧が上手になつて、堅気と玄人の判明に苦しみつつ伊達男はウインクを連発する。錯騒として近代都市に遷入し、移行する僕達の京城である。

そこには近代感覚が官僚文化にひしがれて、畸形的な成長をしながら、都会特有の明暗色を織出してゐる。近代都市のメルテイング・ポツトの中に隠されたエロ・グロ・インチキ・ペテンＥＴＣがそれだ。そして憔悴した都会人は、スピードを呼吸しながら、歓喜・失望・焦燥・感激・憂鬱・興奮を一杯につめこんで、明日への生活に彷徨してゐる。（中略）昭和ニツポンの男性はモダンがお好きでエロが好きである。焦燥生活のＳＯＳを酒に依つて解消しやうと言ふには近代文化の寵児カフヱーに繰込むに限る――と言ふので手軽なカフヱーは素晴らしい人気を確保して来たのである。五彩の酒を汲み、揺れる灯陰で艶笑女給を擁し、造花の飾られたホルーでジャズの狂躁曲に浮かれて縞の財布を空にする御仁の何と多いことよである。(5)

このように考察すると、人口の比率と財政的に貧弱した京城社会としては今日の京城花柳界あるいは飲食店、カフヱーは相応しくなく発展しているといえる。その中でも特にカフヱーは頗る発展ぶりを見せている。(6)

京城が急速に近代都市、国際都市、消費都市としての容貌を備えると、その中でエロ・グロ・ナンセンスが蔓延し、その近代文化の寵児がカフェーであり、異常なほど繁昌したことが分かる。このようにして一九三二年になると「カフヱーへ一度も行つたことのない男性はいないほど」[7]カフェーは京城人の日常を占めていた。

このようなカフェーを中心とするエロ産業の盛行によって、植民地朝鮮の女給たちも京城の消費文化のアイコンとして新聞や雑誌の記者、作者の注目の対象になり、彼女たちに関するルポ、コント、小説、体験談が膨大に書かれるようになった。このような新聞・雑誌に書かれた彼女たちの生き方には植民地支配の矛盾と実状がそのまま現われ、彼女たちの表象は支配─被支配という枠だけでなく男性─女性、内地女性─外地女性、一般女性─売春女性等、さまざまなレベルでなされている。

二　一九三〇年代初めの女給小説ブームと女給表象

（1）女給小説のブームとその特徴

上述のように、近代的消費文化の中心としてのカフェー・ブームは日本と朝鮮の両国において、カフェーを背景としたり女給を主人公としたりする女給文学ブームをもたらした。この時期、日本では広津和郎（一八九一～一九六八）の「女給」（『婦人公論』一九三〇年）、永井荷風（一八七九～一九五九）の「つゆのあとさき」（『中央公論』一九三一年）、松崎天民（一八七八～一九三四）の「銀座」（『銀座』銀ぶらガイド社、一九二七年）、安藤更正（一九〇〇～七〇）の「銀座細見」（春陽堂、一九三一年）などの女給小説が発表され、朝鮮では一九三〇年代半ば韓国文学の主軸となっていたモダニズム文学者が女給小説を発表する。李箱（一九一〇～三七）の「蜘蛛会豕」（『中央』一九三六年）、「翼」（『朝光』一九三六年）、「幻視記」（『青色紙』一九三六年）、朴泰遠（一九〇九～八六）の「愛慾」（『朝鮮日報』一九三四年）、「道は暗し」（『開闢』一九三五年）、「川辺風景」（一九三六〜三七）、「聖誕祭」（『女性』一九三七年）、李孝石（一九〇七〜四二）の「季節」（一九三五年）、「あざみの章」（『国民文学』一九四一年）、蔡萬植（一九〇二〜五〇）の「人形の家を出て」（一九三三年）、金裕貞（一九〇八〜三七年）の「タラジ」（『朝光』一九三七）、兪鎮午（一九〇六〜八七）の「蝶」（一九四〇年）等は女給が登場する小説である。昨今はこれらの作品に登場する女給に注目した研究が行われはじめている。[8] しかし、このような先行研究は植民地朝鮮のカフェーの歴史を日本から直輸入されたものとして捉えている点で、再考の必要があるといえよう。

植民地朝鮮におけるカフェー文化は日本から直輸入されたものではなく、西欧―日本―在朝日本人社会―朝鮮社会という経路を経て移植されたものである。京城の近代文化、消費文化は、日本人の商業の中心地である南村（本町）から始まり、朝鮮人たちの商業区域である北村（鐘路）へと広まっていった。女給のエロサービスを売り物とするカフェー文化も、植民地本国の大阪、東京の銀座から京城の日本人商業区域の本町へ、それから鐘路へと移植され、変容の過程を経ていく。

もともと西欧における近代社会のカフェーは「各界各層の人々が集まる広場のような空間」であったし、「社会的抑圧や制約なしで政治的討論が出来、新しい情報とニュースに接することの出来たオープンな空間」[9]であった。芸術家たちがカフェーによく訪れる理由は、「多彩な生き方が観察でき、見知らぬ人、しかし誰にでも起こり得る日常的な場面」[10]が体験できたからである。日本における最初のカフェーは銀座のプランタンであり、これはパリのCaféをモデルに美術家や文学者の交際の場として始まったものであるが、本場のCaféとは異なり女給を置いていた。プランタンなどはインテリ向けの店で一般大衆は入りにくかったが、まもなくカフェーといえば女給を売り物にした大衆的な店が増えるようになった。こうした店では、女給は単なる給仕（ウエイトレス）というより、現在でいえばホステスの役割を果たしていた。ちなみに当時の女給は多くの場合無給であり、もっぱら客が支払うチップを頼りにしていた。またカフェーは特殊喫茶（風俗営業）として警察の管轄下に置かれていた。

韓国にカフェーが本格的に登場したのは三・一運動以降で、京城のカフェー文化は本国日本のそれを模倣することになり、上述のような日本のカフェー文化の特徴は、植民地朝鮮で刊行されたメディアを通して在朝日本人社会に争って紹介された。このような移植の過程を経て、カフェー文化は質的に変容、そのサービスを担当する女給の質や階層も変わっていく。そのような変容の様相は新聞や雑誌記事、文学作品に現われるが、彼女たちの生き方を描く方法はそれを物語る男性主体によって多様な差異を有した。

『朝鮮及満洲』における女給小説は、一九二六年篠崎潮二の「苦の十字架を背負はされた満洲の女」（二一八号、一九二六年一月）、張尻去来の小説「女の足」（二二八号、一九二六年一一月）、一九二八年篠崎嘲二の「大陸を流れ漂ふ哀れな女性」（二四二号、一九二八年一月）等、一九二〇年代後半から徐々に出始め、一九三三年から三四年頃最も盛んに発表される。しかし、一九三六年から途切れてしまう。またこの時期には女給小説だけでなく、カフェーと女給に関するルポ、体験談、紹介記事なども溢れ出る（表）。

女給小説には、〈小説「女の足」張尻去来〉、〈小説「宿命に哭く酒幕の女」京城村岡饒〉のように「小説」という角書をつけているのもあるが、〈実話「盗まれた女給の日記帳」京城赤部三光〉、〈実話「幌馬車で逃げた女給」滝暮人〉のように「実話」の形式を借りたり、篠崎潮二の「苦の十字架を背負はされた満洲の女」や森凡の「女給から聞いた話」のようにルポ形式を取っているものもある。しかし、この実話やルポは実際には記者、作者によって話が再構成されたり虚構化され小説に近く、カフェーで聞いた話を語る額縁小説の形式を取っている。たとえば、京城文人倶楽部宇佐美誠一郎の「自殺一歩前の女」の話者である「私」＝松延（喜劇作家）は虚構化された人物であり、話は彼が奉天で出会った昔の愛人である静香を中心として展開される。京城村岡饒「酒場の女」も話者は「私」で虚構的人物であるが、彼はクリスマスにカフェーでマミに会い、話はマミの友だちの魔子

表　『朝鮮及満洲』の所収の女給小説

号数（年月）	作家および題目
218号（1926.1）	篠崎潮二「苦の十字架を背負はされた満洲の女」
228号（1926.11）	張尻去来　小説「女の足」
242号（1928.1）	篠崎嘲二「大陸を流れ漂ふ哀れな女性」
302号（1933.1）	東京　森凡「女給から聞いた話」
307号（1933.6）	滝襄二「一六ミリ都会風景　裏町の描写」
308号（1933.7）	江間俊太郎「憧憬」
310号（1933.9）	滝襄二　心中哀話「鉄路の紅薔薇」
311号（1933.10）	京城　赤部三光　実話「盗まれた女給の日記帳」
312号（1933.11）	山寺譲二　悲恋物語「河畔の追憶心中」
314号（1934.1）	京城　村岡饒「酒場の女」
316号（1934.3）	京城　村岡饒　小説「宿命に哭く酒幕の女」
320号（1934.7）	滝暮人　実話「幌馬車で逃げた女給」
321号（1934.8）	暮一樹「享楽の舞台京城カフヱ漫談」
322号（1934.9）	京城文人倶楽部　宇佐美誠一郎「自殺一歩前の女」
340号（1936.3）	京城堂　門重夫「此異色港姫君」

を中心に展開される。つまりこれらの小説のほとんどは、男性作家や記者が女給たちの生き方を語る額縁小説の形式を取っているのである。

このように女給の生き方を男性が語る額縁小説の形を取っているため、額縁の中で、彼女たちはある程度自分の立場でどうして女給になるしかなかったか、その理由などについて説明している。彼女たちの中には芸妓、ダンサー、女優出身者もいるが、多くの場合自分たちを女学校や専門大学の出身だと語っている。また彼女たちが女給になったのは、ただ貧しさに原因があるのではないと説明されている。

篠崎潮二の「苦の十字架を背負はされた満洲の女」の静香は女子大学出身で恋人が死に、絶望して大陸に渡り桜カフェーの女給となる。同じように、篠崎嘲二の「大陸を流れ漂ふ哀れな女性」の中の〈上海で毒死した女〉における石井幸子も結婚生活の破綻に絶望して歓楽の都市上海に渡る。滝暮人の実話「幌馬車で逃げた女給」の真美も、継母の弟と無理やり結婚させられて、その反発で奉川、ハルビン、京城等を漂っている。暮一樹の「享楽の舞台京城カフヱ漫談」の女給輝香（土佐高知出身）は、愛する医学博士に裏切られ自棄の念から女給になる。

このように、彼女たちが女給になった背景には、両親との家庭不和や結婚生活の破綻、愛人の裏切りなどによる自暴自棄の心情があるといえる。

こうした中で、山寺譲二の悲恋物語「河畔の追憶心中」におけるカフェー・エンゼルの歌姫峰子（本名金甲順）が女給になった背景は注目に値する。彼女は「家は貧しい鮮人」で「普通学校にあがつて間もなく、可愛がつてくれた父様は死んでしまつ」て、「十六歳、伝統の因習から見知らぬ男の家に嫁し」「奴隷のやうに働かされた」(11)ことへの反発から、カフェーの女給になる。つまり、彼女がカフェーの女給になったのは前近代的結婚制度への反発という批判意識から出発しているというのである。しかし、『朝鮮及満洲』の女給小説における主人公たちが女給になるのは、ほとんどどうしようもない運命への諦めの気持という個人的問題にとどまっている。

さらにもう一つ、この時期の女給小説に目立つ特徴は、彼女たちに自殺の試みという極端な破局に走る傾向があるという点である。篠崎嘲二の「大陸を流れ漂ふ哀れな女性」の〈地下室の女〉における山地蘭子はロシア人、中国人だけを相手に売春するが、失恋のはてに自殺する。〈上海で毒死した女〉における石井幸子も結婚生活の破綻に絶望して歓楽の都市上海で自殺する。滝襄二の心中哀話「鉄路の紅薔薇」も伝統と新しい時代精神との衝突によって、愛が遂げられず鉄道自殺する金金得と甲貞淑の話である。山寺譲二の悲恋物語「河畔の追憶心中」の峰子と盧秉雲も前近代的結婚制度の犠牲者となり自殺する。京城村岡饒の「酒場の女」の魔子は両親との不和で家出し、カフェーを転々として、男たちに裏切られ自殺する。

このように、『朝鮮及満洲』の女給小説に描かれる女給たちは、家庭不和や結婚生活の破綻、愛人の裏切りという経験をし、自暴自棄の心情から自殺という極端な選択をするというドラマティックな生き方をする。このような彼女たちの生き方は、大衆的興味を呼び起こそうとする男性作家の再構成、虚構化に起因するところもあるだろう。

このような様相は、韓国の女給小説に描かれる女給の生き方とはずいぶん異なっている。韓国の女給小説に登場する女給たちは、大部分が貧しくて教育の機会が得られず、家族を養うためという経済的な理由で女給になる。李箱の「蜘蛛会豕」の語り手「僕」の「妻」は「古い雑誌の中に混じっており、腹がすいている彼（＝夫）を食わせよう[12]」という目的で女給生活をしており、「翼」の語り手「僕」の妻「蓮心」は「僕はどうして貧しいか」と言いながら「布団の中でずっと泣いている」夫のために「朝夕ご飯を運んでくれ[13]」るし、「お金はお金で、僕（＝夫）の枕元に置いて行く[14]」生活をする女給である。朴泰遠の「聖誕祭」と「道は暗し」もカフェーの女給として生きていく悲劇的運命に焦点を合わせ、彼女たちの惨めさと内面の葛藤を描いた作品であるが、この中の女給たちは家族たちの生活費を稼ぐために女給になる。「聖誕祭」の「ヨンイ」は貧困のために「普通学校にも行けなかった」のであり、妹の「スンイ」を学校に行かせ、家族の生計を立てるために女給になる。彼女は妹スンイが女給であることを非難すると、「ふん、誰が好んで女給になるの？　みんな家の都合でしょうがないからそうなるの。自分の家族から悪口を言われながら、けじめを食わされながら誰が……[15]」といって、抗弁する。「道は暗し」の「香伊」は、父は他の女と駆け落ちし母は一人で娘を育てるために煙草工場で働いて肺病で死んでしまったので女給となる。そして所帯持ちではあるが、「自分が不幸の時それを心配し、哀れみ、悲しんでくれる人[16]」である「男」を食わせている。

このように韓国のモダニズム文学で描かれる女給たちは、貧困のため教育を受けられず、自分の身体を売って、夫や妹など家族の生計を立てなければならない淫売婦のような生活をしながらも、なかなかそのような生活から逃れられない。このような韓国のモダニズム文学における女給表象は「近代社会の姿であり、その犠牲者としてカフェー女給を提示したもの」であるが、彼女たちの場合は『朝鮮及満洲』の女給のように極端な破局に走る傾向は見られない。

こうしてみると、『朝鮮及満洲』の女給小説あるいは女給関連記事における女給たちの生き方は、男性作家あるいは記者の眼差しによって再構成され虚構化され、大衆的な興味を誘発するためドラマティックになり極端な破局に走る傾向を見せている点が特徴的である。

（2） 他者化する／される存在としての在朝日本人女給の表象

上述したように、『朝鮮及満洲』の女給小説あるいは女給関連記事での女給たちの生き方は、興味本位で再構成され虚構化されると同時に、彼女たちは植民地朝鮮で生活するという理由で朝鮮の女性とは区別され、日本の伝統的な美を具現する優越的存在として表象される様相を見せる。

このことは当時の文明の尺度としてのカフェー文化や女給に関する一般的認識とも関わっているといえよう。以下、その様相を検討してみる。次の引用文は京城女給の総監督といわれる松本輝華の文章である。

京城のカフヱーに就いていろいろ不足を並べる向きがあるが、大体京城の如く大都市ならざる処で、内地の東京大阪の例を引いて、斯くあつて欲しい等と云ふのは、どちらかと云ふと無理である。（中略）京城のカフヱーに未だ至らざるところがあるとすれば、それは取りも直さず京城と云ふ都市自体の反映であつて、見方に依つては文明の程度を黙視する一個のバロメーターであるとも言ひ得られよう。[17]

神田、本郷、浅草、銀座と云ふ東京繁華の中心を為して居る町のカフヱーは家も可なり大きくて造作から装飾に至るまで気持ち善く出来て居る、椅子卓子も気持ちの善いのを備付け、卓子かけも何時も雪白で清潔だ、女給も悉くが美人と云ふ訳でも無いが、一軒数名の女給中には人の眼を引き付ける美人が一二名は必ず居る、さうして彼等は来る客、来る客、其れは若い男にも年老けた男にも、好男子にも醜男子にも一様に愛想善く待遇し、とろけるやうな眼ざしで一瞥を与へてチヤムして仕舞ふ、（中略）京城のカフヱーは大部分とは云はぬが、半数は佗しい淫売室のやうなのがある、室も汚し、料理もまづい、ただ白粉で誤魔化した魔性の女給に媚を売らし、淫を売らして渡世して居るのが相当多いやうだ、（中略）東京から一流カフヱーの女給でも数人雇入れて開業したら慥に大繁盛すること請合いだ(18)。

引用文からは、京城の日本人たちはカフェー文化を文明の尺度とみなし、本国の銀座や大阪のカフェー文化と女給のサービスが本物で、京城のそれは本国を模倣した劣等なものとして認識していたことがうかがえる。

このような当時のエトスは女給小説にそのまま反映されるが、江間俊太郎の「憧憬」（『朝鮮及満洲』三〇八号、一九三三年七月）はその点で注目に値する。この作品は語り手である「僕」＝「岩淵」と「千代子」との恋愛談を綴った恋愛実話である。「僕」は楽師で、千代子はカフェーを兼ねた料理屋の女中で女給である。彼女は「朝鮮人化され」、日本伝統の清楚な美を持つ「大和撫子といふには余りにその町が開けていた(19)」いかにも朝鮮らしい場所で働く「日本の女」と描かれている。「僕」は「最初から千代子の顔を確かに朝鮮人のやうにみてとつていた」とし、同僚に「あの千代子確に朝鮮人と思ふがね。第一あの発音はとても日本人達ぢや真似出来ないよ(20)」と述べ、彼女を朝鮮人と判断している。さらには「その顔は、いつか日活でやつた国境の鮮女《キジベ》を扱つた『大地は微笑む(21)』の秋蓮に似てゐたし、声はまるで朝鮮人なのだ(22)」と指摘し、まるで朝鮮の女のように思う。千代子の外貌、声、振る舞いは日本人だか朝鮮人だか区別ができない程、伝統的な日本女性像とはかけ離れていると認識されるのである。しかし当の本人は、「扈さん」という朝鮮人との関係を問う質問に対して、「妾だつて日本人よ、誰がそんな鮮人《ヨボ》になんて……」と答える。千代子はたとえ植民地朝鮮で女中・女給として働いていても、被植民地の男性である「鮮人《ヨボ》」を相手とするわけにはいかないという意志を示している。

ここに、日本人としての自負心と朝鮮人に対する優越意識がうかがえる。そのような優越意識は同じ店で働く花ちゃんという朝鮮女給に対する態度にも如実に現われる。千代子は「亀のやうにうづくまつてゐる鮮人給仕女《ウエトレス》」である花ちゃんに対して「意気地がないのね」(23)ととがめる。この時期の在朝日本人たちの日本語には日本語化した韓国語がよく現われるが、その最も代表的な事例がヨボであり、これは韓国人に対する卑下表現として使われていた。この作品では「鮮人《ヨボ》」は朝鮮人男性を指しているし、「鮮女《キジベ》」は朝鮮女性を蔑む表現として用いられている。すなわち、鮮女《キジベ》は、大和撫子と表象される日本人女性とは正反対で、意気地ない朝鮮女性を指す言葉である。つまり、千代子は日本人男性の作者の眼によって、大和撫子とはかけ離れた「朝鮮人化された」存在として捉えられるが、自分としては朝鮮人女性と自己を区別し、日本の女性としての優越意識を顕わにしているのである。

このように「憧憬」には、内地日本人と自分を同一化し、朝鮮男性・女性と区別しようとする在朝日本人女性の眼差しと、内地日本人女性と外地日本人女性を区別すると同時に、外地日本人女性と朝鮮人女性を区別し位階化しようとする日本人男性の眼差しが多様に交差している。

これ以外にも、この時期の『朝鮮及満洲』の記事で、朝鮮人女中は「売上を本位にし」「不正直なものが多くて困る」(24)とか、朝鮮の女給は「一つのカフヱーから次のカフヱーへ住み変え」(25)、サービスが悪いと評価されている。また、デパート・ガールも「ここの店員のサービスは平均にいい、しかし朝鮮人店員の訓練には相当努力してゐる様だが、いけない。風俗習慣の異なる点はあるにしても、客が品物を買つても、ツンとしてほんのお義理にしきや頭を下げない、何も今流行のエロやイットを発散させる必要はないにした所が、女性特有の愛嬌はあつて邪魔にはならない」(26)と、朝鮮の女性は無愛想で愛嬌のない存在として認識されていることが分かる。このような眼差しはこの時期一般化された在朝日本人たちの朝鮮認識の現われで、これは植民地主義が当時の在朝日本人にどのように内面化されたか、その一端が分かる箇所である。

以上で検討してきたように、近代的消費文化の中心としてのカフェー・ブームは日本・朝鮮両国において、カフェーを背景とし、女給を主人公とした女給文学ブームをもたらし、その中の女給の表象からは、当時一般的な在朝日本人たちが植民地主義をどのように内面化したかが見てとれた。すなわち『朝鮮及満洲』の女給小説の中の在朝日本人女性たちは本国の日本内地の女性たちとみずからを同一化することによって優越的自己認識を顕わにし、朝鮮の女性たちを否定的な存在として他者化していることが分かった。同時に彼女たちは日本人男性作家によって、日本内地の女性とは異なる混淆された存在として表象されていることも分かった。すなわち、在朝日本人女給は本国の女性と比べたら朝鮮化された劣等な存在であるが、朝鮮人女性と比べたら日本伝統の美を具現する優越的存在として表象されているのである。(27)

むすび

植民地支配がある程度安定化し、京城が近代都市・消費都市としての様相を備えていた一九三〇年代には、デパートの販売員、カフェーやバーの女給、ダンサー等多様な日本人女性たちが働き口を求めて渡韓し、京城の消費文化を支えた。その中でも特に近代文明の尺度として、本国日本のカフェーと女給文化は在朝日本人社会を通して朝鮮社会に広まり、京城で起こったカフェー・ブームによって植民地朝鮮で発行された日本語メディアにはカフェー文化と女給を扱うルポ、体験談、小説などが多く載せられる。この論文では、『朝鮮及満洲』のカフェーの女給関連記事と小説を中心に、一九三〇年代京城の消費産業を底辺で支えた渡韓日本人女性たちの実状と彼女たちの描かれ方について考察した。

『朝鮮及満洲』の女給小説で描かれる女給は、韓国の女給小説に登場する女給が貧困のため女給になるしかなかったのとは異なり、女学校や専門大学出身の女性が多く、家庭不和や結婚生活の破綻、愛人の裏切り等から自暴自棄の心情と反抗的心情で女給になったと自己言及している。それと同時に彼女たちの生き方は男性作家の眼差しによって大衆の興味を呼び起こす方向に再構成され、結果的に自殺を選択するという極端な傾向を帯びる。また、日本人女給たちは本国の日本の女性たちと自己同一化を図り朝鮮人女性・男性に対して優越的自己認識を露呈している。それと同時に彼女たちは、朝鮮人たちと同じ空間で働くようになったことで、その言語、文化、習慣等は変容していった。このような面貌のために、日本人女給は日本人男性作家によって朝鮮人女性に比べると日本の伝統的美を固守する優越的存在として表象されるが、一方本国の女性と比べると朝鮮人化された劣等な存在として表象されている。

このように一九三〇年代の女給小説の女給表象を検討することによって、植民地主義が平凡な在朝日本人たちにどのように内面化されたか、その具体的実情の一端が分かった。

（1） たとえば、權肅寅（권숙인）の「植民地朝鮮の日本人――被植民朝鮮人との接触と植民意識の形成――（식민지 조선의 일본인――피식민 조선인과의 접촉과 식민의식의 형성――）」（韓国社会史学会（한국사회사학회）『社会と歴史（사회와 역사）』第八〇輯、二〇〇八年）、Kristine Dennehy, Colonial Modernity and Cultural Politics in 1930s Korea/East Asia Remembering 1930s Korea in Post-Colonial Japan（比較韓国学会『Comparative Korean Studies』一九巻二号、二〇一一年）は、解放以後帰国した日本人たちの回顧談を分析した論文である。

（2） 韓日併合前後に渡韓した日本人女性たちの現実については拙稿「渡韓日本女性の現実」（『帝国の移動と植民地朝鮮の日本人たち』図書出版ムン、二〇一〇年一〇月）で検討したことがある。

(3) 「美人群像　職業婦人の明暗色」(『朝鮮及満洲』三〇五号、一九三三年四月)、九一頁。

(4) 『朝鮮及満洲』には一九三一年一一月から「エロ帝国鳥瞰図」という連載記事が掲載され、日本の退廃的消費文化を植民都市京城に紹介している。これ以外にも『朝鮮及満洲』には日本の銀座や大阪のエロ産業を紹介する記事が多く掲載されている。

(5) 本誌記者「朝鮮のエロ里風景」(『朝鮮及満洲』三二六号、一九三五年一月)、一〇五～一〇六頁。

(6) 木村達「母と子」(『朝鮮及満洲』二九三号、一九三一年四月)、一〇一頁。

(7) 「私のカフエー観」(『思想と生活』二輯、一九三一年六月)。

(8) パク・スクヨン(박숙영)「近代文学とカフェー(근대문학과 카페)」(『韓国民族文化(한국민족문화)』二五号、二〇〇五年)、ウ・ジョンクォン(우정권)「一九三〇年代京城カフェー文化のストーリー・マップに関する研究(1930년대 경성 카페 문화의 스토리 맵에 관한 연구)」(『韓国現代文学研究(한국현대문학연구)』三二号、二〇一〇年)、パク・ソヨン(박소영)「一九三〇年代カフェー女給言説の脱植民主義研究――『三川里』と『別乾坤』を中心に――(1930년대 카페 여급 담론의 탈식민주의 연구――『삼천리』와『별건곤』을 중심으로――)」(『東北アジア文化学会(동북아시아문화학회)』国際学術大会発表資料集(국제학술대회 발표 자료집)、二〇一〇年五月)等。

(9) パク・スクヨン「近代文学とカフェー」(『韓国民族文化』二五号、二〇〇五年)、三九頁。

(10) Christophe Lefebure, カン・ズホン(강주헌)訳『カフェーの歴史(카페의 역사)』(ヒョヒョン出版(효형출판)、二〇〇二年)、一四八頁。

(11) 山寺譲二「河畔の追憶心中」(三二二号、一九三三年一一月)、一〇七頁。

(12) 李箱(이상)「蜘蛛會豕(지주회시)」(『中央(중앙)』二巻一二号、一九三六年六月、『定本　李箱文学全集2小説(정본 이상문학전집2 소설)』ソミョン出版(소명출판)、二〇〇三年一二月)、一三二頁。

(13) 李箱「翼(날개)」(『朝光(조광)』一九三六年六月、前掲『定本　李箱文学全集2小説』)、二六〇頁。

(14) 同右、二六三頁。

(15) 朴泰遠（박태원）「聖誕祭（성탄제）」（『女性（여성）』二巻一二号、一九三七年一二月、『小説家クボ氏の一日（소설가구보씨의 일일）』深い泉（깊은 샘）、二〇〇三年一二月）、七九頁。

(16) 朴泰遠「道は暗し（길은 어둡고）」（『開闢（개벽）』二巻二号、一九三五年三月、前掲『小説家クボ氏の一日』）、一九七頁。

(17) 松本輝華「カフエー情調」（『朝鮮及満洲』二二六号、一九二六年九月）、九一頁。

(18) 一記者「カフヱー漫談」（『朝鮮及満洲』二五三号、一九二八年一二月）、七六〜七九頁。

(19) 江間俊太郎「憧憬」（『朝鮮及満洲』三〇八号、一九三三年七月）、一〇〇頁。

(20) 同右、一〇一頁。

(21) 一九二三年『大阪朝日新聞』懸賞の映画劇部門で当選した『大地は微笑む』は当時大手映画会社が競って放映したことでも知られている。この新聞連載小説は、劇映画のなかでは初めて朝鮮人を主人公とした原作であった点でも注目すべきものであった（梁仁實「一九二〇年代視覚メディアの一断面――『大地は微笑む』と「朝鮮」――」『立命館産業社会論集』四三巻一号、二〇〇七年六月）。

(22) 前掲江間俊太郎「憧憬」、一〇一頁。

(23) 同右、一〇三頁。

(24) 木村達「母と子」（『朝鮮及満洲』二六六号、一九三〇年一月）、一一五頁。

(25) 三面子「カフヱ戦線異状記」（『朝鮮及満洲』二八四号、一九三一年七月）、九一頁。

(26) 「デパート巡り（其二）」（『朝鮮及満洲』二七八号、一九三一年一月）、一一九頁。

(27) 日本人男性の眼差しによって捉えられたカフェーの日本人女性たちと、韓国の男性作家によって捉えられたイメージは、大きく異なっている。パク・ソヨンは一九三〇年代のカフェー女給談論を分析して、植民地時代、韓国男性がカフェーに入って女給にサービスしてもらう行動について、「被植民地人の朝鮮人がまるで日本に進出して日本人女性と対等な、あるいは日本人女性より高い位置で彼女たちを支配するのはカフェーでしか経験できなかった。彼らは女給を相手にしながらもう自分は被植民地の人ではないような錯覚に陥る」(前掲パク・ソヨン「一九三〇年代カフェー女給言説の脱植民主義研究――『三川里』と『別乾坤』を中心に――」)と結論づけ、カフェー女給をめぐる言説を支配構造と階級によって分析しているが、朝鮮人男性による女給の言説と日本人男性による女給の言説との比較は稿を改めて検討する必要がある。

〔付記〕 この論文は二〇一一年韓国政府(教育人的資源部)の財源で韓国研究財団の支援によって行われた研究(KRF-2007-362-A00019)の成果である。

金素雲と佐藤春夫　一九四〇年――『乳色の雲』序文をめぐって――

上垣外憲一

一　『乳色の雲』と朝鮮詩集――題名の変遷――

一九四〇年（昭和一五）に河出書房から出版された『乳色の雲』は、それまでに岩波文庫から出版されていた『朝鮮童謡選』『朝鮮民謡選』（ともに一九三三年、昭和八）[1]で文名を日本で知られていた金素雲にとっての、はじめての現代朝鮮詩の翻訳詩集であった。題名についてもう少し詳しく述べると、初版河出書房版では、背には「乳色の雲――朝鮮詩集」と題されており、高村光太郎による扉絵の下には、「朝鮮詩集」、「乳色の雲」、河出書房と活字で記され、乳色の雲はポイントが大きく、赤インクで印刷されている。さらに島崎藤村の「序の言葉」の前の一葉には「金素雲訳詩集」とだけ印刷されてある。

こうしてみると、『乳色の雲』の題名には、朝鮮詩集、乳色の雲、金素雲訳詩集という三つの選択肢があったことがわかる。「朝鮮詩集」という題名は、次の一九四三年の興風館から出た訳詩集が『朝鮮詩集・前期』『朝鮮詩集・後期』と題されており、この詩集はさらに戦後、金素雲自身の言葉によれば「決定版」とされた岩波文庫版でも「朝鮮詩集」とされている。

興風館『朝鮮詩集・前期』『朝鮮詩集・後期』においては、さらに現代の新進詩人を紹介する巻が続く予定であった。ここでは、金素雲は網羅的な朝鮮近代詩の紹介を試みており、学問的と称しても良い形をとっている。『乳色の雲』では、かなり長大な「あとがき」のなかで、金素雲は近代詩の黎明から現時点にいたる朝鮮近代詩の沿革を述べている。(2) さらに、原作者の詩人については一行ずつではあるが、作者についての紹介も行っている。『乳色の雲』という抒情詩の精神を全面に押し出したかのような題名とは別に、金素雲には、最初から学問的に整理された形で朝鮮の近代詩を紹介したい、という想いもあったのであり、それゆえ「朝鮮詩集」という題名が途切れることなく、戦後にまで用いられたということがいえる。

「決定版」岩波文庫版でも「朝鮮詩集」としたように、朝鮮詩集という題名にかなりのこだわりを金素雲は持っていたのだ。岩波文庫の『朝鮮童謡選』『朝鮮民謡選』においても朝鮮という言葉を題名に入れることに金素雲はこだわっていた。朝鮮民謡選という題名についていえば、最初に金素雲が一九二九年に朝鮮民謡集を泰文館から出版した時の題名も、『朝鮮民謡集』であった。金素雲の日本文壇へのデビューであった、白鳥省吾主宰の雑誌『地上楽園』における連載の題名は「朝鮮の農民歌謡」だった。

またこれを機会に朝鮮民謡の収集に熱中した金素雲はすべてをハングルで印刷した『諺文朝鮮口伝民謡集』を一九三三年に第一書房から出版している。「せめて序文だけでも日本語で書いたら」という出版社の主人の勧めに対して、金素雲はどうしてもすべてハングルでなければ駄目だ、と固執した、と書いている。(3)

こうした点からいえば、題名一つの付け方にもさまざまな問題があるのである。たとえば、「金素雲訳詩集」という、まるでこれこそが本当の題名だといわんばかりに「金素雲」という訳者の方を全面に押し出したこの訳詩集の題名の付け方は、一体、金素雲自身の意志によるものなのか、それともすでに岩波文庫から『朝鮮童謡選』『朝鮮民謡選』と二つの本を出版して文名の上がっていた金素雲の名前を利用して、少しでも多く売りたいと出版社が意図して考えられたのか？

この問題については、『乳色の雲』「あとがき」で、金素雲は、永井荷風の『珊瑚集』が、原作者の姿しか見えないのに対して、この『乳色の雲』では、自分は姿を隠してしまうことに失敗していると書いている。

（珊瑚集では）そこには荷風という訳者が居ないで、ボードレールやヴェルレーヌ自身がちゃんと顔を出している。見事なものだと思つた。それが本当の訳で、訳者のプンプン臭ふのは真の意味での訳ではない。……この「乳色の雲」にしたところで有体に言へば僕自身の詩集のやうなものだ。それを一番相済まなく思つてゐる。自分の詩だといふ気持で四つに取組まねば詩の訳など出来るものではない。それでゐてさらりと身を躱す、自分を表に現はさない、その修行がなか〳〵だ。このテストではどうやら僕は落第をしたらしい。

「自分の詩だといふ気持で四つに取組まねば詩の訳など出来るものではない」と金素雲はいう。これは翻訳に苦闘した経験がいわせるものでる。一方で、朝鮮の現代詩を日本に知らしめたいという目的からすれば、『乳色の雲』という題名は、あまりにも抒情詩的、あまりにも文学的である。「乳色の雲」という題名は、「朝鮮詩集」の朝鮮、という語を避けるための、隠れ蓑ではないかという推測が生まれてくる。

二　朝鮮独立運動と一九四〇年という「時局」

金素雲は「朝鮮の農民歌謡」を『地上楽園』に連載してから、東京の下町かいわいで朝鮮から渡ってきて日雇い稼業をしている同胞たちを訪ねては、朝鮮の民俗歌謡を採集することに熱を上げていった。この過程で警察に目をつけられて、留置場生活をしばしば経験したことを、『天の果てに生くるとも』の中でこう語っている。

ある日、特高の巡査が来て一緒に来いというのでついて行くと、何かの予備検束だという。商人でもなく農夫でもなければ、彼らの目には皆不逞鮮人だ。……労働者を訪ねて歩くのはどういうわけだ？――彼らの疑惑はこれである。本でも読むような朝鮮人はすべて社会主義者と認定した時代だから、疑惑の理由は充分である。(4)

共産主義者で朝鮮独立運動家――不逞鮮人はこの場合、その意味である。これが特高の金素雲に対する嫌疑であった。その後も「時々特高の巡査がやって来て、時には理由もない留置場生活を数日ずつ経験する」(5)と金素雲は書いている。証拠はなかなかあげられないけれども、特高から見れば、金素雲は限りなく疑わしい共産主義の独立運動家だった。「農民」の歌謡を研究するのがそもそもあやしい、本所や深川の下層民の住所、朝鮮から流れてきた日雇い労働者たちを尋ね歩くとは、共産主義の宣伝、独立運動の扇動に違いない、これが特高の金素雲に対する疑惑である。

金素雲は、岩波文庫の『朝鮮童謡選』『朝鮮民謡選』の出版（一九三三年）ののち、同じ年に帰国して、ソウルを拠点に「朝鮮児童教育会」を設立、以後『児童世界』『新児童』『木馬』などの児童雑誌を刊行するが、資金的に行き詰まって四年後の一九三七年には破綻する。この間、資金繰りをめぐって奔走した様子は、『天の果てに生くるとも』の「壊れた木馬」の章に詳しい。(6)

さて、朝鮮児童教育会の事業に完全に失敗して、それでもなお挽回をはかろうと一九三七年に金素雲は東京に戻るが、日中戦争が勃発、金素雲は大森警察署に半年間拘束されるはめになる。

挫折した「木馬」を挽回させようと再び東京に行ったのが一九三七年の初夏、間もなく七月七日の盧溝橋事件を発端として中日事変が始まり、続いて私は警視庁に検挙されて半年以上、大森警察署に居候の身分になった。(7)

ここでなぜ金素雲が警視庁に検挙されるはめになったのか、理由は書かれていない。しかし、朝鮮の独立運動家ではないかという嫌疑が最も大きかったと考えられる。なぜなら、朝鮮国内での独立運動が不可能になったあと、運動家の多くは中国領内に逃れていたが、満洲事変により満洲国が成立すると、上海の臨時独立政府が独立運動の中心となった。ところで、中国領内で朝鮮独立運動を続けていた人々は日中戦争以後の日本軍の進撃にともなって蔣介石の国民政府と行動を共にしたのであり、最後には重慶に臨時独立政府は移っていく。(8)中国領内の朝鮮独立運動家は、日中戦争の勃発によって、蔣介石の国民政府の側に立って、より明確に日本の敵であり、危険な存在であることが露わになった。日本軍が中国戦線奥深く投入されている時期に、守備が手薄になる朝鮮半島内で独立運動が燃え上がったら、満洲国ですら安全ではないではないか。

こうした状況を考えれば、盧溝橋事件によって日中戦争が始まった直後、「朝鮮児童教育会」と朝鮮語による児童文学により教育を目標とした事業を推進してきた金素雲に朝鮮独立運動家という嫌疑を東京の特高、警察がかけたというのが、最も考えられる筋書きである。東京ではすでに何回も「予備拘束」の対象になっている「不逞鮮人」の金素雲が東京に舞い戻ってきた、一体、何のためにであるか？　という嫌疑。

四年前、朝鮮児童教育会が発足したとき「マルクスは独逸に、桃太郎は日本に帰れ！」という、「少々危険な」趣意書に、総督府の学務局長が発起人の一人として署名してくれるというような状況は、盧溝橋事件以後の日中戦争の展開によって、まったく過去のものとなっていた。すなわち金素雲が「朝鮮性」を全面に押し出して活動すること自体、当局は危険なものとして検挙の対象とする時代に入っていたのだった。それでは、一九四三年の『朝鮮詩集・前期』『朝鮮詩集・後期』はなぜ出版できたか、という疑問が湧くが、この時の金素雲は「鉄甚平」という日本名を名乗っていたことを考えるべきである。どこかで「日本」に対して譲歩をせねばならないということ。この『乳色の雲』では、何とか朝鮮詩集という朝鮮を含む題名も、副題としてではあるが載せることができ、また金素雲という朝鮮名も使うことができたのである。すでに特高から「ふだつき」になっていた金素雲がむしろこの出版自体を、朝鮮という言葉を含む副題で、朝鮮人名で、行うことができた理由をもう少し探すべきである。

三　佐藤春夫の「紹介の辞」

その「朝鮮性」を帳消しにする効果を持つ「毒消し」が佐藤春夫の「紹介の辞」であったと考えねばなるまい。内容を見れば、この「毒消し」＝薬自体が、かなり毒性のある、危ない序文であることがわかる。それは、かなり長い、翻訳と原作の詩の文学性に対する賞賛のつまった序文の一番最後の部分に、すなわち、一番言いたいことをいうはずの部分にある次の言辞である。

語を最後に敬愛する半島の詩人等に寄せよう。卿等の廃滅に帰せんとする古の言葉を卿等が最も深く愛しようと思ふならば、宜しく敢然として日常の生活から抛棄し去つて纔に詩の噴火口からこれを輝やかな光とともに吐くに如くはあるまい。若し夫れただ一人のホーマー、一人のゲーテ、一人の杜甫、一人の人麻呂が卿等の間に生まれさへすれば、その詩篇のために、卿等の失はるべき言葉も亦、世界に研究せられて千古に生きるを妨げないであらう。

皇紀二千五百九十九年秋夕、東京小石川に於て
佐　藤　春　夫　誌す(9)

この当時、朝鮮においては「皇民化教育」が推進され、小学校においても日本語の使用が基本となっていた。それであるからこそ、金素雲は朝鮮語による児童文学を推進しようとして、朝鮮語を主とする児童文学雑誌の発行に邁進したのである。ここで佐藤春夫は、金素雲の翻訳と、その原詩に惜しみない賛辞を送りながらも、朝鮮半島においては、その原詩の言語である朝鮮語が「廃滅」しようとする現状を肯定している。この佐藤春夫の発言を強化するのが、「皇紀」の語である。大日本帝国の版図が「日本語」によって統治されるべきことは、佐藤春夫にとって歓迎すべき事であったから、滅び行く朝鮮語文学が、優れた日本語訳によって、大日本帝国の一員たる朝鮮民族の文学として日本語によって保存されることは、喜ぶべき事であった(10)。

この「紹介の辞」の最後の部分は、それが検閲を通って出版可能になるためにどうしても必要なことであったとしても、それまでの朝鮮語の文学にかける金素雲の熱望からすれば、どうしても受け入れられないことであった。この時期、佐藤春夫は、日中戦争の従軍記を発表し、戦意発揚としかとりようのない『戦争詩集』を出版するなど、日中戦争における「皇軍」の活動を全面的に擁護、支持する姿勢を明らかにしていた。であるからこそ、問題児の朝鮮人、金素雲の「朝鮮」詩集の出版許可を得るための名分として、佐藤春夫の「紹介の辞」はどうしても必要であった。しかし、最後の朝鮮語が滅びることが当然の言語であるという佐藤春夫の言辞だけは、金素

雲としては受け入れられないものであったはずだ。佐藤春夫は、しかし、このことをどうしても言いたいのであって、これを削除してくれといえば、春夫は、「紹介の辞」の提供そのものを断るであろう。それは、「朝鮮詩集」の出版を断念せざるを得ないことを意味していた。

当時の出版には「検閲」という乗り越えねばならない壁があった。多少なりとも当局から見て危険である出版物を出すためには、当局側に何かを譲った証拠を見せねばならない、その当局への妥協、譲歩を、金素雲は、リンゴとドングリにたとえてこう書いている。

私の手で作った課外雑誌「児童世界」、「新児童」、「木馬」などは、みんな日本文と国文(韓国文)の混成編集だった。これが学校に配本するための附帯条件であった。

リンゴ半分を子供たちに与えようとすれば、ドングリ一個をいっしょにやらねばならないという。ドングリをやりたくないからと言って、リンゴまでを断念するか、でなければ、目をつぶってドングリをいっしょにやるか、こういう岐路に立った時、私はいつも後者を選択した。(11)

この文章の前の部分で、朝鮮児童教育会の発足にあたって総督府の学務局長、武部欽一に発起人として名を連ねてもらうことをわざわざ頼みに行ったのも、民族運動として忌むべきものという当局の圧力を押さえるに、総督府の学務局長の名前が必要と金素雲が考えたからである。そうした当局者が喜ぶ代償は、この場合は日本文による記事であった。

科学記事は日本語で、童話はなるべく朝鮮語で、このような配慮で、何とか朝鮮語による児童文学を発展させようという金素雲の苦心であったが、日本文を入れることに対する非難は当然、さまざまな形で金素雲に降りかかった。

リンゴ（出版）を断念するよりは、附帯条件である「ドングリ」を受け入れることを、自分は常に選択した、と金素雲は書いているが、何よりも愛している母国語の朝鮮語が廃滅に瀕していることは当然のなりゆきであり、そうあるべきことであると読める一文が佐藤春夫の「紹介の辞」の最後に入っていることを受け入れるのは、金素雲にとってはあまりにも苦すぎる代償であっただろう。

四　佐藤春夫の一九三〇年代

佐藤春夫の『乳色の雲』への「紹介の辞」は皇紀二千五百九十九年秋夕と記されている。すなわち、昭和一四年（一九三九）九月である。文章の全体の調子は、金素雲のすばらしい翻訳によって、朝鮮の現代詩に優れた作者が多数いることが知られることを賞賛するものである。同時に大東亜共栄圏の理念に賛同していた佐藤春夫にとって、朝鮮もまた日本語文化圏として生きていくべきものであり、朝鮮半島における朝鮮語は、日本語教育の普及にともなって、廃滅していくべきものであった。それが、佐藤春夫の紹介の辞の意図するものであったろう。

それでは、大東亜共栄圏の文化問題について、一九三〇年代の佐藤春夫はどのような思想を持っていたのだろうか。あるいはどのような経過をたどって、朝鮮語は廃滅すべき言語であるという結論に到達したのだろうか？このことを簡単に考察しておきたい。

当然のことながら、満洲事変によって満洲国が成立したことは、佐藤春夫にとって喜ばしいことであった。佐藤春夫は、満洲国成立を言祝いで、一編の詩を書いた（一九三四年三月）。題名の「蘭の花」は、満洲国皇帝旗に、紋章として蘭の花があしらわれていることにちなんでいる。

蘭の花

惨風慈雨に培はれ
人に知られぬ谷かげに
恨を秘めし幾春秋
天子の旗とひるがへり
ああ蘭の花今咲きぬ

忍辱の子に光明を
逆境の子に雄心を
与へんためのしるしにと
天子の旗の蘭の花
いま朝風にかをるかな(12)

こうした中国大陸における日本軍「皇軍」の行動を全面的に支持する態度が、軍部からは、戦争に協力的な作家として目されることになる理由であったと考えられる。一九三七年の日中戦争の勃発の翌年、一九三八年には、まず五月に文藝春秋の特派員として華北方面を訪れ、さらに九月には海軍従軍班の一員として、揚子江上の駆艦の作戦に「観戦者」として参加する。(13)

佐藤春夫と中国との関係を考える上では、佐藤春夫と台湾の関係が最も重要である。佐藤春夫はすでに一九二〇年の六月から一〇月までという相当な長期間台湾を旅行しており、台湾に取材した作品も、こののち、「魔島」（一九二三年）など数編発表している。

さらに、一九三七年九月、一〇月には『中央公論』に台湾紀行である「殖民地の旅」を発表する。すなわち、盧溝橋事件（一九三七年七月七日）の直後である。この紀行を読むと、鹿港で出会った台湾知識人が、台湾民主国について吹きまくるのに相当辟易した様子、を書いている。また地方の台湾人有力者が、台湾総督府の基本政策が民族平等から同化へ、同化から平等へと変転きわまりないことを、率直に批判していることを記しており、その対話の最後には台湾総督府からの「目付役」がそろそろ、と話の打ち切りを促したことまで書いている。台湾人の名望家は、日本語は理解出来るのに通訳付きで話をしたというから、台湾語を話したのであろうが、中国の伝統文化を受け継ぐ台湾の漢民族は、蛮族の山地民とは、当然その文化、言語が異なってくるはずだと論ずるのであるから、台湾人の漢民族としての文化、言語を尊重せよという論理であったと考えられる。(14)

台湾が日本の手を離れたことが残念、つまり台湾の風景を日本の風景として描くことができなくなったのは残念だと戦後に記した佐藤春夫である。(15)台湾が日本の植民地であったことは間違いなく良いことであった。しかし、中国の漢詩の伝統に深く通じ、これを愛好していた佐藤春夫としては、台湾総督府の「同化政策」つまり一方的な日本語の普及論を良しとすべきかどうかには、迷いもあったと見られる。台湾人の同化政策批判ととれる言説に対して、この紀行文（「殖民地の旅」）では反論を行わず、現地の人の総督府批判をそのまま記して終わっている。(16)

台湾に題材をとった小説群の研究は、むしろ台湾人、原住民と日本人の文化の相違は、乗り越えられないものだという佐藤春夫の観念を指摘している。(17)つまり、朝鮮の言葉が消滅して当然、という一九四〇年の宣言ともいえる言辞とは、かなりの懸隔がある、すなわち、徹底した現地語の消滅、日本語による代替という考えは、一九二〇年代の佐藤春夫の思想ではない、ということになる。

そうした観点から満洲国皇帝旗の頌歌である一九三四年の詩編、「蘭の花」についても満洲国皇帝、溥儀をどういう存在と佐藤春夫がこの詩を書いた時点で考えていたのか、読みは多少微妙になってくる。つまり、蘭の花はまさしく中国の園芸文化の粋ともいえる存在であって、満洲国皇帝は、中国の伝統文化の擁護者であるからこそ、尊貴な存在であると読めるからである。そうであるとすると、たとえば満洲国の文化・言語政策についても、この詩からは、日本語が最優先の言語であるべきという思想は導き出しにくいことになる。

満洲国は、ともあれ五族協和を建国理念として掲げていたから、中国語はもちろん、朝鮮語、満洲語も、理論的には尊重されてしかるべきはずである。

大同元年(一九三二)九月の日付を歌詞の内に含む「満洲航空株式会社社歌」は次のように歌う。

あじや新に興る時
蘭の香かをる新京に
われ等が築く航空路
大動脈を天駈けり
結ぶ東亜の共栄圏
母国の任を我等負う
大同元年秋九月
　五族協和の旗風に
なびけ亜欧の空の雲(18)

ここで佐藤春夫は「東亜の共栄圏」という言葉を用いている。すでにこの時点で大東亜共栄圏の思想を支持していることを表明している。大東亜共栄圏も、理念としては各民族の「協和」によって成り立つものであるから、その一員たる朝鮮民族の朝鮮語による文学の隆盛も、共栄圏の肯定すべき業績と解釈できないこともない。

しかし、この時期の佐藤春夫が、共栄圏は日本語によって統一、統治さるべきものと考えていたのは、この社歌の次の連の一連の文句によって読み取れるであろう。

かがやく翼行くところ／みな日本の風起る／拓く皇道文化圏

このような佐藤春夫に、「朝鮮詩集」の「紹介の辞」を頼んだ金素雲は一体どのような思惑から、序を頼んだのであろうか。

五　『乳色の雲』、二つの序文

そのように考えてこの『乳色の雲』の序の部分を見直してみると、二つの序文に類する文章が掲げられていることがわかる。すなわち佐藤春夫の「朝鮮の詩人等を内地の詩壇に迎へんとするの辞」と島崎藤村の「序の言葉」である。順番からいえば、島崎藤村の「序の言葉」が先に掲げられている。佐藤春夫の紹介の辞は、熱っぽいものであり、長い。島崎藤村の「序の言葉」は比較的に短く、問題になりそうな言辞は一見あまりない。だからこそ、戦後に出された岩波文庫版『朝鮮詩集』には、藤村の「序の言葉」はそのまま残され、最初に置かれた。佐藤春夫の「紹介の辞」は、当時の時代を知るためにという注釈を付されて、解説の中に引用されるという形で残された。もちろん、朝鮮語が廃滅して当然という言辞のためである。

ところで、二つの序文の最後に付された年号を比べてみると、佐藤春夫の紹介の辞は、「皇紀二千五百九十九年秋夕」であり、島崎藤村の方は、「昭和十四年霜月」と記されている。尹紫遠の岩波文庫版では、「皇紀……」は昭和一四年に変えられているが、昭和一五年の出版時には、佐藤春夫の紹介の辞の年号は「皇紀」であった。さらに、春夫の紹介の辞は九月（秋夕＝旧暦八月一五日）に書かれているが、島崎藤村の序の言葉は、霜月＝すなわち一一月の日付である。

二つの序文を『乳色の雲』が持つという不思議は、次のように謎解きができると筆者は考える。つまり、最初は、一九三七年、中国戦線に従軍してその報告を発表して以来、あるいは満洲国成立以来、皇軍の活動を全面的に支持していると見られていた佐藤春夫は、大東亜共栄圏思想の信奉者として、朝鮮詩の翻訳集に序文を頼めば快諾してくれそうな人物であり、同時に強固な皇道思想の持ち主であるから、その春夫の手になる序文が金素雲の朝鮮色、朝鮮民族意識に対する「免罪符」の役割を役割を果たしてくれそうだという期待が金素雲の側にあったということである。あたかも、朝鮮児童教育学会の発起人に、「敵方」であるはずの朝鮮総督府の学務局長を引っ張り込んだのと同じ手口である。検閲の壁を越えるには、島崎藤村のような常識人ではなく、熱狂的な皇道精神の持ち主と自他共に当時認めていた、佐藤春夫の方が序文の書き手としては、検閲対策としては、適当だったということ。

ところがどのように金素雲がうまく口説いたのか、佐藤春夫は熱心に長大な序文を書いてくれたが、薬が効きすぎて、春夫は最後の部分で朝鮮語が廃滅すべき運命で、この訳詩集が後世に――日本語によって――朝鮮に素晴らしい詩があったことを知らせる役割を果たすだろう、と書いてしまった。佐藤春夫にしてみれば、その最後の部分に自分の共栄圏思想が盛り込まれているのだから、ここを変えてくれと金素雲が頼んだとしても、変えてくれるようなものではないし、どうしても『朝鮮詩集』を出版したい金素雲としては、頼み込んで書いていただいた玉稿を修正しろとはとてもいえなかっただろう。
　しかし朝鮮語の廃滅という言辞は何としても困る。困った素雲は、もともと彼の後援者の一人であった藤村に頼み込んで、新しい序文を書いてもらい、これを最初に「序の言葉」として掲げることにした。筆者はこう推測する。北原白秋はもとより金素雲にずっと親しく、金素雲に都合の良い序文を書いてくれたであろうが、しかし、それでは、詩人として白秋に負けないという自負のあったであろう春夫は、決して序文第一の場所を譲ろうとはしなかったはずである。そこで思い起こされたのは、島崎藤村。詩人としてはもちろん白秋、春夫双方に対して大先輩であり、同時に一九四〇年当時、日本ペンクラブの会長という要職にあったからだ。先輩で会長の藤村になら、春夫も譲るだろう、という金素雲の読みがあったということ。
　そうして島崎藤村の序文を読み直してみると、次の文章が一段落として入っていることが、目につくのである。この訳詩が素晴らしいものであると認める点では島崎藤村は佐藤春夫と同じであり、賞賛の言葉は、むしろ春夫の方が熱がこもっているといっていいが、しかし、次の言葉は文壇の大先輩としての重みを十二分に備えたものではないか。

　思へば、朝鮮に生れた人達のために考へることは、やがてまた自分等のために考へることである。今は独りを善しとすべきでなく、互に同じ憂ひを分たねばならない時である。(19)

　この藤村の「独りを善しとすべきでなく、互に同じ憂ひを分たねばならない時である」という言葉は、まさしく次の佐藤春夫の熱っぽい言辞に対して、向かっていわれているのではないか?

語を最後に敬愛する半島の詩人等に寄せよう。卿等の廃滅に帰せんとする古の言葉を卿等が最も深く愛しようと思ふならば、宜しく敢然として日常の生活から抛棄し去つて纔に詩の噴火口からこれを輝やかな光とともに吐くに如くはあるまい。

佐藤春夫は、半島の詩人たちを敬愛するとここでいっている。その言葉にいつわりはないだろう。しかし、その愛は、まさしく「独善」的なものではないか。詩人にとってその言語、民族言語は命である。その命の源泉を「敢然として日常の生活から抛棄しさつて」と平然というのは、朝鮮の詩人たちに寄せる佐藤春夫の愛情が、独善的であることを遺憾なく示しているではないか。

「独りを善しとすべきでなく」という島崎藤村の常識的な言辞が、佐藤春夫の独善・偏愛の言葉と並べられると、そうして植民地朝鮮半島において朝鮮語絶滅政策が今まさに進行しているという時局を背景に考えると、いかにも尊いものに思われてくるのである。

(1) 著者の伝記の基本的事項や、出版物の出版年などは、基本的に新潮社編集部作成の金素雲年譜による(金素雲、上垣外憲一・崔博光共訳『天の果てに生くるとも』新潮社、一九八三年、二六一～二七四頁)。
(2) 金素雲『乳色の雲――朝鮮詩集』河出書房、一九四〇年、二九二～三〇五頁。
(3) 前掲注(1)『天の果てに生くるとも』、一四六～一四七頁。
(4) 同右、一一九頁。
(5) 同右、一二一頁。
(6) 同右、一九二～二一八頁。

(7) 同右、二〇二頁。

(8) 参照：姜徳相『呂運亨評伝2 上海臨時政府』(新幹社、二〇〇五年)。

(9) 前掲『乳色の雲』八〜九頁。現在『乳色の雲』は入手極めて困難であるが、幸い、この「紹介の辞」は、岩波文庫『朝鮮詩集』の尹紫遠の解説の中に、当時の事情を想起する」ためにとして全文引用されている。ただし、皇紀二千五百九十九年は、昭和一四年に改められている。この皇紀の年号はやはり佐藤春夫の当時の思想を参考にして「紹介の辞」を解釈するには、必要であろう。

(10) このあたりの佐藤の思想については、当然、詳しい論考が必要であろうが、ここでは一九三七年の『風雲』(のちに『アジアの子』と改題、『定本　佐藤春夫全集』第一〇巻、臨川書店、一九九九年)に登場する二人の「汪」の息子が北京で日本語学校を作るという構想を優れたものと賞賛していることを指摘しておきたい。

(11) 前掲注(1)『天の果てに生くるとも』二〇一頁。

(12) 詩集『閑談半日』(『定本　佐藤春夫全集』第一巻、臨川書店、一九九九年)、一三〇頁。

(13) 「江上日記」「続江上日記」「閘北三義里の戦蹟」(『定本　佐藤春夫全集』第二七巻、臨川書店、二〇〇〇年)、一四九〜一六七頁。

(14) 「殖民地の旅」(前掲『定本　佐藤春夫全集』第二七巻)、九六〜九九頁。

(15) 「……それにしてもあの華麗島をもはや日本の風景として細叙することができなくなったのは、私にとって遺憾千万な気がする」(「日本の風景」、一九五八年、前掲『定本　佐藤春夫全集』第二七巻)。

(16) 前掲注(14)「殖民地の旅」六七〜九九頁。

(17) 磯村美保子「佐藤春夫「魔鳥」と台湾原住民：再周辺化されるものたち」(『金城学院大学論集　人文科学編』三巻一号、二〇〇六年)、五五〜六六頁。

(18) 詩集「日本頌歌」(前掲注12『定本　佐藤春夫全集』第一巻)、二〇四頁。

(19) 前掲注(2)『乳色の雲』、二頁。

渡邊晨畝と「日満聯合美術展覧会」

戦　暁梅

はじめに

一九三四年九月より開催された「帝政記念日満聯合美術展覧会」（以下通称の「日満聯合美術展覧会」とする）は、同年三月一日に溥儀が「満洲国」皇帝として即位し、「満洲国」が帝政に移行したのを記念して、新京、哈爾賓、奉天、大連と、旧満洲の主要都市を巡回した大規模な展覧会である。周知の「第一回満洲国美術展覧会」（満展）の開催（一九三八年）より四年も時期が早く、「満洲国」の建国初期に行われた文化事業の実態を知る上できわめて重要な展覧会であった。一方、その日本側の企画者であり、一九二〇年代から日中美術界の連携を模索してきた日本画家、渡邊晨畝《しんぽ》にとっても、「日満聯合美術展覧会」はその手掛けた数々の展覧会の中で唯一「植民地」の満洲で行われたものであるうえ、生涯において携わった最後の展覧会でもあった。その意味では、これは当時日本の美術界の満洲との関わり方をうかがい知る貴重な展覧会といってよい。

これほど大規模で、重要な歴史的意味を持つ「日満聯合美術展覧会」だったが、残念ながら、これまでに展覧会開催の事実についての言及はあるものの、その詳細について踏み込んだ論証はなぜかほとんど見られなかった。傀儡政権「満洲国」が帝政に移行したきわめて敏感な政治情勢の下で、「日満聯合美術展覧会」はいかなる経緯で計画、準備、また実施されたのか。一方で、その開催にあたって、日本側の中心人物である渡邊晨畝ないしその関係者の日本人美術家たちはどのような姿勢で展覧会に臨んでいたのか。これら細部の諸事実の究明にこそ、冒頭に述べた「満洲国」建国初期の文化事業や、当時の日本の対中・対満文化政策および日本の美術界の「植民地」満洲への関わり方の実態をうかがい知るヒントが隠されていると考えられよう。

さいわいにも、渡邊晨畝が一九二〇～三〇年代にかけて、日中美術界の連携を図り、その美術交流のために積極的に奔走し、両国の共催による一連の展覧会を開催した事実の詳細は、これまでに一連の先行論考によってたびたびとりあげられ、「日満聯合美術展覧会」にいたるまでの渡邊晨畝の活動についてはすでにかなり明らかになっている。[1]しかし、その生涯において手掛けた最後の展覧会となる「日満聯合美術展覧会」については、まだどの論考においても詳述されていない。

右の認識に鑑み、本稿は「日満聯合美術展覧会」の開催をめぐる一連の諸事実を整理し、そのなかで渡邊晨畝をはじめとする日本人美術家の活動を確認しつつ、「満洲国」建国初期の文化事業や当時の日本の対中・対満文化政策の実状の一端を明らかにしたい。

一　一九二〇～三〇年代日中美術交流の立役者――渡邊晨畝

（1）「方駕徐黄」の花鳥画家

日本画家渡邊晨畝（一八六七～一九三八／図1）は、近代日本美術史においてほとんど忘れ去られた存在だが、しかし一九二〇〜三〇年代に日中間に行われた数々の美術交流事業のなかでは、むしろきわめて重要なキーパーソンであった。ここでまずその人物像について簡単に紹介しておきたい。

渡邊晨畝について、一八六七年に福島県安積郡多田村村社司安藤家に生まれ、のち渡邊家の姓を継いだということ以外に、その幼少時のことはほとんどわかっていないが、一八八九〜九〇年に漢学を学んだのち、一時小学校の教員を務めた。そしてその頃に、日本画家荒木寛畝《かんぽ》の門下に入り、絵を学び始めたという。

師の荒木寛畝（一八三一〜一九一五）は幕末土佐藩の専属絵師だったが、維新後一時洋画に転向したのちに日本画に復帰し、洋風を加味した緻密な花鳥画、とりわけ孔雀を描くのを得意とした日本画家として知られていた。荒木はまた、よく皇室のために絵を描き、一八八七年に設立された「日本美術協会」の重鎮として活躍し、近代日本画の「旧派」の中心人物としても名を馳せていた。一九〇〇年に東京美術学校の教授になってからは、線描を主とする伝統的な日本画教育を行っていた。

図１　渡邊晨畝（1867-1938）

図２　渡邊晨畝「牡丹孔雀図」（部分）

渡邊晨畝は荒木寛畝の指導のもとで確固たる日本画の訓練を受け、孔雀や鳳凰、牡丹など祥瑞の題材を中心に絵画創作をし、師の得意分野を引き継いで、荒木門下でもっとも孔雀の絵に長けた画家になったのである。そしてその絵画の特徴といえば、何よりも周到な観察に基づいた表現の緻密さと生き生きとしたリアルさであろう（図2）。なお、幕末から御用画家をつとめる荒木一門の伝統を引き継いだためか、渡邊の経歴には、日露戦争の際、一九〇三～〇四年に広島第五師団の偕行社のために作画したことや、一九〇五年、山県有朋と長岡外史の依頼で大本営の装飾画額を制作したこと、さらに一九一八年の中国漫遊の際、駐青島守備軍司令本郷房太郎の官邸に装飾扁額を制作したことなどが並べられ、陸軍の上層官僚のためによく作画したことがうかがえる。ちなみに一九一八年に渡邊が北京画壇の金城らと知り合いになり、日中の間で絵画聯合展覧会の開催を協議しはじめたのも、北京で諜報活動にあたっていた陸軍少将、坂西利八郎の紹介によるものであった。

渡邊晨畝はその後中国の美術界と連携して、一連の「日華絵画聯合展覧会」の開催のために日中間を奔走した。手掛けた数々の展覧会に、みずからも頻繁に出品する一方、絵画の所有者に所蔵品の貸与もさかんに斡旋した。その過程で、彼は当時中国の軍界、政界の多くの要人と知り合うようになった。その中に、すでに退位した清の宣統帝溥儀も含まれていた。一九二一年一二月、渡邊晨畝は北京滞在中にはじめて溥儀にみずからの作品「旭日飛鷹」を献上し、その後も日中間で展覧会が共催される度に、しばしば溥儀に「謁見」して画作を献上するようになり、時には溥儀から自分の作品に題字も賜わった。その詳細をあげると、一九二三年四月に北京で「孔翠桐蔭」を、一九二八年六月に天津で「孔雀の画」「鯉の画」を、一九三一年一月に天津で「秋甫ノ図」を溥儀に奉ったのである。

溥儀をはじめとする清の皇室関係者は、緻密生動に描いた渡邊晨畝の作品を宋元の花鳥画に匹敵するものとして高く評価していた。なかでも、一九二三年四月渡邊がその作品を溥儀に献上した際に、それを大変気に入った溥儀は、渡邊のために「方駕徐黄」（図3）の四文字の書を揮毫し、その絵の腕が中国五代の著名な花鳥画家、黄筌と徐煕(2)に勝《まさ》っていると評価したのであった。渡邊は溥儀のこの言葉を名誉に感じて、「徐黄」「御賜方駕徐黄」（図4）という印を作り、それを長らく愛用するほどだった。

このように、一九二〇年代から「満洲国」の成立、そして「日満聯合美術展覧会」が開催されるまでに、渡邊晨畝はすでに溥儀に数度「謁見」し、作品を献上し、溥儀からも信頼を得ていたといってよい。

一九三二年三月、中国東北部で日本の傀儡政権「満洲国」が成立し、すでに退位していた清の宣統帝溥儀が「満洲国執政」に就任した。渡邊晨畝はその奉祝のためにこの年の一〇月に満洲に渡り、みずからの作品「孔雀朝天」の大幅を献上し、「孔雀朝天」「旭日霊鷹」の二幅に溥儀の題字を賜わり、さらに溥儀からは銀盃を下賜されたのであった。しかし、この時の「謁見」は、もはや一人の画家として作品をもって溥儀の就任を祝うという純粋なものではなかった。みずからの作品を献上する際に、渡邊が外務省からの依頼で、溥儀に日満の間で美術展覧会を開催することを提案していたことは同年一〇月三一日付の次の外務省の記録に見られる。

渡邊ヨリ坪上部長へ
当地ニ日満主催ノ下ニ美術品展覧会開催ノ件ハ執政閣下御快諾セラレ鄭総理モ同会会長ヲ受諾シ夫々小生ヨリノ献上品ヲ嘉納セラレタリ
尚本計画ニ対シテハ満洲側要人連モ賛同シ援助アル趣満へ転報セリ(3)

図3　溥儀書「方駕徐黄」

図4　渡邊晨畝の愛用印「徐黄」「御賜方駕徐黄」

この文面から、外務省は渡邊晨畝がそれまで北京や天津で築いてきた溥儀との関係を生かし、奉祝絵画の献上や美術展覧会など文化事業を提案し、それによって「満洲国」建国当初の溥儀と日本の間に存在する張り詰めた雰囲気を緩和しようとしていたことは容易に想像することができよう。

また、この時の渡邊晨畝の働きかけは、その二年後に開催する「日満聯合美術展覧会」のきっかけとなったとみられる。以上に述べた渡邊の一九二〇年代から数次にわたる溥儀への作品献上、とりわけ「満洲国」建国当初における奉祝のための献上は、後述する「日満聯合美術展覧会」の開催に当たって、東方絵画協会が溥儀への作品献上を提案したこと、渡邊本人が多くの献上画作品を創作したことへの布石としても考えられよう。

（2） 渡邊晨畝が手掛けた日中間の展覧会と東方絵画協会

さて、ここで渡邊晨畝が一九二〇～三〇年代に手掛けた日中間の主要な展覧会を振り返ってみよう。

第一回日華絵画聯合展覧会　一九二一年一一～一二月　北京・天津
第二回日華絵画聯合展覧会　一九二二年五月　東京
第三回日華絵画聯合展覧会　一九二四年四～五月　北京・上海
第四回日華絵画聯合展覧会　一九二六年六～七月　東京・大阪
唐宋元明名画展覧会　一九二八年一一月　東京
中日現代絵画展覧会（第五回日華絵画聯合展覧会）　一九二九年一〇月　上海・大連・奉天
宋元明清名画展覧会　一九三一年　東京・大阪
日満聯合絵画展覧会　一九三四年九～一一月　新京・哈爾賓・奉天・大連

このうち、第一回から第四回の「日華絵画聯合展覧会」、そして「中日現代絵画展覧会」（第五回日華絵画聯合展覧会）は渡邊晨畝が中国の美術界と緊密に連携を取りながら企画、開催したもので、その準備や開催の詳細については、すでに鶴田武良「日華（中日）絵画聯合展覧会について――近百年来中国絵画史研究 七――」(4)で詳しく論じられているのでそちらに譲りたい。ここで特筆しておきたいのは、この日中美術界の連携のもとで行われた数回の「日華絵画聯合展覧会」は、いずれも日中関係が緊迫した時勢のなかで次第に規模を拡大し、大盛況のうちに開催されたものだったということである。そして渡邊晨畝は「読画塾」の代表、同門の日本画家荒木十畝と幹事役を務め、日本側発起人の決定から作品の依頼、中国側との協議など、日中の美術界を行き来して、展覧会のために積極的に奔走した。

「第一回日華絵画聯合展覧会」の日本側発起人の面々を見ると、東京美術学校校長の正木直彦のほか、小堀鞆音、川合玉堂、竹内栖鳳、山本春挙、小室翠雲、荒木十畝という当時の美術界、とりわけ日本画の代表的な大家が名を連ねていたのみならず、のちに横山大観、結城素明、下村観山も加わり、その発起人たちが各々、その後の数回の展覧会においてみずから出品したり、日本側の代表として中国を訪れたりもしていた。数回の「日華聯合展覧会」を経て、日本側ではのちに開かれる「日満聯合絵画展覧会」の参加者の名簿がほぼ固まったといえよう。

実際、一九二四年に北京と上海で開催された「第三回日華絵画聯合展覧会」から、外務省亜細亜局および対支文化事務局の援助を受けるようになり、一九二六年に東京と大阪で開催された「第四回日華絵画聯合展覧会」も、外務省亜細亜局および対支文化事務局「対支文化事業特別会計」の援助を得て、さらに規模を拡大して開催されることになった。周知のとおり、「対支文化事業」とは、外務省が中国の反日感情の緩和を目的に、一九二三年に義和団事件の賠償金を基金にして発足させた文化事業であり、日本の諸団体が中国で行う文化、社会活動の資金援助はその事業内容の一つであった。ここで明らかに外務省は、「日華絵画聯合展覧会」がその対中文化宣伝の一環を担うことを期待したのである。そのために渡邊晨畝は北京に渡り、段祺瑞執政や沈瑞麟外交総長にも資金援助を要請した。その結果、両国政府の援助のもとで、規模を拡大した「第四回日華絵画聯合展覧会」は華々しく開催された。

そして一九二六年七月二日、「第四回日華絵画聯合展覧会」の会期中に、東方絵画協会が成立した。「日華両国画家合同シテ東方絵画ノ研究開発ヲ為スコト」を目的とする同協会は、「絵画展覧会ノ開催」「日華両国画家ノ藝術上ノ往来及考察」および「其ノ他東方絵画研究開発ニ関スル事業」を事業内容とし、日本側の事務所を東京美術学校内に設け、協会代表を同校校長の正木直彦とした。中国側の発起人に、それまでの数回の日華絵画聯合展覧会を中心になって組織した中国画学研究会の代表、北京画壇の画家金城と周肇祥がなったのに対し、日本側の発起人には正木直彦、川合玉堂、横山大観、小室翠雲、結城素明、荒木十畝、小堀鞆音、都路華香、菊地契月、山本春挙、渡邊晨畝の一一名の名がつらなっている。これを見れば、これまで数回にわたって行われた「日華絵画聯合展覧会」の発起人がそのまま東方絵画協会の発起人になったのが一目瞭然である。渡邊晨畝の名前が最後にあるのは、東方絵画協会の成立をめぐる諸準備段階から、外務省と日中美術界の間で奔走し、終始幹事役を務めていたためであった。

東方絵画協会の成立から半年経って、同年の一二月に中国側の会長がもと中華民国大総統の徐世昌に、副会長は政府の高官だった汪大燮、熊希齢に変更となったのに合わせて、日本側も翌年の二月に、第二三代内閣総理大臣を退任した政治家清浦奎吾を会長に、外務省の文化事業部長岡部長景《ながかげ》を副会長に迎えた。

その後、東方絵画協会は「唐宋元明名画展覧会」(一九二八年一一月、東京)、「中日現代絵画展覧会」(第五回日華絵画聯合展覧会、一九二九年一〇月、上海・大連・奉天)、「宋元明清名画展覧会」(一九三一年、東京・大阪)を開き、

なかでも、「唐宋元明名画展覧会」「宋元明清名画展覧会」は、その展示作品は渡邊晨畝の奔走によって、民国の大コレクターや清皇室の所蔵品のほかに、当時の実業界や曹汝霖、徐世昌、張学良などの政界、軍界要人の所蔵品までそろい、中国書画の超一流の作品が一堂に会した画期的な展覧会であった。

このように「第三回日華絵画聯合展覧会」以降の展覧会は、いずれも外務省の助成を受けて開催を果たしたため、第五回以降その主催団体となった東方絵画協会も、名実ともに日本政府の影響下にある文化団体となったのである。一方、渡邊晨畝は東方絵画協会の運営から、これらの数々の展覧会の開催をめぐる諸実務まですべて中心となって携わったことで、その後の展覧会開催のための豊富な経験を培ったと見て取れよう。

二　「日満聯合美術展覧会」——その準備と開催をめぐって——

（1）満洲国美術同人院の東方絵画協会への接近

「日満聯合美術展覧会」は、成功裏に幕を降ろした「宋元明清名画展覧会」より三年後、また、前述の「満洲国」建国の年に渡邊晨畝が中国東北部に渡り、日満で美術展覧会を共催するよう溥儀に働きかけた二年後に計画された。

これまで述べてきたように、「日満聯合美術展覧会」が開催されるまでに、渡邊晨畝は一九二〇年代から日中間を奔走して数々の展覧会を成功させ、その実績からすでに豊富な経験を積み、そのための人脈も築いてきた。さらに「第三回日華絵画聯合展覧会」から外務省の支援を受け、「第四回日華絵画聯合展覧会」の会期中に東方絵画協会の成立に牽引役を果たしてから、渡邊は日中の美術界のみならず、政界、軍界に通じ、日本政府の「対支・対満文化事業」にも深くかかわる立場に立つにいたった。その意味で「日満聯合美術展覧会」に携わった際にも、その立場と経験を生かしたことは想像に難くない。

しかし「日満聯合美術展覧会」が以上に述べた東方絵画協会が主催した数々の展覧会と大いに異なるのは、これまでの展覧会はすべて渡邊晨畝が正木直彦などの日本美術界の同人と発案し、東方絵画協会の主催によって実現したものだったのに対し、「日満聯合美術展覧会」は東方絵画協会と満洲国美術同人院の共催によるものだった、という点である。しかもその開催は、最初は満洲国美術同人院から東方絵画協会への要請から始まったのである。

さて、満洲国美術同人院とはどういう組織だったのか。

その詳しい組織構成についてはまだ不明な点が多いが、どうやら一九三三年に羅振玉の主宰のもとで満洲国文教部の管轄下に成立した組織だったようである。そして成立したその年の一〇月二〇日から、さっそく新京で「満洲国美術第一次展覧会」を開催した。この展覧会では応募作品二千数百点から入選者二百数十点を選び、そのうち「最優者」を十余点に絞った。展覧会は二〇日間で、新京、奉天、哈爾賓、吉林を巡回したという盛況ぶりだったようである。

満洲国美術同人院は本来文教部すなわち満洲国政府に管轄される組織だったが、しかし同年一〇月に日満文化協会が正式に成立し、鄭孝胥、羅振玉、宝煕など同協会の満洲国側役員が同時にこの展覧会にかかわっていたことや、のちに開催する「日満聯合美術展覧会」が鄭孝胥、羅振玉を正副委員長としたこと、その準備運営に日満文化協会の水野梅暁《ばいぎょう》が深くかかわり、さらにその共催先の東方絵画協会日本側の副会長岡部長景は日満文化協会の副会長でもあったことなどから、満洲国美術同人院の活動および東方絵画協会との共催による「日満聯合美術展覧会」の開催実務は、日満文化協会の深い影響下にあったと見て取れよう。

「満洲国美術第一次展覧会」の会期中の一九三三年一〇月二七日、満洲国美術同人院より東方美術協会宛に公文が寄せられた。それには、展覧会の盛況が紹介されたうえで、審査委員白堅が日本で行われる秋の展覧会を訪れ、その時に今後の提携についても相談したいとの内容が書かれていた。

この白堅（一八八二〜？）という人物の経歴についての詳しい情報はないが、日本に留学し、早稲田大学政治科を卒業して帰国したあと、民国政府の「国務院簡任職」（国務院に直属する任官候補者）に就き、また一九二四年一一月に段祺瑞の臨時政府が成立すると、その秘書庁の編訳主任を務め、さらに一九三八年に汪兆銘の南京政府の内政部秘書にもなっていたことが分かっている。高田時雄氏の研究(5)によると、白堅は金石書画の趣味があり、書画骨董品のブローカーとして中国の多くの文物を日本に転売したことがあったようである。しかし段祺瑞政府が二年ほどで終わったので、その後、再び南京政府で働くまで一〇年以上の空白がある。高田氏の研究はその間の白堅の書画取引の活動については詳しく検証したが、その公的身分についての言及はしていない。しかし、右の一九三三年一〇月二七日付の公文から見ると、少なくともこの時点では、彼が満洲国美術同人院、つまり「満洲国」の文教部に在職していたというのが明らかである。

白堅は同年一一月に満洲国美術同人院の代表として日本を訪れたが、その滞在中に、外務省の文化事業部長、のちの満洲拓殖株式会社総裁坪上貞二に会い、また東方絵画協会をも訪問した。渡邊晨畝が東方絵画協会を代表して白堅を招待し、この時に、翌年の夏または秋に日本人画家の展覧会を新京で行うことまで約束した。

満洲に帰った後、白堅はさっそく東方絵画協会に公文を送り、東方絵画協会と提携して新京で日満共同による展覧会を開催することを申し出た。満洲国美術同人院としては、この提携を、一九三三年一〇月に開かれた「満洲国美術第一次展覧会」の継続事業として考えていたことは明らかであろう。しかし、外務省の関係者や東方絵画協会側は満洲国美術同人院との提携について当初はかなり慎重な姿勢を取っていた。東京美術学校の校長正木直彦の一二月二五日の日記には、次のように書いてある。

午後三時半華族会館に岡部子爵（長景）　坪上文化事業部長　江戸課長　渡邊晨畝氏と会合して満洲美術協会同人より将来我邦東方絵画協会の援助を得たきよし再度の依頼状到来したるにより如何に処すへきかを相談したるなり　先以西山文教局総長に同会に対し満洲政府はとの程度に於て支持するか其開会の時期開会に適する会場の有無等聞合せたる上にて諾否を決すへしといふことに定め余より手紙を出すこととしたり(6)

ここの西山文教局総長とは満洲国文教司長西山政猪《まさと》のことである。その後、西山政猪が文教部配下にある満洲国美術同人院を代表して外務省文化事業部、東方美術協会と数か月にわたる協議を経て、一九三四年七月にようやく「日満聯合美術展覧会」の開催日程の目途がついた。

(2) 度重なる会期の遅延、懸案となった大連での開催

一九三四年七月三日付の在満菱刈隆大使から広田弘毅外務大臣宛の公文には、満洲国文教部側で決めた「日満聯合美術展覧会」の会期が伝えられていた。これによると、九月一日より同一〇日まで新京、九月一七日より同二七日まで哈爾賓、一〇月五日より同一五日まで奉天での開催が決定したとある。だが、その約一週間後の公文には、「満洲国側よりの申し出」で、会期の変更が伝えられた。新京は九月一五日より二二日までの八日間、哈爾賓は九月二八日より一〇月五日までの八日間、そして奉天も一〇月一五日より二二日までの八日間と、開催日を遅らせたとともに、各会場での会期も二日間短縮することになった。しかし、会期が近づくと、八月二八日付の公文に、満洲国側からさらに展覧会会期を延期したことが伝えられ、九月二五日より八日間新京にて、一〇月一五日より八日間哈爾賓にて、一一月一五日より八日間奉天にてそれぞれに開催することになり、会場探しが困難だったのが会期遅延の主な理由だと伝えられた(7)。

そしてこの時点では、大連での開催はまだ正式に決まらなかったようだ。その一方、展覧会の準備をしていた七月の末、外務省側から在大連公使館の通訳官を通じて大連の満洲文化協会へ伝言があり、新京、哈爾賓、奉天で開催したあと、大連でも展覧会を開いてほしいとの内容が伝えられた。これを受けて、大連の満洲文化協会代表貝瀬謹吾は、急遽外務省文化事業部の岩村成允宛に書簡を出し、通関や費用の負担などを確認したうえ、資金の援助をしてほしいとの問い合わせをした。これに対する岩村の返信では、これは東方絵画協会と満洲美術同人院が数か月前から協議したもので、経費の分担についても、日本側と満洲国側とですでに協議が出来ているので、大連での開催の件は、満洲国の文教部当局に相談すべしとし、外務省は大連開催に対する補助はできないと断った。一方で、満洲側も「尚大連ニテ開催ノ御計画ハ本会ト切離シテ別ニ其ノ計画ヲ進メラレ度シ」(8)と主張した。

実際、大連での開催については、その後も大連の満洲文化協会が引き続き外務省側と交渉していたと推測されるが、開催そのものの決定はかなり遅れていた。九月一一日、渡邊晨畝は展覧会の準備のために日本を出発し、一四日に大連に着いたと当日の『満洲日報』で報じられていたが、その記事のなかで、渡邊が「場合によって大連でも開催することとなろう」と語ったという。このことから察するに、新京での展覧会開催まであと一〇日の時点で、同展覧会の大連開催はまだ決まっていなかったのである。のちに「日満聯合美術展覧会」は一一月二一日から二五日までの間に大連で開催することが実現したが、その主催者は社団法人満洲文化協会となり、満洲国美術同人院が協賛し、満洲日報社が後援しての開催となった。

（3） 開催直前に決まった会場、会期と名称

「日満聯合美術展覧会」は、会場の準備等は満洲国文教部側が行うはずだったが、実際のところ、現地における展覧会の準備作業に関しても、渡邊晨畝が大いに助言していたようである。

一九三四年八月三日に、満洲国文教部内の曾子仁から渡邊晨畝宛の手紙に「能る限り御来満の時期を早め下されて展覧会用務の御指導を頂き度思ひ居り候」[9]とあり、その要請に応じて、渡邊は展覧会開催のおよそ一〇日前の九月一四日に大連に着き、その後新京に赴き、展覧会会場の準備に取り掛かっていた。九月一〇日付菱刈大使から広田外務大臣宛の公文に「会場ハ予定シアルモ渡邊氏来京ノ上協議決定ノ筈ナリ」[10]とあるように、会場の選定一つをとっても、渡邊の指導を待つ状況だったのである。

渡邊晨畝が新京に着いてから、二か所の会場と展覧会の正式名称を決めた。展覧会の正式名は「帝政記念日満聯合美術展覧会」とし、第一会場は新京商業学校講堂、第二会場は城内四馬路泰発合という新開業のデパートに決めた[11]。また奉天での開催日程を一一月一〇日より一七日までと変更した。その後、大連での開催も決まり、奉天の開催日程がもう一度短縮され、最終的には、次のような会期で行われた。

新　京　一九三四年九月二五日～一〇月二日
哈爾賓　同一〇月一五日～二二日
奉　天　同一一月八日～一二日
大　連　同一一月二一日～二五日

この展覧会のために、東方絵画協会の副会長、帝国美術院長正木直彦、同副会長・日満文化協会副会長岡部長景のほかに、同協会の幹事荒木十畝、小室翠雲、前田青邨など献上画を描いた日本画家も満洲を訪れた。九月二一日に岡部長景は日満文化協会の会長鄭孝胥、副会長宝熙らとともに溥儀に「謁見」し、賀表を奉呈した。その後、展覧会開催前日の九月二四日に、正木直彦も小室翠雲、前田青邨、渡邊晨畝とともに日本人画家の手による献上画二〇点を携えて溥儀に「謁見」し、その献上画の作品が展覧会で陳列されることになった。

（4） 豊富な作品、雑然とした会場

会期の遅延や、直前の会場決定などから、満洲国文教部側の運営面の経験不足が露呈したが、それでも、この展覧会には日本のみならず、満洲国側からも数多くの作品が集まった。日本側の出品は、献上画二〇点と一〇〇余点の作品だったのに対し、満洲国側は「九月十五日より文教府内の美術同人院に作品六百余点が搬入され、宝熙氏が審査委員長となり厳選中で百余点が出展される」(12)予定だったが、実際、第一会場には一五〇点、第二会場には満洲美術同人院会員の作品五〇点が陳列され、また国務総理鄭孝胥、参議府の参議宝熙など満洲側要人の書も展示されていたと報じられた(13)。

会場には溥儀がみずから来場観覧する予定だったのを、警備上の問題で取りやめたが、溥儀が展覧会のために「乾坤正気」の額（図5）を揮毫し、毎日数点の献上画を会場から宮内に取り寄せて観覧し、「三十日宮内大臣ヲ勅使トシテ会場ニ差遣セラレ同日一行及日満文化協会関係者ヲ宮中ニ召シ茶菓ヲ賜ヒタリ」(14)と、終始、展覧会を気遣っていた。また、溥儀の妹二格姫、三格姫をはじめとする皇室の貴婦人たちも二七日に日本の献上画が展示された新京商業学校講堂に臨み、展覧会を見学した（図6）。

そして、この時に「満洲国」皇室の貴婦人が会場に足を運んだことは、図らずも日本の近代美術史上の名作を生む契機となった。東方絵画協会の幹事の一人として満洲に渡った日本画家前田青邨は、その皇室の貴婦人が身にまとう服装の鮮やかさに驚き、のちにその貴婦人たちが絵を鑑賞する姿を「観画」（図7）という作品に描き、これを一九三六年の改組後の第一回帝展に出品して大変な好評を得た。現在京都市美術館に所蔵されるこの作品は、前田青邨の代表作の一つに数えられている。

三〇〇点を超える展示作品の規模、代表的な日本画家による作品献上、「皇帝」溥儀がみずから揮毫をし、「満洲国」の要人の書が展示され、また皇室の貴婦人が展覧会会場を訪れることなど、いずれも話題性にとんだ催しであった。そしてこのきわめて大規模な「日満聯合美術展覧会」の来場者の状況についても、「前往参観市人、絡繹不絶於途、極呈盛況（参観者は絡繹として途を絶えず、非常の盛況を呈せり――拙訳）」(15)、「第一第二両会場とも素晴らしい景気で、日満大官連を始め美術愛好者引続き多数入場して熱心に見とれている。殊に第二会場の商業学校講堂では横山大観画伯を始め日本の代表的画伯二十氏の皇帝献上品並に鄭総理、宝熙氏などの書など特に人気を呼んでいる。これが産婆役の水野梅暁氏も目下滞京中で、予想以上の大成功に大喜ひ（ママ）である」(16) と新聞に報道された。水野梅暁は前述のとおり、日満文化協会の「産婆役」でもあったので、日満文化協会の成立後、この展覧会に積極的に関与したと見られる。

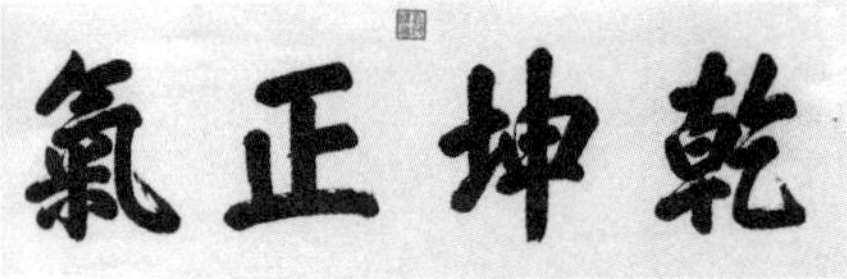

図5　溥儀書「乾坤正気」

図6　1934年9月28日付『新京日日新聞』に掲載された溥儀の妹など皇族の女性が展覧会を見学した写真

図7　前田青邨「観画」(1936)

しかし、新聞で報道された盛況とは裏腹に、実際の会場運営はかなり粗雑だったことは、次の正木直彦の展覧会前日（九月二四日）と当日（九月二五日）の日記の記述からうかがえる。

……一旦ホテルに帰り休息の後会場たる高等商業学校講堂　ここには主として献上画と満洲側の絵画とを陳列する外に四馬路新百貨店また落成されとも三階は稍整頓したれはここに日本画八十と満洲側出品数十を陳列することに定め居れり　満洲側にてすへて整頓すへき筈なるに明日開会といふに今日の午後尚混沌たり夜中に努力して整頓すへしといへり……(17)

今日は満日連合美術展覧会開會の日なり　午前十時に先つ商業学校に行く　未整頓に付午後一時開場と張札あり　入て見るに満洲側の部未た整頓せさるなり　次にデパートに行いて見る　ここは一層乱雑なり　ここも午後開場とあり　内部の不整は中々に午後にも開場し得るや否や覚束なき模様なり……(18)

展覧会の共催を申し出た以上、開催地側の満洲国美術同人院が会場の準備を整えておくのは、当然期待すべきところであろう。だが展覧会の前日にはまだ作品の陳列はしておらず、当日の開場を午後に遅らせるほど準備に時間がかかり、その会場内部の乱雑ぶりはそのまま満洲国美術同人院側担当者の展覧会開催に関する実務経験がないことを露呈することになったのである。

三　日本画家による「満洲国」皇帝への献上画

「日満聯合美術展覧会」の出品作品は、帝国美術院と日本美術院という当時画壇の主要流派のほかに、日本美術協会や南画院など旧派日本画の諸勢力まで網羅し、日本画壇全体にとって大変重要な展覧会だったといってよい。そしてこの展覧会の最大の注目点は、日本側の主催者、東方絵画協会所属の二〇人の日本画大家による「満洲国」皇室への献上画の創作であった。

当初、満洲美術同人院との展覧会共催に慎重だった東方絵画協会は、「日満聯合美術展覧会」の共催が決まった後、一転して「東方絵画協会幹部タル川合玉堂、小室翠雲、荒木十畝、横山大観、渡邊晨畝其他ノ諸氏ハ展覧会終了後各出品ヲ満洲国皇室ニ献上シ度希望ヲ以テ揮毫中」[19]であると提案した。これを前述の渡邊晨畝がすでに数度にわたって溥儀にみずからの作品を献上したことと合わせて考えると、「献上画」の製作もおそらく渡邊晨畝の発案だったと容易に推察できよう。その狙いの一つは、「日満聯合美術展覧会」を機に、東方絵画協会の活動を活発化させ、協会の存在感を示すことにあろう。そしてもう一つ背景として考えられるのは、この展覧会の開催にあたっては、外務省対支文化事業からの援助のほかに、満鉄にも経費の支援を求めていた。その際、帝政移行の年に、「満洲国」皇室への献上画が展覧会に出品されるのは、出資側にとっても大変魅力的であっただろう。この展覧会は最終的に外務省の対支文化事業と南満洲鉄道株式会社からそれぞれ五〇〇〇円の補助金を得ており、さらに作品の輸送を満鉄側が一部無料で行ったことなどからも、実は大いに便宜を図ってもらったことをうかがうことができる。

「献上画」の宣伝効果は果たして絶大で、日本画の代表的な大家がそろって「満洲国」皇帝のために創作し、作品を献上すること、またその「献上画」がすべて「日満聯合美術展覧会」に出品されることは話題を呼び、当時の新聞によって大々的に宣伝された。そしてこれは同時に日満聯合美術展覧会の宣伝にもなり、この展覧会は開催前から日本のマスコミを大きく賑わせ、注目を浴びていた。たとえば、八月一日の『大阪朝日新聞』には「砲煙のため埋れた満洲に『美術の華』　康徳皇帝に献上のわが大家　力作を加へ展覧会」と題する記事が載せられ、そこには、献上画を描く予定の横山大観、川合玉堂、竹内栖鳳、荒木十畝、小室翠雲、小林古径、結城素明、前田青邨、安田靫彦、菊池契月の一〇人の日本画家の顔写真を並べ、「この献上画は横三尺、縦二尺五寸の一定の大きさで額縁の金具も菊と蘭の花を象どり、美麗なものにして、展覧会終了後献上し、永久に記念するはず」とその寸法等の紹介をした上で、「満洲国に初めて訪れる「美術の秋」は砲煙と紅塵によごれた満洲のこころに多彩な潤ひを与へるだらうと期待されてゐる」と展覧会が満洲で果たす文化的効果への期待がかきたてられている。

さらに八月一九日の『読売新聞』には、「満洲国宮廷に絵を奉る光栄のわが廿一画伯　平和な秋・盛大な美術交驩」と題して、渡邊晨畝を除く二〇人の日本画家の顔写真を配した記事が載せられた。展覧会の出品状況について「満洲国側からは同院（満洲美術同人院）関係者六十余名が百余点を日本側からは帝展、日本美術院、日本美術協会、南画院等から日本画家約百人が同様百余点を出品」することを紹介したうえで、献上画を描く予定の、当時画壇の主流だった帝展関係、日本美術院関係に属する日本画家の名前を並べ、その献上画の詳細について次のように紹介した。

　絹地は一様に特別誂への西陣織が用ひられ、画幅は一定に制限され縦二尺五寸、横三尺、金襴の縁と黒の額縁で装幀し、四隅の金具には日満提携に因んで菊花と蘭花の図案模様を透かすことになつてゐる。

これらの記事は献上画の状態をうかがい知る上でもっとも詳しい情報となっているが、しかし一方、ここでは、「満洲国」宮廷へ日本画を献上することになった理由を「東洋美術に御造詣深くわたらせられる満洲国皇帝陛下には先頃から今やうやく匪賊討伐の戦塵も収まり明朗潑剌と日満親善の線に沿つて新文化建設の途上にある同国永遠の記念として陛下の宮廷を日本画をもつて飾られたき御趣きを側近者に屢々お洩らし遊ばされた由」としている。つまり、「日満聯合美術展覧会」や「献上画」は日本にとって「日満交歓」の仮象を作り上げるのに格好の材料となったのである。

その後にも八月三一日の『東京朝日新聞』で「満洲国皇帝に献上の日本画続々と完成　夫々得意の画題を選んで」、九月一四日の『東京日日新聞』で「見事に完成した満洲国皇帝への献上画　明日華族会館にて内覧」と題する記事が続き、しばらくは献上画への世間の関心が途絶えることはなかった。

これらの献上画は九月一五日午後一時から四時まで麴町区三年町華族会館での内覧を終えてから満洲へ渡り、九月二四日、東方絵画協会を代表して副会長の正木直彦と小室翠雲、前田青邨、渡邊晨畝がそれを携えて溥儀に「謁見」したあと、展覧会会場で展示されることとなった。

「献上画」は当初予定した二一名の日本画家のうち、松岡映丘を除く二〇名の作品が展覧会に出品された。ここにそれぞれ作品の題名をあげておく。

竹内栖鳳「山寺鐘声」、横山大観「霊峰不二山」、荒木十畝「芭蕉ニ喜雀」、川合玉堂「遠浦帰帆」、小室翠雲「豊穣」、結城素明「那須野の曙色」、木村武山「鴨」、松林桂月「月苦沙寒」、西村五雲「秋暑」、西山翠嶂「風清」、菊池契月「鹿」、冨田渓仙「花籠」、北野恒富「春」、川村曼舟「嶽麓新雪」、大智勝観「松間明月」、小林古径「犬」、安田靫彦「蘭花」、前田青邨「武将弾琵琶」、速水御舟「罌粟」、渡邊晨畝「慈哺」。

九月二四日の正木直彦の日記によると、溥儀はこれらの絵画を「大に悦ばれ」たようで、作品の一つ一つについて質問をしたり、感想を述べたりした。正木によれば、「川合の絵は宋人の筆意ありと仰せられ横山の絵は雲煙湧くが如く筆致もこゝまで出来たるかと仰せられ竹内の画はかねて名はきゝ及ふ墨技の妙諦を得たりと仰せられた」[20]という。

溥儀に悦ばれたとされたこれらの献上画は、東洋画の伝統画題「瀟湘八景」から着想を得た「山寺鐘声」「遠浦帰帆」のほかに、風景画、動物画、美人画を含むそれぞれの画家が得意とする分野の画題による創作が多いが、なかには、富士山を描いた横山大観「霊峰不二山」（図8）や川村曼舟「嶽麓新雪」（図9）、武将を描いた前田青邨「武将弾琵琶」（図10）のような、明らかに日本の国威発揚を思わせる作品もあり、「満洲国」の建国理念「五族協和」や、日本と「満洲国」との関係を暗に諭し、日本帝国の優位性を表現する作品も少なくなかった。

たとえば、荒木十畝「芭蕉ニ喜雀」（図11）においては、大きな芭蕉の葉に、吉鳥の雀が五羽止まっていて、そのうちの一羽が葉先へ進みながらも後ろに振り向き、ほかの四羽が身を寄せ合ってそれと目線を合わせている光景が描かれ、「満洲国」において、日本民族が漢・満洲・蒙古・朝鮮の四民族に対して、一歩先をリードすることを思わせる構図となっている。また、木村武山「鴨」（図12）には、日の丸を背景に、水禽の鴨二匹が羽を伸ばして飛び上がり、うちの一羽が先導を取り、もう一羽がそのあとを追う様子が描かれ、これも明らかに実質上の宗主国日本とその植民地である「満洲国」の主従関係を譬えた表現といえよう。速水御舟の「罌粟《けし》」（図13）にいたっては、当時日本が満洲でひそかに栽培を奨励した阿片の株を配し、その株から五輪の罌粟の花を妖艶に咲かせている。渡邊晨畝「慈哺」（図14）においても、五羽の孔雀が配され、親孔雀の立派な羽の庇護のもとで四羽の孔雀の雛が楽しく戯れる様子が描かれた。

そして、「新南画」の創作として、南画家小室翠雲の「豊穣」（図15）には、詩も書き添えられ、献上画のなかで唯一文字によって「満洲国」の帝政記念を明言した作品となった。

図 8　横山大観「霊峰不二山」(1934)

図 9　川村曼舟「嶽麓新雪」(1934)

図10　前田青邨「武将弾琵琶」(1934)

図11　荒木十畝「芭蕉ニ喜雀」(1934)

図12　木村武山「鴨」(1934)

図13　速水御舟「罌粟」(1934)

「豊穣」は収穫時の満洲の代表的な五種類の穀物を一つの画面に収めている。画面中央には重みで穂が垂れ下がる稲と実を結んだ大豆、左には穂先が誇らしげに上を向いている小麦が描かれ、右側には、「満洲国」の国花、高粱の穂が熟した実の重みで垂れ下がった姿が描かれた。高粱の株の後ろには、花が咲き、実がなり、ひと節ひと節と伸び上る胡麻の株が配された。その穀物の間に蝶が舞い、蜻蛉と飛蝗が止まっていて、収穫の秋に相応しい一場面となっている。開墾によって「五穀豊穣」の農業国となった満洲のイメージを強く意識して描いた作品といえよう。小室翠雲は、さらに画面の左上に、次の内容の賛文を題している。

於穆聖皇／仁暢恵渥／辞献減膳／以服鰥獨／和気致祥／時雨灑沃／野草萌芽／変化嘉穀／録陳思詩／祝満洲国／家隆昌

図14　渡邊晨畝「慈哺」（1934）

図15　小室翠雲「豊穣」（1934）

わが敬慕する聖皇におかれては、その仁愛の心がのびやかにして恩恵が潤沢である。みずから献上品を辞し、膳食を減らしたその行いは、鰥《やもお》や一人暮らしの老人までも敬服させた。やがて和やかな気運が吉兆をもたらし、時雨が沃土に降り注ぎ、野草の芽が萌え出れば立派な穀物へと変わったのだ。陳思の詩を抄録し、満洲の国家興隆を祝う、というのである。

ここの「陳思」とは、後漢から三国時代の皇室、陳思王こと曹植（一九二〜二三二）のことであり、曹操の息子、「建安文学」を代表する詩人としても知られている。抄録した詩は曹植の「時雨謳」で、その内容は統治者の仁政がもたらす吉祥の兆しを讃えるものであった。「満洲国」皇帝に即位した溥儀への献上画としてふさわしいと思っての選択だったろう。

この二〇人の日本画の大家の一人として渡邊晨畝は前述の作品「慈哺」を献上したほか、展覧会準備のために一足早く満洲へ渡った際に、さらにみずから観音や十六羅漢などを描いた仏画一七点を用意して「満洲建国の際に犠牲になった霊魂供養」にと、「満洲国」の宮内府に献上したのである。

展覧会の終了後に、東方絵画協会はさらに外務省に働きかけて、対支文化事業から二二六三円八銭の支援金を得て、これらの献上画を含む日本側の出品をまとめて、『日満聯合美術展覧会日本画図録』という献上画冊を翌年の四月に大塚巧藝社から上梓した。献上画を描いた大家にとっても、出品した各派の日本画家にとっても、印刷物の形でその画作が残されることになった。

むすび

これまで「日満聯合美術展覧会」の開催をめぐる経緯や展覧会の内容について概観してきた。「日満聯合美術展覧会」は名目上、満洲国文教部所属の満洲美術同人院と東方絵画協会の共催によるものだったが、外務省の対支文化事業の延長線上にあると同時に日満文化協会の強い影響下にもあり、実際のところ、「満洲国」の建国初期における、日本の満洲への文化浸透の一翼を担ったきわめて政治性の強い展覧会だったことは明らかだろう。

そしてその開催を成功に導いた立役者は、近代日本美術史上ではあまり名の知れない日本画家、一九二〇年代から日中間を往来し、一連の「日華絵画聯合展覧会」を手掛けた渡邊晨畝であった。

そもそも、一九三四年に開催された「日満聯合美術展覧会」が成立したきっかけは、「満洲国」建国の一九三二年に、当時「東方絵画協会」の幹事だった渡邊晨畝が外務省の委託を受けて満洲へ渡り、溥儀、鄭孝胥に日満連携して美術展覧会を開催することを提案したことにあった。

渡邊晨畝はこの展覧会の最大の注目点である日本画家による「献上画」の創作を提案し、また一足早く満洲へ渡り、会場の選定などさまざまな準備実務の細部まで指導していた。これは裏を返せば、展覧会の開催準備における、満洲国側の実務を担当するはずの満洲美術同人院の経験不足を露呈することにもなり、「満洲国」の建国初期の重要な文化事業として計画されたこの「日満聯合美術展覧会」は、渡邊晨畝のそれまで日中間で手掛けた展覧会で培われた経験によるものであったといっても過言ではない。

一方、近代日本美術史の流れから見ると、この展覧会に出品した日本画家は、官設の帝国美術院と在野の日本美術院という画壇の二大勢力のほか、日本美術協会や南画院など旧派日本画の諸勢力まで含まれ、日本画の発展に大きく寄与する展覧会でもあった。展覧会に出品すること自体も画家たちの創作の契機となったが、この展覧会のために満洲へ渡った日本画家前田青邨の名作「観画」のように、現地での見聞がその後の創作に反映し、日本近代美術史上の名作を生み出す契機ともなったのである。

（1）　これについては、吉田千鶴子氏の論文「大村西崖と中国」（『東京藝術大学美術学部紀要』二九号、一～三五頁、一九九四年三月）、故鶴田武良氏の論文「日華（中日）絵画聯合展覧会について――近百年来中国絵画史研究　七」（『美術研究』三八三号、二〇〇四年八月、一～三三頁）、同研究資料「公刊『日華（中日）絵画聯合展覧会』出品目録――近百年来

中国絵画史研究　七(続)――」(『美術研究』三八三号、二〇〇四年一一月、四八～七八頁)に詳しいのでご参照されたい。

(2)　黄筌(?～九六五)は、五代蜀の画家、「黄氏体」という富貴華麗な花鳥画で知られた。徐煕(生没年不詳)は、五代南唐の画家、「徐氏体」という簡素野逸な花鳥画で知られた。ともに花鳥画の二大様式の最高水準を代表する画家であった。

(3)　「日満連合美術展覧会開催ニ関スル件　附満州国皇帝へ献上品ニ関スル件　昭和九年四月　分割二」第五二画像(アジア歴史資料センター Ref.B05016021500)。

(4)　前掲注(1)鶴田論文。

(5)　高田時雄「李滂と白堅――李盛鐸舊蔵敦煌寫本日本流入の背景――」(『敦煌写本研究年報』創刊号、二〇〇七年三月、一～二六頁)には、白堅が書画をはじめとする多くの中国文物を日本に転売した資料をあげ、李盛鐸旧蔵敦煌写本が日本に渡り、羽田亨の手に帰することになった背後でも、白堅が斡旋していた可能性が強いことを指摘している。

(6)　正木直彦『十三松堂日記』第三巻、一一〇五頁。

(7)　「日満連合美術展覧会開催ニ関スル件　附満州国皇帝へ献上品ニ関スル件　昭和九年四月　分割一」第八、一〇、一一、二六、三八画像参照(アジア歴史資料センター Ref.B05016021400)。

(8)　同右、第一九～二六画像参照。

(9)　同右、第一七画像。なお、曾子仁の人物像については不明であるが、この手紙の文面にある流暢な日本語から察するに、これは日本人が使用した偽名である可能性が大きい。

(10)　前掲注(7)「日満連合美術展覧会開催ニ関スル件　附満州国皇帝へ献上品ニ関スル件　昭和九年四月　分割一」第六一画像。

(11)　のちの新聞の報道では、新京商業学校講堂を第二会場とし、城内四馬路泰発合を第一会場と報じられた。

(12)　一九三四年九月一九日『東京朝日新聞』朝刊より。

(13) 一九三四年九月二八日『盛京時報』の記事「満日美術展覧会出品　今上御妹莅場参観」より。
(14) 前掲注(3)「日満連合美術展覧会開催ニ関スル件　附満州国皇帝へ献上品ニ関スル件　昭和九年四月　分割二」第一一画像。
(15) 前掲注(13)一九三四年九月二八日の『盛京時報』の記事による。
(16) 一九三四年九月二九日の『新京日日新聞』による。
(17) 正木直彦『十三松堂日記』第三巻、一一七九頁。
(18) 正木直彦『十三松堂日記』第三巻、一一七九頁。
(19) 前掲注(7)「日満連合美術展覧会開催ニ関スル件　附満州国皇帝へ献上品ニ関スル件　昭和九年四月　分割一」第一二画像。
(20) 正木直彦一九三四年九月二四日の日記（正木直彦『十三松堂日記』第三巻、一一七八頁）。

〔主な参考資料〕

外務省外交史料館　外務省記録　H門東方文化事業　6類　講演視察及助成　簿冊　展覧会関係雑件　第一〇巻（国立公文書館、アジア歴史資料センター）
渡辺晨畝『晨畝遺墨集』（大塚巧藝社、一九三八年）
正木直彦『十三松堂日記』第三巻（中央公論美術出版、一九六六年）
『日満聯合美術展覧会日本書図録』（東方絵画協会、一九三五年）
岡村敬二『日満文化協会の歴史――草創期を中心に――』（岡村敬二、二〇〇六年）
拙論「他山之石――浅析日本花鳥画家渡辺晨畝対民国時期北京画壇的作用――」（中国語、清華大学日本研究中心主催『従世界史的角度看中国社会変革与日本――辛亥革命一〇〇周年記念――』国際シンポジウム論文集、二〇一一年九月）

〔掲載図版一覧〕（図7を除き現所蔵不明）

図1　渡邊晨畝（一八六六～一九三八）／渡邊晨畝『晨畝遺墨集』より転載
図2　渡邊晨畝「牡丹孔雀図」（部分）／同右
図3　溥儀書「方駕徐黄」／同右
図4　渡邊晨畝の愛用印「徐黄」「御賜方駕徐黄」／同右
図5　溥儀書「乾坤正気」／『日満聯合美術展覧会日本画図録』より転載
図6　一九三四年九月二八日付『新京日日新聞』
図7　前田青邨「観画」（一九三六）／京都市美術館所蔵
図8　横山大観「霊峰不二山」（一九三四）／『日満聯合美術展覧会日本画図録』より転載
図9　川村曼舟「嶽麓新雪」（一九三四）／同右
図10　前田青邨「武将弾琵琶」（一九三四）／同右
図11　荒木十畝「芭蕉ニ喜雀」（一九三四）／同右
図12　木村武山「鴨」（一九三四）／同右
図13　速水御舟「罌粟」（一九三四）／同右
図14　渡邊晨畝「慈哺」（一九三四）／同右
図15　小室翠雲「豊穣」（一九三四）／同右

戦時下の思考と眼差し――金子光晴・森三千代の「北支」旅行――

趙　怡

はじめに

一九三七年七月七日の盧溝橋事変をきっかけに、日本軍が北京（北平）[1]・天津を攻撃占領し、さらに戦火を華中、華南まで広げ、宣戦布告を出さないまま中国との全面戦争に突入した。一二月一三日、首都南京が陥落し、翌日に北京で傀儡政権「中華民国臨時政府」が成立した。一九三八年に入っても日本軍は進撃を続け、五月に徐州、一二月に武漢と広州を相次ぎ占領した。一方、撤退を余儀なくされた国民政府は内陸の重慶を首都にし、共産党を含む国内の諸勢力を連合する抗日民族統一戦線の下で抵抗を続けることになる。

開戦にともない、多くの文学者が新聞・雑誌の報道特派員や戦地記者、また従軍兵士として中国に赴き、それに加えて内閣情報局と陸海軍も作家を動員して「ペン部隊」と称して前線に送りこみ、戦地ルポルタージュを量産する。林房雄「上海戦線」（『中央公論』一九三七年一〇月）、石川達三「生きてゐる兵隊」（『中央公論』一九三八年三月号）、火野葦平「麦と兵隊」（『改造』一九三八年八月）、上田廣「黄塵」（『文芸春秋』一九三八年一〇月）など、実に枚挙に暇がない。女性作家においても、吉屋信子は『主婦之友』（発行数百万部）特派員として八月二五日から九月一日まで「北支」へ、九月二二日から一〇月三日まで上海に行った。その報告は瞬時に雑誌に掲載され、早くも一一月に新潮社から『戦禍の北支上海を行く』と題して単行本が刊行された。林芙美子は『毎日新聞』特派員として一二月に南京へ行き、「女流一番乗り」として光華門に立った写真は新聞紙面を大きく飾った。翌年もペン部隊の一員として武漢入りした芙美子は、やはり「女流一番乗り」を果たした。その戦地報告『戦線』（朝日新聞社、一九三八年一二月）、『北岸部隊』（『婦人公論』一九三九年一月）も多くの読者を獲得した。

多くの文学者が戦争に参加していくなか、詩人金子光晴（一八九五～一九七五）と小説家森三千代（一九〇一～七七）夫婦は、民間人としての「北支」旅行を選んだ。

実際に戦場の空気にふれ、この眼で見、この耳で直接きいてこなければ、新聞雑誌の割引のしかたも、よみかたもわからなくなってくる。そこで、僕は、この年の十二月二十幾日の押しつまった頃になって、森をつれて、北支に出発した。渡航はなかなかむずかしかった。文士詩人ということは伏せ、むろん、報道員などの肩書はなく、洗粉会社の商業視察の許可をえて、神戸から、上海にわたった。(2)（中略）現地から帰ってくる人間は、恐怖に憑かれ、人間の相貌を失うことで、別の弱い人間性を発揮していた。発狂一歩手前の兵士が、銃剣で良民を突刺すような事件も、頻発していた。北支でその年を越し、戦争第二年目の正月を、八達嶺で過ごすつもりで、箱詰めの列車に便乗し、元日の朝、青竜橋駅に着いた。

（『詩人』、一九五七年）(3)

「北支の旅から帰ってくると、僕は、この戦争の性格が、不幸にも僕の想像とちがっていなかったことをたしかめえて、その後の態度をはっきりきめることができた」（同前、一九四頁）と金子は述べているように、今回の旅は彼の戦争認識において大変重要な出来事である。しかし、この旅に関する研究は限られており、関連作品についての評価も二分されている。いわば戦争抵抗の一環と見なすのが従来の認識であり、その代表的な論考に陳淑梅氏「文学者が見た近代中国（一）――金子光晴と天津――」（一九九六年）、石崎等氏「異郷の詩学Ⅱ――金子光晴と上海・北京――」（二〇〇四年）などがある。陳氏は金子光晴の「没法子」への分析を通して、「否定的ニュアンスで描かれる日本人と肯定的ニュアンスによってとらえられる中国人」という「対比の構図の中」に、作者の「侵略戦争への批判精神」が表現されていると捉えている。(4) 一方石崎氏は、「北京」「八達嶺にて」などの詩作に見られる「抵抗精神は、日本人であることを離れ、超越的な国籍逸脱者の視線から「戦争」の実態が凝視されていることを物語る」と述べている。(5) それに対して、金雪梅氏は『金子光晴の詩法の変遷　その契機と軌跡』（二〇一一年）のなかで、一章を設けて金子光晴の戦時下の詩作を検証したが、その「戦争抵抗」の神話をむしろ疑問視する角度から関連作品を再考した。(6)

一方、同伴者の森三千代にも注目し、異境に身を置いた彼女の感受性を高く評価したのは石崎等氏である。(7) しかし金子と比較する時、常に夫の戦争抵抗や妻への影響力を強調し、三千代への評価を過小視する傾向は、石崎氏の論考だけでなく、ほかの金子研究にも見られる。

近年、金子光晴の「戦争抵抗」に関する論争が繰り広げられており、筆者も金子夫婦の「北支」旅行、そして二人の戦争認識について多少言及したものの、(8) まだ詳述したことがない。小論は、関連する先行研究を踏まえつつ、新たに入手できた資料を加えて、まずいままではっきりしていなかった「北支」旅行の詳細を明らかにしたい。そのうえで二人の作品を照らし合わせながら丁寧に読み解くことによって、戦時下の北京、天津に注がれる二人の眼差しを検証し、戦争に対する夫婦の思考、およびその相互影響を探究してみたい。

一　「北支」旅行の概要と関連作品

金子光晴研究において、従来その妻である森三千代の存在は無視、または過小評価されてきた。しかし常に旅の同伴者であり、昭和二〇年代前後には高名な女性作家だった三千代は、夫のよきライバルでもあった。夫婦の思考と作品は常に絡み合い、相互影響の痕跡も多く見られる。(9) 今回の「北支」旅行も例外ではなく、森三千代も数多くの作品を書き残している。二人の後年の回顧談や自伝作品も含めると、「北支」旅行から生まれた作品として、主に次のようなものがあげられる。

・金子光晴〈エッセイ〉「没法子——天津にて」（『中央公論』一九三八年二月）、「北京雑景」（全集未収録、『旅とカメラ』一九三八年三月）、「琉璃の骨董屋」（未発表原稿、のちに「北京雑景」の一部となる）。〈詩〉「洪水」（『中央公論』一九三八年六月）、「天使」（『中央公論』一九三九年四月）、「北京」（『知性』一九三九年五月）、「タマ」（『戦争詩集』昭森社、一九三九年八月）、「八達嶺」（『日本学芸新聞』一九三九年一一月二七日、全集未収録、のちに「短章三篇」の「C　八達嶺にて」と改題改作、『落下傘』日本未来派発行所、一九四八年所収）、「犬」（一九四〇年五月三日作、『落下傘』所収）、「太沽バーの歌序詩」（『日本学芸新聞』一九四〇年一一月一〇日）、「太沽バーの歌」（『コスモス』四号、一九四六年一二月）。〈評論〉『絶望の精神史』（光文社、一九六五年）。〈自伝〉『詩人』（平凡社、一九五七年）、『ねむれ巴里』（中央公論社、一九七三年）など

・森三千代〈エッセイ〉「曙街」1～3（『都新聞』一九三八年五月一日～三日）。〈詩〉「声——北支所見」（『輝ク』一九三九年一月号）。〈紀行文〉「北京晴れたり」「北京浅春記」「万寿山の菓子」「八達嶺驢馬行」（初出不明、共に『をんな旅』所収、富士出版社、一九四一年九月）。〈小説〉『あけぼの街』（昭和書房、一九四一年六月）、「女弟子」

（未発表、一九四七年四月から八月頃作と思われる）、「新宿に雨降る」（『小説新潮』七巻一号、一九五三年一月）

旅行直後に発表された金子の関連作品として、従来知られているのは、エッセイ「没法子――天津にて」と数篇の詩作のみである。今回それに伝記作家原満三寿氏が発掘した「北京雑景」が新たに加えられる。旅案内のようなこのエッセイは、金子夫婦が足を運んだ琉璃廠、天橋、前門外、雍和宮をとりあげて紹介しており、その文面から二人の北京での足跡をある程度読み取ることができる。しかし戦後に発表した回想文も含めて、金子のエッセイは見聞と感想が主な内容であり、旅中の行動をより克明に記録したのは、森三千代の紀行文である。原氏も伝記のなかで、森三千代の名を伏せたままその北京紀行を根拠に旅行の概要を記述したが[10]、天津での行動についてはまだ不明な点が多い。では上述した作品を根拠に、旅行の詳細をできる範囲でまとめておく。

一九三七年一二月一二日前後（金子は『詩人』に二十幾日と書いているが、誤りである――筆者注）、二人が軍需輸送船の三等船室に乗りこみ神戸を出発し（船中で南京陥落のニュースを聞く）、太沽バーを経て塘沽碼頭に上陸、汽車で天津に入る。『京津日々新聞』の主幹兼社長、詩誌『楽園』の同人で金子の旧友だった永瀬三吾に会い、宿探しを頼んだが、永瀬が自分の暖かい部屋を提供してくれて、そこに泊まることになる。天津には一週間ほど滞在し、市内の日本租界、イギリス租界などを見てまわり、また永瀬の案内で南郊に行って大洪水の後の白河を見物する。

一二月二三日、奉天発の満鉄列車に乗り、午前一一時一五分、北京正陽門駅に着く。東城官帽胡同にある、永瀬に紹介された北京新聞社を訪ね、社長Kの世話で王府井大街の角にある中国人経営のC飯店に泊まる。Kの案内で王府井大街を散策。東安市場の茶楼で京津大鼓を聞く。

二四日、C飯店が軍に接収されるため、再びKの世話で正陽門駅近くの西洋風ホテル（華安飯店か）に落ち着く。

その日から年末までの一週間の行動は主に次のようである。

紫禁城、天壇、鼓楼、雍和宮、万寿山などを見物し、夜は京劇や映画を見る。西長安街の長安大戯院で李宜誠が演じる「玉堂春」、前門外の慶楽戯院で「定軍山」、前門外大柵欄の大観楼影院で映画「生竜活虎」などを見る。北京を去る前夜に白玉霜の芝居も見た。

具体的な日にちは不明だが、朝陽門外にある崇貞女学校校長の清水安三夫婦や、尚賢公寓に住む中国研究家の村上知行ら北京在住の日本人にも会った。また北京の中国人女性との交流活動として、「竜宮の浮城のやうな」邸宅で開いた中国式の茶会にも出席した。参加者には邸宅の主、清朝の国務大臣をしていた人の娘、関梁好音（生没年不明）と、康有為の娘康同壁（一八八八?〜一九六九）、東京女子高等師範出身の温桂英（生没年不明）などがいた。

一九三八年元旦、八達嶺の長城を見に行く。西直門から列車に乗り、九時頃長城の近くにある青竜橋駅に着く。苦力にひかれた驢馬に三千代は乗り、真冬の長城に登った。

一月上旬に天津に戻り、再び永瀬宅に数日滞在。永瀬に案内されてキャバレーやイギリス租界のダンスホール、イタリア租界のハイアライなどを見に行く。中旬から末頃に帰国。

二人の行動を見ると、戦時下にもかかわらず、普通の海外旅行とさほど変わりがなかったという印象を受ける。のんびりと観光名所を廻り、芝居や映画を見る余裕もあった。「危険を冒す」といえるのは、長城に行く途中、散兵の流れ弾に遭遇する可能性があった程度のものだった。実際、「自分の目で見、自分の耳で聞く」というのは、多くの従軍記者が唱えるスタンスでもあった。しかし数度の中国旅行と長期滞在を経験し、魯迅・郁達夫・田漢・白薇《はくび》など多くの中国知識人と交友し(11)、中国に深い思い入れのある二人の眼差しが向かう先には、やはり異なるものがあるだろう。しかも三千代は、かつての恋人、中国の現役軍人鈕先銘《ちゅうせんめい》（一九一二〜九六）を探すという密かな動機も抱いていた。森三千代と鈕先銘との関係についての詳細は後述するが、彼に寄せた思いが、三千代の心情を揺さぶることは想像するに難くない。以下ではこうした背景を念頭に置きながら、二人の作品をじっくり見ていこう。

二「われわれ」と「彼ら」との対立構図

金子光晴が「北支」旅行について、比較的に詳しく言及したのは、翌年発表した「没法子」と、戦後に刊行した『絶望の精神史』（一九六五年）のなかの、「中国のなかの日本人」という一節である。「没法子」は『中央公論』の編集者畑中繁雄に頼まれて、占領下の天津の様子を記録したエッセイであり、天津や北京での行動についての言及は、むしろ『絶望の精神史』の方がより詳しい。しかも後者は当時見聞していた日本軍の残虐行為を次々と暴いていく、「抵抗詩人・反戦詩人」の名にふさわしい檄文といえる。対して、戦時下に発表された「没法子」には当然ながらこうした文面が見当たらない。それでも日中間の対立構図ははっきりと浮かび上がったのである。金子夫婦は軍需輸送船の三等船室に乗りこみ神戸を出発したが、「没法子」は貨物同様に扱われた三等船客の描写から始まる。

その人たちといえば、妻子をつれた軍属とか、内地から給仕女たちを宰領してゆく料理屋のおかみさんらしい庇髪の女とか、一時避難していた小学校教員の家族とか、鐘紡の女工監督さんの一家とか、九州なまりで、ぼっそりとしていながら、地道に働けなくなった男たち、いわゆる植民地ゴロという人種や、人をかきわけてうまい汁を吸うことばかりねらっているがらがらした物言いの大阪辺の商人など、千差万別だが、要するところは新しい天地に活路をもとめ、まだ世間が動揺しているあいだに利権をものにし、泡銭《あぶくぜに》を摑もうと鵜の目鷹の目の連中がその大半なのだ。

(「没法子」[一一：七〇～七一])

「「おくにのためぢや」/「はやいがいつちだ」」(「太沽バーの歌序詩」[二：一〇三]) と騒いでいた船の乗客たちを、金子はのちに「火事場どろぼう」、「侵略した中国をどこからかぶりつこうかと、下見に来た連中」(『絶望の精神史』[一二：八六]) 呼ばわりした。「没法子」での口調はそれほど激しくないとはいえ、占領地へ我先に飛びこむ日本人を「植民地ゴロ」と認識しえたのは、数年前森三千代と一緒に、中国、東南アジア、そしてヨーロッパでの「放浪の旅」を通して、植民地の実態をつぶさに観察した体験があったからであろう。パリで満洲事変の報に接したとき、金子は「日本の旧式な、露骨な侵略主義は、ヨーロッパのどこでも、好意をもたれてはいない」と感じ取って、ノートにこう書きとめている。

血迷える日本人は又、資本主義の手先になって、満蒙利権、戦争万能を叫んでいる。――日本をあやまるものは、日本国民である。帰りたい。そして恫喝したい。(12)

一九三七年に出版した『鮫』も、「東南アジアの諸植民国が鮫の餌食であってはならないこと、日本人がみずから鮫の餌食にならないために、新しい鮫の仲間にならないために、全日本人にむかって恫喝したつもりの詩集」(「『鮫』を書いた頃」、文庫『金子光晴詩集』旺文社、一九七四年、[八：四一六]) である。戦争は決して一部の軍人や政府上層部によるものではなく、日本人全体がそれに関わると金子は認識していた。

男、女によらず、彼らは、戦争というものと密着し、利害をいっしょにし、抜差しならない、ぴんと張りつめたもので結ばれあい、運命をともにしているように見えた。うっかりすると、この戦争は、この人たちのために始まったのではないのかという気さえしてくる。

（『絶望の精神史』［一二：八五］）

「没法子」の時点では、まだこれほど明晰に語られていなかったとはいえ、金子の日本人批判ははっきりしている。

便利社の男が、うわ背のある大男の荷役苦力の横っつらを、ぱきんぱきんと音のするほどつづけさまにはりつづけていた。私は「こいつは大変だぞ、ここから先の日本人はみんなこんな具合かもしれない」と、こころをしめてかからねばならなかった。

（「没法子」［一一：七二］）

一人の「便利社の男」の横暴を、単なる個別な事件ではなく、「ここから先の日本人はみんなこんな具合かもしれない」というように捉える視点は、金子の植民地主義批判とつながっている。そうすると、彼の視線も自然に占領者の暗部に向かっていく。

事変後、おびただしくふえた邦人の安宿や、飲み屋、あいまいやが軒をならべ、水たまりの凍りついた狭い横丁には、うす汚れた朝鮮服の女たちが出たり入ったりしている。それも山海関のほうから日本人が何円、何十円で買い出してきた田舎娘たちで手がまわりきれないほど繁昌している。

（同前）

すでに戦争と性との関係に言及した記事が発禁処分を受ける時代となったが、「うす汚れた朝鮮服の女たち」、「山海関のほうから日本人が何円、何十円で買い出してきた田舎娘たち」などのくだりを通して、日本の植民地になっていた朝鮮や満洲の女性たちが置かれた悲しい実態が顕わになってくる。

天津は、そもそも一八六〇年の北京条約によって開港され、二〇世紀初頭に入ると、イギリス・フランス・ドイツ・日本・ロシア・イタリア・ベルギー・オーストリア＝ハンガリーの八カ国の租界が置かれた。一九一九年にドイツ、オーストリア＝ハンガリー両租界、つづいて二四年にロシア租界、三一年にベルギー租界が回収され、三七年当時は四カ国の租界が残っている。日本租界は日清戦争により建設され、居留民の人口が二〇年代前半の五〇〇〇人弱、後半の六〇〇〇人強、三四年の七〇〇〇人から、一気に三六年の一万人、三七年の一万六〇〇〇人余と膨れ上がり[13]、戦争に便乗して一攫千金を狙う企業家や一旗組《ひとはたぐみ》のほか、アヘンや麻薬の密売人も多く流れている[14]。金子光晴はまさにこうした情勢を捉え、「火事場泥棒」に化した喧騒な日本人を極めて具像的に描いている一方、「大きな図体で、無抵抗以外のどんな感情もみつからなかった」（同前）沈黙する現地の百姓にも注目している。

垢光りのする黒っぽい綿入り布子に着ぶくれた支那人たちが、子供たちまでひっそりと一かたまりになって、改札口の一方でごったがえしている日本人たちのほうを、遠くから臆病にながめている。（同前）

天津は前年に大洪水に見舞われており、金子は「没法子」を始め、「洪水」「犬」などの詩作のなかでもその爪跡を生々しく報告している。現地の人々が、人為的な侵略戦争を、自然災害の大洪水と同様に、「天災地変」の一こまとしてただ「没法子《メイファーズ》」（仕方ない）とひたすら耐えているその姿について、金子は次のように説明している。

こうした現象を、舞台がまわったのだと見る人もあろうし、こちらの強気におされて彼ら一流の迎合をしているだけで、支那人の真意なんかわかったものではないと考えている人もあるだろう。彼らのこのうって変わった阿諛的態度には、潔癖な日本人には不愉快になるものもあろうし、軽蔑を投げたくなるものもあろう。しかし、それは、彼らがどんな大きな天災地変にも対応して生きのこっては繁栄してきた歴史を考えるとき、とほうもない彼ら民族の辛抱の強さであることがわかってくる。

（［一一：七五］）

つまり金子は、「没法子」という対応法を、ただ受動的な服従ではなく、むしろ中国式の強靭な抵抗として捉えた。「現在の天津は、日本になってしまいそうな勢いである。それすらもはたして、彼らの強靭な弾力のリミットのうちなのであろうか」（［一一：七六］）と自問し、「没法子」を結ぶ短詩にその答を出した。

そして支那には、没法子より強いものはないのだ。
収税役人《とりたてやくにん》よりも、
始皇帝よりも。

（［一一：七八］）

「没法子」「洪水」「犬」などの作品を見ると、頻出する「彼ら」と「われわれ」という二つの言葉に気付く。ただ金子は「彼ら」と「われわれ」との「対立構図」を顕わにした一方、「われわれは日本人であるということで、誰も彼も、軍の威光を背なかに背負って歩いているのだということを認めないわけにはゆかない」（［一一：七四］）というふうに、己の立ち位置も十分に認識している。

船が、朝鮮の島々のあいだを離れ、渤海に近づき、山東岬の雲煙を目の先にするに及んで、日本刀を仕込んだ軍刀や、革袋に入れた銃弾のうしろに庇われようとする気持ちが、われわれにとってようやく緊迫した事実となり、軍人をながめる目つきの角度にそのまま反映されるのであった。

（［一一：七一］）

こうして見ると、「没法子」には、確かに金子が戦後に発表したような、侵略戦争や日本軍の残虐行為を批判した文面こそないものの、南京占領を含む、日本軍の「快進撃」に国中が「万歳三唱」して熱狂していた雰囲気のなか、戦争を通して利権に走る日本国民への批判、そして占領される側への関心ははっきりと読み取ることができる。

ところで、近年金子光晴の戦争抵抗を疑問視する声が上がり、それを巡る論争も行われた。その詳細については関係作品を参考にされたい[15]が、筆者も中村誠氏のいう「戦後流布した金子評価の先入観にとらわれることなく、今一度テクストに立ち戻り、その詩業を振り返る作業を続けていくことが求められる」[16]という意見に賛同する。ただ金子光晴のテクストを検討する際に注意が必要なのは、改稿癖のある彼の作品の時代区分を綿密に行い、かつ数多くの全集未収作品も視野に入れなければならない点である。同じく「北支」旅行から生まれた作品とはいえ、戦時下と戦後のものとは当然認識の違いがあるだろうし、同時期に発表されたものにおいても、作者の思惑は一様ではなかった。以下では全集未収録の作品も含めてより具体的に見てみよう。

三　揺れ動く戦争認識と中国認識

「北京雑景」の掲載誌『旅とカメラ』の紙面には、「皇軍慰問」「戦跡巡礼」「北支の旅には皇軍慰問袋を必ずお用意下さい」といった文面が見受けられており、このエッセイは一種の北京案内である。作者はまず骨董屋が集中する琉璃廠の様子を詳しく紹介し、あの手この手を使って客を騙す中国人のインチキ商売にくぎを刺す。続けて紹介したのは、王府井大街に位置する東安市場の茶楼で聞ける「太鼓」（京津大鼓）である。

蛇皮線弾きの巧みな手さばきにつれて、妙齢の美人が片手に四つ竹をもち、片手の竹棒で、銭太鼓を叩きながら、三国志演義、金瓶梅、施公案等の物語を節おもしろく唄ひ出す。その勇壮で、気概のある調子は、南方の琵琶、北方の太鼓に並び称せられ、琵琶の情趣纏綿に比べて、一汐の興趣がある。(17)

少年時代から寄席に通い、伝統芸能に情熱を注いできた金子は、中国の民間芸能にも多大な関心を抱いている。上海滞在中も「大世界」などの大衆娯楽場で一日を過ごすことが多かった。アマチュア画家でもある金子は、記憶だけを頼りに京劇の「臉譜」（隈取り）を微細に描いた色紙を数多く残した。今回も戦時下とはいえ、夫婦は頻繁に劇場に足を運んだ。この短い一節からも、金子の中国伝統芸能に対する理解の深さがうかがえる。

「北京雑景」の三節目は、花柳の街、「八大胡同」がある前門外を案内するものである。

支那の姑娘達の化粧は、曙のやうな化粧だ。眉の端麗清雅は蓮花をおもはせ、唇の紅は紅梅をしのばせる。色糸とりどりに結んだ髪に、茴香の花を一《（ママ）》挿してゐる。閨中、くらやみのなかから幽かな花の香のたゞよふのをめづるのだそうだ。しかし、遊子は心しなければならない。彼女達の殆んど大半が悪性な疾患に感染しゐることで、その点は、劇場、料亭で小僕等が呈げてくる熱タオルと同様、触れないことを御す丶めする。

（同前、一一頁）

「没法子」には中国や朝鮮女性を相手にする買春行為を暗に批判したくだりが見られるが、ここではむしろ買春案内となっている。女性と性に多大な関心を示した金子には、社会の低層にいる遊女たちを描いた作品が多い。著名な「洗面器」に漂う遊女の悲哀が、今もなお多くの読者の心を動かしている。しかしいまの描写は、オリエンタリズム的な色合いが濃厚で、当時の日本で流行っていた「支那案内」の類に溢れる買春談議とそれほど大差がないといえよう。そして文章の最後で金子はまた「奇異で、妖雰にみちて、西遊記中の観音寺を彷彿させる」(同前)チベットのラマ教の寺院、雍和宮を紹介している。こうして見ると、「北京雑景」は日本人観光客(男性)の興味を引くための、北京の市場、芝居、花柳街、寺院への案内であり、その文面からは、狡猾、不潔、幻怪荒唐を信じる前近代的な考えを持つ国民という、いわば当時の日本社会が持っていた「中国人」に対するある種の共通認識も読みとれる。ここには「没法子」から見られたような緊張した「彼我」の対立がほとんど消え去り、上から目線の遊びの余裕すら感じられる。

すでに多くの識者が論じたように、日本の近代文学者のなかに、中国の歴史や古典文学の高い教養を持ちながら、現実の中国に対してはオリエタリズム的な眼差しで見るものが少なくない(18)。金子光晴も例外ではない。本来彼は書籍によって中国を認識しただけでなく、数度にわたっての長期滞在も経験した。庶民に混じっての貧乏生活を通して、中国の庶民に好意と親近感を持ち、中国の現実社会にも比較的に深い理解を示し、極めて低い目線で社会の底辺を描き出している。しかし一方、当時の日本が共有していた中国認識に共感した部分も確かに存在している。短詩「北京」にもこうした傾向が見られる。

ビラがはがされ、そのうへに又ビラがはられる。

古陶玩具の国民よ、ものうげにみあげるどの眼も、それをよまうとはしない。
うす陽のあたる土塀には疥癬。人の足には黴。

石崎等氏はここの「ビラ」を「日本の軍事的プレゼンスに対する抵抗の呼びかけであることは明らかであろう」と推測し、この作品を通して「動こうとしない中国の民衆に向けられている」、「詩人としての冷酷ともいえる批評眼がきらめく」と評した。[19] しかし「没法子」からも見られるように、ここのビラは、抵抗側のものも、「日中親善」を呼びかけるものも含んでいる。筆者も金雪梅氏に同感で、この作品からは「戦争抵抗」を見出すことが出来ず、もっぱら政治に無頓着、不潔という従来の中国人像を再現したものとして認識する。[20]

「北京雑景」と前後して、金子光晴は一連の中国関係のエッセイを発表している。現在確認できたのは、「おもひでになつた上海歓楽境」（『中央公論』五二号、一九三七年一〇月）、「南洋華僑の排日」（『文芸春秋』一九三七年一〇月号）、「古都南京」（『知性』一九三八年一一月一日）、「長期抗戦と華僑の役割」、「香港・広東・マカオ」（共に全集未収録、掲載誌と発表年月不詳）などである。より早いものは、第一次上海事変を機に発表した「上海灘」（発表誌不明、一九三二年と推定）、一九三五年四月号の『スバル』に発表された「女学生艶史「自由花」」（全集未収録）などもあげられる。開戦によって高まった中国への関心に応えて発表したこれらの作品は、当時の金子の中国観や日中戦争に対する認識を知る良い材料であるが、それらに注目する研究はまだ少ない。

「上海灘」と「おもひでになつた上海歓楽境」は、かつて見聞した上海の知識人階層や庶民社会を紹介するエッセイだが、その描写は実に細部にわたっており、庶民の群れに融け込んでしまう金子の姿が感じられる。戦火に脅かされている上海の友人や庶民を案じる彼の心情も真摯である。[21]『絶望の精神史』のなかに書かれている、「どこの国でもそうだが、とりわけ中国のなんでもない民衆のなかには、どうしても愛情をもたずにはいられないような、いかにも大国の民らしい人間がいる」（［一二：八八］）という感慨が、金子の本心だっただろう。

しかし一方、「古都南京」や「南洋華僑の排日」などの文章には蔣介石政府と華僑の抗日運動についての批判が多く見られる。「南洋華僑の排日」は、まだ「ジャーナリズムの要請に応えようとし」て、排日がどこにでもあるという前提で自分の体験を淡々と書いているもの[22]といえるとしても、「長期抗戦と華僑の役割」にいたっては、こうした弁解の余地がなくなるほど、批判のトーンが激しい。祖国を支援する「華僑の存在は、日本にとって、又蔣政権の迷妄を助長するための一つの癌である」とか、「蔣政権の一つの力をそぐ」ため、「ひいては東洋平和の来る日を一日も早くする」ために、「華僑にも真相を知らせ、彼等に真の認識を与える」[23]べき（傍点は引用者）といった言葉は、「反戦詩人」のイメージに相応しいとは言い難い。

石崎氏が指摘しているように、開戦以来、中国の抗日統一戦線のリーダーとなった蔣介石に対して、日本のメディアは打倒キャンペーンを執拗に繰り返し、文学者による従軍記や戦争文学に表象された蔣介石像も「悪のイメージ一色」で、「心情的にほとんどの文学者が中国膺懲、蔣介石排除、中国民衆のためという大義名分を信奉し、命題化された統一的イデオロギーに収斂されていた」[24]のである。実際、「北支事変の勃発そのものがそうであるように、通州事件[25]もまた、ひとえに国民政府が抗日教育を普及し、抗日意識を植えつけ、抗日感情を煽った結果である」[26]という考えは、知識層にもかなり浸透していた。しかしそれは「原因と結果をひっくり返す」（巴《ぱ》金《きん》「山川均先生へ」）ものであり、抗日運動は長年続けてきた日本の侵略行為の結果だったという視点は、ほとんどの場合欠落しているといわざるを得ない。

ただ蔣介石と華僑に対する金子の強い反感は、かつて中国やシンガポールなどで抗日の嵐に遭い、身の危険さえ感じたという個人的な体験とも関わっている。「本国々々といふが全体、大人は本国政府とどれほどの因縁があるんだ。どれだけの恩義をうけたことがあるんだ。その癖、やれ、餓民の救済だとが、それ、献金だとかいつて、迷惑はかけつゞけではないか。本国政府がなかつたら、正直、どれだけさつぱりした世のなかになるかと、考えてみたことは一度もないのか」[27]という、「女学生艶史「自由花」」の主人公「私」が発した言葉は、「長期抗戦と華僑の役割」の論調とも一致している。

「女学生艶史「自由花」」とは、最近新たに発見された、金子光晴の実弟、大鹿卓が編輯兼発行者である「スバル」に掲載された二巻からなる未完成の小説である（予定は五巻）。「馬来スマトラのあひだの不定期航路、三百噸にたりない支那汽船の「瓊海」号」のデッキ・パッセンジャーとなった日本人の「私」と、裕福な華僑「許大人」との交流が描かれている。排日の機運が高まるなか、支那汽船に乗った日本人の「私」を外国育ちの華僑と勘ちがいした「許大人」と、自分の日本人の身分を曖昧にした「私」とのやりとりには、二年後の緊迫した戦争の雰囲気はまだなく、金子流の軽快で揶揄的な口調が際立つ。華僑の祖国に対する思いに反発しながら、「大日本帝国外務大臣の印璽のすはつたパスポートのかどを、洋服のうちがくしのそとから、そつと、さはつてみた」「私」の、流れ者でありながら、祖国に対する帰属感を吐露した場面も見られる。

中村誠氏が検証しているように、戦時中の金子の言動は、決してすべてが単純に「反戦」と結び付くようなものではなく、時期によっては東南アジアを英米諸国から「解放する」「大東亜戦争」の意義を見出そうとする言動も確かにあった[28]。「そのときの金子の位置は、西欧に対する非西欧の側に立脚しながらも、決して東南アジアそのものに属するものではなかった。即ち、マレー蘭印体験が金子にもたらした意識は、東南アジアは西欧の帝国主義・植民地主義から解放されるべき場であるという認識と、東南アジアに対する親和とオリエンタリズムとがない交ぜになった意識であった[29]」という中村氏の指摘は、程度の差こそあるとはいえ、金子の中国に対する意識にも当てはまる。

南方方面をわたって帰ってきた僕は、公式通りに日本の立場を、没義道《もぎどう》なものと片づけてしまえない感情上の問題のあるのを知っていた。みかたによっては、この戦争は英米の誘いで、蔣介石政府を囮りに、枡落しをかけられたようなものだというふうにもとれた。だからすぐ、戦争が、援蔣国英米両国に導火するのは自然ななりゆきとみられた。海峡植民地や、印度における英国の土民搾取、和蘭政府とジャバの強制労働のながい歴史をみてきた眼には、自由主義英米の正義を、それほど額面通りに買う気にはなれなくなっていた。

（『詩人』〔六：一九四〕）

今日でも聞き慣れたこのような発想は、当時ではもはや日本社会の共通認識だったろう。しかし「それだからと言って、支那の戦争に於て、日本の正義が大手をふって通れる義理合いはない」と認識できたのも金子光晴である。「軍人は、戦争が商売である。彼らにとっては、勝つことが正義であろうが、この戦争には、軍人側の宣伝以上に、国民一般の鬱屈した野望が、むしろ、食《は》み出して感じられたものであった」（同前）といった考えは、すでに「没法子」の時点で表明されている。帝国主義と植民地主義への批判は、詩集『鮫』からもはっきりと読みとれる。しかし政治に無関心、侵略に無抵抗な庶民を哀れみながら、中華民族が内外一致にして抵抗に立ちあがる姿勢を「排日」と激しく批判する矛盾も見せている。金子のこうした揺れ動く思惑を、森三千代もある程度共有したのである。

一九三八年五月一日から三日にわたり、『都新聞』の一面に連載されたエッセイ「曙街」（それぞれ「玉堂春」「さかり場」「のびゆく東城」というサブタイトルがついている）も、今回の調査によって新たに発見した森三千代の作品である。北京で見た京劇「玉堂春」という「芝居から感じた支那の旧文化は、紫禁城や、万寿山の離宮のきらびやかな回廊や私室を見て感じたとおなじやうに、文化の爛熟のはてのはてで、自壊の段階に入つてゐるのであつた」という意見は、当時の多くの日本人、いや中国の近代知識人も抱いていた中国像であり、列強各国の侵略を前にしてその無力さを露呈した「老大国」の現実の一面であるともいえよう。しかし金、元などの異民族が同化された歴史に触れて、「いままでは劣悪な文化の民族が北京に入つてきたのだから同化されるのは不思議ではないとして、日本の場合のやうにより高い文化をもつた民族が入つていつたときは逆な現象が起きるにきまつてゐる」(30)という発想は、日本軍の「勝利」に酔っていた日本人の心情を代弁したともいえよう。そして次の「さかり場」「のびゆく東城」の二篇は、まさに日本に「同化」された「証拠」として、「九州か中国あたりの小都会のさかり場の裏」のようになった天津の日本租界と、日本租界のない北京でも日本人街が出来つつある情景を紹介している。

本来プロレタリア文学から大きな影響を受け、異文化には深い理解を示していた森三千代も、いざ開戦となると、いとも簡単にこうした中国認識に同調してしまうことには特に驚くこともない。文化を「優劣」に分け、自国の侵略を正当化した論理は、明治維新、日清戦争、日露戦争によって西洋列強の仲間入りを果たした日本社会に浸透したある種の共通認識であり、前述したように、金子光晴も多かれ少なかれそれを共有していた。しかし注目したいのは、こうした認識に多少染まったとはいえ、完全に日本一辺倒の論理にはならず、中国側にも寄り添う姿勢が、金子と同様、三千代にも見られる点である。

初出は不明だが、一九四一年に刊行された『をんな旅』のなかには、今回の「北支」旅行を記述した「北京晴れたり」を始めとする四篇のエッセイが含まれている。「曙街」に書かれる「同化論」から一歩進んで、「日支親善」「日支提携」という相互理解を無邪気に熱望する作者の心情が、作品の主なトーンとなっている。

洋車《ヤンチャ》は唯々諾々として走るし、街の営みはしづかで、人の気風はほんとうになごやかだ。

「ほんとうに敵意なんか持つてはゐませんよ。新政府が出来たんで、みんなよろこんでゐるんですから。」と、Kさんはこともなにげに言つた。（中略）

支那では、太古から禅譲といふことがあつて、民心を得たものが統治し、民心を失つた政権は亡びると相場がきまつてゐた。平和の民が、誅求をこと、する統治者を咀ひ、新政権を謳歌する心持が理解出来てきた。(31)

しかしこのような占領者側の論理に沿って自分を納得させる一方、作者は、「日本を出発する時、否、こゝへ着くまで予想もしなかつた一種底深い静けさが、うす気味悪く北京市を領してゐた」（同前、三四一頁）ことを敏感に感じ取った。表面的な街の静けさと「唯々諾々」の服従の背後にある「うす気味悪」い何かを、森三千代はずっと探っていた。実際、北京駅に到着早々、彼女の目に飛び込んできたのはやはり「彼我」の対立構図だった。

正陽門坫《ママ》のプラツトホームに降りた時、中国人の乗客だけが一列に並ばせられて、黒のだぶだぶズボンを穿いた背の低い女巡査が二人、左右から女乗客の身体をさぐり、持物をしらべてゐた。彼女達は、白い横紐をまいた大きな帽子のなかに、無雑作に断髪を押込んでかぶり、一寸見ると恰好の悪い少年巡査のやうに見えるが、身体検査は厳重で、美しい娘さんの胸の紐をはづして手を突つこんだりした。改札口には、日本の憲兵さんが銃剣をもつて日本人の出入者を一々誰何してゐた。(32)

多くの中国人にとって、家の女性たちが衆目に晒されることは好ましくない。特に上流社会の娘は、外出中でも常に車や船の中に身を隠し、公衆の中に入ることはめったにない。駅のホームで、娘が胸の紐を外され、服のなかに手を突っ込まれて調べられることは、本人にもその家族にも、これ以上ない屈辱に違いない。ただこのような場面は、おそらく現場にいた多くの日本人の目には入っていなかっただろう。しかし三千代はことの細部までに視線を注いだ。一見客観的に見える彼女の描写からは、征服された側にいる人々の心情に対する関心が確実にあった。

北京は、そもそも日本の侵略行為を抗議する「五・四運動」（一九一九年）や「一二・九」運動（一九三五年）の発祥地である。一九三七年八月八日、日本軍の入城式によって八年間にわたり占領されたが、この期間を、中国の人々は「倫陷期」と呼ぶ。教育を保全するために、国民政府は北京・天津地区の高等教育機関の南遷あるいは西遷を決め、国立の北京大学、清華大学、および天津にある私立南開大学などの名門大学に在籍する大勢の教職員と学生たちは、数千キロの長距離移動を経て南方の武漢、さらに内陸の昆明へ赴く。戦乱をさけて市内を脱出する避難民も数多くいる一方、大多数の一般市民はやはり故郷にとどまるしか選ぶ道はなかった。

占領下の生活については、たとえば日本語に訳された『北京の日の丸』（一九九一年）にも、当時まだ小学生だった者の体験を含む、さまざまな証言が収められている。新学期初めの授業で、上級機関の命令に従う教師の指示によって、生徒たちは手にしたばかりの新しい教科書をめくって、「中華民族」「精忠報国」「自強」「奮闘」などの文字を、墨でひとかたまりずつ塗りつぶし、歴史的な典故までも含む「抗日」を思わせるような内容をまるごと破り捨てる場面は痛々しい。著名な作家老舎の夫人も、「日本軍が城門で歩哨に立ち、老若男女すべてに身体検査をし、下品な侮辱や、ひざまずかせる罰など」を避けるため、当時一度も一人で市内へは行かなかったという。[33] 老舎の長編小説『四世同堂』（一九四四〜五〇年）は、夫人の証言も参考にして、占領下の北京市民の暮らしを多面的にリアルに描いた名作である。北京・天津・上海・南京各地から武漢などへ流れ込む避難民の悲惨な実態を描き出したのは林語堂の『嵐の中の木の葉』（原題『風声鶴唳 *A Leaf in the Storm*』、一九四一年）である。亡国の民になった苦痛は、たとえ周作人のような、北京に残って日本側に協力した高名な知識人も免れることが出来なかった。[34]

しかしながら、当時の北京に渡った多くの日本人に見えたのは、占領された人々の心の内面ではなく、都市の長閑な表層だった。一九三七年一〇月から留学のために北京に来た竹内好も、「旅をしてきた僕には、北京の街に、予想し得る何らの混乱もないのが物足りぬ」、「僕は北京へ来てから日毎に戦争に遠ざかる気がし」て、「現地の人々は、失はれた文化の建設に対して、無気力といつて悪ければ冷淡である」と感じたようである。著名文化人の大半がすでに占領地を去って抗日運動に参加した事実を考えれば、残ったものの「無気力」と「冷淡」にも頷ける。ただ当時の日本では数少ない中国の現代文学を深く愛する竹内青年だからこそ、「無気力」と「冷淡」の理由を追究することもできたのである。[35]

森三千代の北京紀行にも、市民の「なごやか」な気風と「唯々諾々」の服従を信じ、「日支親善」を素直に謳歌する気持と、その長閑な表層を疑う心の揺れが交差している。多くの日本人に欠落していた「他者」への視点があったからこそ、彼女の目を粉飾の背後にある真実に向かわせたのである。街から人影が消える。いたる所に見られる各種のビラと「日奴国仇也」という落書。学生や教授たちの南下。古書店から過激な思想書の類や排日的な論調の著作がきれいになくなり、鼓楼にある「国恥記念館」に陳列された資料が撤去され、代わりに新政府謳歌の演説会が開かれるという言論統制。たとえ日本側にとっては望ましくない敏感な話題も、彼女は愚直なほどにこまめに書きとめている。一見客観的、中立的に終始しているこれらの記述が、おのずと「新政権を謳歌する」という幻想の脆さを示している。街ではほとんど姿を見せなくなった中国の女性たちが、普段何を考え、何をしているのかについても、彼女は関心を持っている。「遊んでいるよ」という北京在住の日本人の言葉を鵜呑みにせず、中国人女性との交流も根気よく実現させたのである。そして彼女の関心は北京市民にとどまらず、旅で出会った遊牧民にも向かった。

蒙古境に住んでゐる彼等の顔は粗削りで、頬が高く、女までが凶悪な相貌に見えるのだが、眺めてゐると、彼等は互ひに親切で、気のよささうな民衆であることがわかる。備へつけの真鍮の痰吐きのなかに、二三歳の子供に大便をさせてゐる父親を、誰もひんしゆくせずに、思ひやりありさうな顔で眺めてゐる。(36)

まさに中国人の「不潔」を表しているかのようなこの場面も、三千代は温かみのある眼差しで眺めている。こうした温かみは、彼女の紀行文の特徴でもあり、常に冷めた目で物事を観察する金子との温度差が鮮明である。そしてこの温度差は、二人の兵士に対する態度に一層はっきりと表れるのである。

四　「美しき」兵士像の変身

森三千代は「万寿山の菓子」のなかで、駅の待合室で出会った一幕を描いている。前線から帰ってきた一群の兵士が、そこにある小さな菓子売り場を発見し、すぐさま「にこにこ顔」になって集まってくる。一人の兵士は、汚い手で菓子を摑もうとした中国人の老婆を阻止し、紙を出してみずから菓子を摑んで測ったりする。その描写にはむろん「日本軍の残虐」がなく、逆に子供のような純朴さが際立つ。「八達嶺驢馬行」のなかでも、列車のなかで出会った、家族に土産を買った「よい夫、よい父」や、長城で金子夫婦を親切に招待する兵士が描かれている。一方、金子光晴の「没法子」にも、三千代ほどの親しみと暖かさはないものの、同じく純朴で、好人物の兵士像が現れる。まずは船のなかで見た風景である。

一つの枠だけが、兵士たちで全部占められていた。軍服の上着を胸に広げて寝ているのが、みるかぎり黄いろい土の起伏のようにみえた。その軍服を子供たちに着せて、だぶだぶな恰好で歩かせてよろこんだり、軽業をしてやったり、彼らは一日じゅう子供たちと遊んでいたし、子供たちも彼らによく懐いてみんなあつまってきた。そうして眺めている彼らは、いかにも屈託なさそうであった。

（［一一：七一］）

そして天津に上陸してからは、「どこへ行ってみても軍人さんたちが歩いている」という。「天祥市場や、茶館の中を見物顔をして人波にもまれているかとおもうと、デパートの楼上の支那芝居や、ちんぷんかんぷんの掛合噺を、終わりまでおとなしくながめている人たちもある」。日本のカフェ風に改装された食堂にも、「奥地から帰ってきたらしい髯むじゃな兵士たちが、そこにも言葉少なに、朴訥そうに坐りこんでいる」（［一一：七六］）。

天津には、戦争の爪跡が生々しく残っている。七月二七日に天津の支那駐屯軍は各駅を占領し、二八日に総攻撃を開始した。二九日には電話局、警察総部、市政府、教育研究機関、そして各駅が日本軍の空爆に遭い、抵抗を続けた中国軍は撤退を余儀なくされた。推計では中国軍の戦死者が約二〇〇〇人、難民は一〇万人以上に達した。なかでも抗日運動の拠点と目された南開大学に対する攻撃は徹底的だった(37)。この歴史ある大学に対する完璧なまでの破壊は、「日本による教育と文化の破壊戦略の始まり(38)」であり、また「日本軍部の中国の学生運動に対する激しい憎悪の集中的表現(39)」とも見られる。現に南開大学の破壊現場を案内された吉屋信子は、「この学府こそ、多くのうら若き支那の男女学生が集《つど》ひて、抗日思想、かつまた共産思想の温床となつた学府だつた」と説明した(40)。

金子光晴は「没法子」のなかで市政府の跡地に触れたが、南開大学への爆撃についての言及を、夫婦が共に避けたようである。ただ二人の文章には多くの戦地報告に見られる溢れんばかりの「勝利者」の高揚感や、兵士たちに対する感激がない。彼らが描いた兵士は、「人間」ではあるものの、「勇士」ではなかった。金子がのちに

「発狂一歩手前の兵士が、銃剣で良民を突刺すような事件も、頻発していた」と回想したが、このような告発は当然「没法子」には見当たらない。「北支」旅行で見聞した「日本軍の残虐」は、むしろ戦後発表した『絶望の精神史』を通して、ほとんど「自虐的」といっていいほど次々と暴かれていく。

> すでに、部落はつぎつぎに日本軍の劫略にあい、人妻、娘のけじめなく広場に引きずり出され、夫や父や子どもたちを数珠つなぎに立たせた目の前で犯された。　（［一二：九一］）

そして晩年の自伝『ねむれ巴里』のなかにも、「第二次の大戦がはじまった歳、昭和十二年の冬、石家荘で、堅氷にはりつめられた断髪の女兵の片手に手榴弾をもってふりあげたまま、死んでいたあの凄絶な姿にひきつがれて、今日までも僕のこころを遠くの方からゆさぶる」（［七：九二］）という当時の見聞が記されている。

> 中国人と日本人の差別は、彼ら四人の留学生たちにとっては問題かもしれないが、僕には、男と女でしか人間の区別がつけられず、その他のタブーは、僕にとっては恐怖でしかなかった。彼女らが、僕ら日本人に手榴弾を投げ、僕ら日本人仲間が、彼女らを強姦したあと、銃剣で突刺しながら奥へ、奥へ、踏みこんでいった、数年後を待ってはじまる怖るべき事態を、僕は、ゆめにも想像していなかった。　（同前、［七：一七三］）

すでに一部の識者が指摘したように、そもそも金子光晴の「反戦」理念は、「家族愛」「人間愛」に基づく、死や戦争への恐怖と嫌悪からきたものであり、「「生」を求め、「死」からの抗議の声」である[41]。その結果、彼は戦争の武器に化した兵士に対しても強烈な嫌悪と恐怖の念を抱いている。戦後間もなく、かつて上海で親交を結んだ郁達夫が日本軍によって殺害された事実を知った時も、金子はこうした感情を顕わにした。

戦争中、僕が周囲に見てきた軍人の兇悪な性格は、上の命令で仕方がなしに歪められた性格とばかり僕は見ることができない。上から下まで区別なく、日本人は、ある低い沸点で同様に沸き出し、本来の卑屈さ、乱破《らつぱ》根性がむき出しになるのだ。兵隊たちがいずれも素朴な、好人物な人の息子たちとわかっていても、その性格は絶対に信用できず、その行為は、どれほど憎んでもあまりがある。

（「郁達夫その他」、『コスモス』七号、一九四七年一〇月、『日本人について』春秋社、一九五九年所収〔一一：二二三〕）

日本軍だけでなく、「づづぐろい、萎びた顔、殺気ばしったためつき、くろい歯ぐき、がつがつした湖南なまり、ひっちょった傘。ひきずる銃」（「泡」『文学評論』一九三五年六月〔二：一五〕）と、金子の筆は中国の軍人像にも及ぶ。あまり指摘されたことはないが、この一節には、おそらくかつての武漢（湖北省）体験が影を落としているのではないかと思われる。一九二八年一二月一七日に、武漢では人力車夫の水杏林が日本陸戦隊機銃車と衝突し死亡する事件（「武漢水案」）が起こり、反日ムードが一気に高まった（一九日、漢口水案事件後援会が設立され、翌年一月に日貨ボイコット運動に発展する）。ちょうどその頃武漢に旅行した金子夫婦は、「東洋、東洋」と罵られ、軍人たちの殺伐とした行列の前を通るというショッキングな体験をしたのである。[42] しかし同じ中国兵でも、二年前に南京で見たものは長閑である。

支那の兵隊なら、ちよつとなつてもみたい。
菜つ葉服で、背なかに番傘をはすつちよにしよひ、陣笠、きやはんで、ブーブカドン、楽隊にあはせて、足を曳きずる。
鉄砲の玉はとどかない草つ原でさ。梢に黄ろい月がかかるまで、お昼寝だ。（南京）
（「兵隊」『手帳』一九二七年九月［五：一二三］）

兵士という題材は、実に頻繁に金子の作品に現れている。中国の兵士を描く名作「泡」からは、「——乞食になるか。匪になるか。兵《ピン》になるか。／……さもなければ、餓死するか」（［二：一五］）という彼らの過酷な運命を直視する作者のシビアの眼差しが感じられる。

いきるためにうまれたやつらにとって、すべてはいきるためのことであった。
それだのに、やつらはをかしいほどころころと死んでいった。
………………一つ一つへそのある死骸をひきずって………………。
夜のあけきらぬうちにはこんで川底に、糞便のやうに棄てた。
ふるさとのあるやつも。ふるさとのないやつも。
（「泡」［二：一六］）

興味深いことに、本来中国の兵士を指す「やつら」という主語は、次の節で日本兵を指す「おいら」に瞬間移動する。「——なぜ、おいらは、こんな死骸なんかになったのかしら」（同前）。作者にとって、死に直面する時の「やつら」と「おいら」とは、本来その境界線が曖昧であり、前述したような激しい「彼我」の対立構図がここでは薄れてしまう。次の作品は、まさに日本兵の死骸を描くものである。

城壁のすみつこに兵が一人、膝を抱いたまゝ、死んでゐる。一ヶ月もまへから同じ姿勢で、同じ場所にぢつとしてゐるのだ。その眼は、鷹にひきずりだされて、窩になつた。だが、その窩がみつめてゐる。空の碧瑠璃。狂風に吹かれる蕩尽。世界の金銀財宝のくづれこむ交喚。生命も、歴史も、神も、やがては地球みづからもころがりこんでゆくその闇黒を。

（「八達嶺にて」［二：一〇六］）

前掲した「女学生艶史「自由花」」のなかでも、金子は一九三二年の上海戦で名を馳せた「肉弾三勇士」の話題をとりあげている。マライ半島にある日本人宿に、「肉弾三勇士」を称える「シンガポール日報誌」上の大見出しが書かれた紙切れは、「古ぼけた誰かの位牌と一緒に祭られて」ある。「海軍機関兵あがり」の宿の主人とその妻の、「にはかにつつぷして、からだを小刻みにふるはせて、歔欷いた」感動と、「——爆弾をいだいて、敵の陣地におどりこむ」という文句に並んで描かれたのは、宿の前の川に「ながいあひだボシヤボシヤと小便をした」「私」の姿である。さらに「欧州漫遊の途中で、港々で放蕩していつた大官の名刺を神棚にまつつて、人ごとに、こんなえらい方にかはれたことがありますと語るのを、たゞ一つの栄えにして年老いていつた女の話」を、「三勇士とおなじやうな、かなしいそのナンセンスを」と一蹴した。[43] 日本中を熱狂させた「軍神」を、このような冷めた口調で揶揄できたのも、実弟が編集する、あまり公衆の目に触れることのない同人誌に載せたものだったからだろうか。

日中両国の軍人は、本来共に「素朴な、好人物な人の息子たち」である。しかし、戦争の武器となった軍人は、結局みずからも戦争の犠牲となる。兵士と戦争を、「かなしいそのナンセンス」と見なした意識は、金子光晴の戦争反対の原点だったといえよう。

しかし森三千代にとって、兵士はより身近な存在である。彼女は中国の現役軍人との恋愛を経験したことがあり、弟の義文も一九三七年九月に召集され、三九年の暮れに「中支」戦場で重傷を負って国に送還されたのである。一九三七年の『輝ク』九月号に、三千代は「旅行にでられないわけ」という一文を寄せ、弟の召集についての不安を吐露し、戦争を「個人に不可抗な破壊力」とみなしている。そして一九四〇年二月号に弟の負傷報告をし、四月号には重傷の弟と臨終前の父親との最後の面会を語る「父と弟」を発表した。

そもそも森三千代と林芙美子、吉屋信子とは、『女人芸術』とその後続誌『輝ク』の同人かつ友人である。銃後運動の拠点となっていた『輝ク』の紙面には戦争を擁護する言論が充満している(44)。本来なら、息子や夫、兄弟を戦場に送り出すことをためらう女性としての「正常な」心理に反して、「愛児の戦死を感謝す」、「天皇陛下万歳を唱えて死ぬ時も笑って死ぬ」云々に代表されるような「聖戦」イデオロギーが日本中の女性や子供までに浸透したことは、戦争の歯止めが利かなくなる一因になったのではないか。むろんこうした「聖戦」イデオロギーは、自然と敵国への憎悪を生み出す。日本の負傷兵には「沁み入るやうな感傷や崇敬の念を持ち」ながら、るいるいたる中国兵の死体をただの「物体」と見、「冷酷なよそよそしさを感じる」林芙美子の反応は、むしろ戦時下の普遍現象であろう。その理由に、彼女は「民族意識としては、これはもう、前世から混合する事もどうも出来ない敵対なのだ」と述べたが、やはり「本当の支那人の生活を知らない冷酷さ(45)」、いや、むしろ知りたくもない冷淡さが要因だったろう。

しかしこのような「自他」を完全に分離し、日本一辺倒のスタンスに立つことは、森三千代にとって困難である。なぜなら、彼女は「支那人の生活を知」っただけでなく、彼らと深く関わり、その中の一人を深く愛したからである。生前未発表の自伝小説「女弟子」は、「北支」旅行に行く直前の状況を描くものであり、彼女の揺れ動く心理をよく表している。主人公「珊子」は映画館で戦況ニュースを見ていて、日本軍の「勇姿」対「遅鈍な、間の抜けた」中国側という組み合わせを、「わざとらしく、不愉快なもの」に感じた。そして画面に映った中国軍の若い士官に恋人の剣鳴に似た面影を見出した。

青年らしい、のびのびしたからだ。なにか訴へてゐるやうな大きな眼、時々悲しさうな表情になる微笑の顔が、彼女の身内に蘇り、彼を敵として考へなければならない事態に、いまさら彼女は狼狽する心をどうしようもなかつ《ママ》。剣鳴が彼女に気兼ねしながら、時々示した日本軍閥への憎悪が、燃えに燃えて時を得たいま、どんな目で彼が敵国の女である彼女をながめるかと思ふと、珊子は、しりごみするかはり烈風に向かつて面を曝す時のやうな、ひりひりする快感を味はつた(46)。

本来ならば、森三千代の中国認識、または戦争認識は、日本社会で流通していたものとさほど変わりがなかった。上昇志向が強く、林芙美子らにライバル心も抱いた彼女は、『輝ク』という集団の中に身を置き、しかもまさしく戦時中を通して小説家の地位と名声を獲得したのである。したがって、彼女がもしほかの「銃後」作家と同様に「聖戦擁護」の側に立ったとしても、何の不思議もない。実際彼女の作品のなかにも時流に相応するような言説が確かにあった。しかし中国との深い関わりは、やはり彼女の眼差しを変えたのである。石崎等氏は森三千代を評して次のように述べている。

森三千代の作家としての特質は、当時の文学者たちの多くが、力へのロマン主義的な思いに陶酔し、運動体としての「大東亜共栄圏」や「聖戦」や「八紘一宇」を、自己解消のためのイデオロギーとして信奉し、西洋コンプレックスからの解放感を味わおうとした思想的な図柄の中で、奇妙にも冷めていたことである。むしろそうした状況下、「聖戦」イデオロギーからは距離を置いた人間を異世界（外国）に投げ出し、小説

世界に大胆に生かそうとした点にあったからである。(47)

ここで高く評価された小説は、戦時下の天津を背景にした『あけぼの街』である。

五　『あけぼの街』に描かれた戦時下の天津

『あけぼの街』は、一九四〇年八月から翌年五月まで雑誌『文章草紙』に連載され、六月に昭和書房から刊行された。物語は「週刊婦人職業新聞」の嘱託である寺澤水子が天津に渡ったときから始まり、彼女の見聞を中心に展開する。水子は四年前、東京帝国大学政治科で学んだ中国人留学生柳剣鳴と知り合い、恋に落ちたが、日中関係の悪化により剣鳴は帰国を余儀なくされた。しかし二人は互いのことを忘れられない。剣鳴が南京大学の講師となり、「古くさい支那の閥族結婚」に悩んでいた情報は伝えられ、シルクのチャイナドレスも、「妾腰君慣抱、尺寸自思量」という句が添えられる手紙と一緒に贈られてきた。開戦後、剣鳴の父親が「新政府」の要人になったことを新聞の報道で知った水子は、「北支」に行く機に剣鳴を探すことを思いついた。彼女は明石街にある柳剣鳴の自宅を何度も訪ね、ようやく柳の弟燕生に会うことができた。兄と同じく長年日本留学の経験を持つ燕生は、流暢な日本語を話し、「新政府」の通訳として日本側に協力している。水子は彼を通して柳の姉にも会い、国の壁を超える二人の友情と理解に感動した。しかしやがて二人は彼女を避けるようになり、水子はその「裏切り」に憤りと失意を感じる。

寺澤水子の恋愛と並行して、船で彼女と同室だった日本人ダンサーの西尾咲子と、その初恋の人だった柴山逸太との物語も描かれている。二組の恋人を囲むさまざまな人物が登場する小説のなかに、森三千代は天津、北京での実体験を多く織りこんでいる。『京津日々新聞』の主幹兼社長永瀬三吾と『北京新聞』社長のKは「天津毎日新聞社」の編輯長藤崎の原型であり、村上知行は天津在住の中国研究家結城になっている。柳燕生の言動にはかつて上海で親交のあった郁達夫などの文化人の俤が入っており、その姉は北京で会った関梁好音がモデルだったと思われる。

一方、西尾咲子と柴山逸太、また料理屋や旅館を経営する丸山里枝などの、いわゆる「植民地ゴロ」の面々は、天津での見聞に頼る部分が多かったようだ。金子光晴は『絶望の精神史』のなか、天津で出会った旧友の一人として、「松葉杖を突いた早坂二郎」に言及し、彼がある北中国の傀儡政府の要人によばれて、政府顧問格を約束されて渡ってきたが、その要人が突然死んでしまったため、彼自身も、ご破算になって日本へ戻らなければならなかったという。しかしこの「松葉杖を突いた早坂二郎」は、実在の人物ではなく、むしろ森三千代の小説人物の柴山逸太だったのではないか。「傀儡政府の要人によばれて、政府顧問格を約束されて渡っ」た云々も、おそらく友人の草野心平（一九〇三〜八八）の経歴からヒントを得たと思われる（草野は一九四〇年、中国の嶺南大学の同窓で南京汪兆銘政府の宣伝部部長になった林柏生（一九〇二〜四六）に呼ばれ、宣伝部顧問として南京に赴いたのである）。

『あけぼの街』と前後して、森三千代はかつての海外生活を題材にして多くの小説を創作した。一九四〇年には「巴里の宿」（第一小説集『巴里の宿』所収、砂子屋書房）、金子との上海生活を描く「通り雨」（『新潮』三七―八）、そして東南アジアを背景にした『南溟』（河出書房）を出版した。『あけぼの街』を出版した翌年の一九四二年にも、「国違い」「帰去来」「ひとりもの」「南洋へ行った女達」などの「南洋」ものを収める『国違い』を日本文林社から刊行した。日本軍の「南進」にともない、おびただしい数の「南洋もの」が発表されるなか、異文化を等身大に描いたこれらの作品は異彩を放っている。海外で奮闘する日本人の女性像も実に多彩でリアリティーに満ちており、再評価すべきものである。(48)

戦時下の天津租界を描く文学作品が数少ないが、森三千代は「日露戦争当時の夢を蒸返し」て、「眼を皿にした抜け目のない」日本人でごった返すダンスホールや、席も取れなくなるほど繁昌する飲食店の様子を実にリアルに再現したのである。また「植民地の女」として、西尾咲子と丸山里枝の人物像も創出した。開戦後一時日本に引き揚げたものの、再び天津に舞い戻った咲子は、長年租界で暮らしていて、フランス人の愛人だった。その自由奔放な性格は、横光利一の『上海』に登場する「宮子」を想起させる。ただ戦争による彼女の「日本回帰」、また「戦地慰安公演」に参加する結末は、時代の雰囲気を濃厚に反映したものである。一方、占領に便乗して商売を大成功させる丸山里枝は、まさしく金子がいう、「新しい天地に活路をもとめ」、「泡銭を摑もうと鵜の目鷹の目の連中」の代表である。しかし本来男性中心の日本人社会のなか、これまでのダンサーや店員、または遊女のような弱い立場に置かれた者と異なる、男勝りでリーダー役の女性を颯爽と登場させたのは、近代日本文学史においても稀有であり、より注目すべきことであろう。

『あけぼの街』は戦時下の天津を背景にしただけに、「戦時色」も濃厚である。天津に行く船のなか、西洋人の愛人だった西尾咲子は日本の刑事による厳しい尋問を受ける（これは金子夫婦の実体験でもある）。到着早々「天津毎日新聞社」を訪ねた水子は、新聞に載せた写真に軍人がたまたま小さく映っただけで、軍から叱責を受け、新聞も停刊に追い込まれる経緯を編輯長の口から聞かされる。日本人にも及んだこのような抑圧と言論統制を、作者はさりげない口調で暴露し、そして占領する側とされる側との対立構図も多くちりばめる。水子が泊まるホテルの使用人は「通州事件」の経験者だったり、咲子が出演した劇場では中国人による爆発事件が起きたりする。白河の周辺にある家々の屋根に装着されたラジオのアンテナを通して、蔣介石政府と日本軍の電波戦も注目されている（森三千代の詩作「声——北支所見」も同じ題材）。これらの場面はすべて中立的に描かれており、中国への敵意が見当たらない。一方、占領された側は、柳燕生やその姉のような、生き生きとした中国人像のほか、街で見かけた中国人の親子、車夫、乞食、そして大洪水の避難民も多数登場する。

自動車が走り出した。燕生はうしろの窓を気にしてふり返つた。水子も一緒になつて、その窓から背後を見て、どきつとして座席にかゞみこんだ。彼等の乗つてゐる自動車のうしろから、いつの間にどこから集つて来たのか、この厳寒に殆んど半裸体にボロをまとつた、汚れて瘦せこけた子供達が転ぶやうにして追つかけて来るのだつた。帽子を前に持つて頭を何度も何度も下げ何か訴へてゐるのが、呪文のやうにも喚声のやうにも聞えて来た。頭が大きくて、手足が細くて、まつすぐには駆けられない子供達が、すべて必死の行相をして、まるで彼女達に責でもあるやうに、生きてゐる権利を主張しておそひかゝつて来るのかと思はれた。小さいものばかりであるために、それは一層もの凄まじかつた。乞食の子供達ではなかつた。餓民の子供達であつた。それも見る間に距離が距つて、見分けられないほどになつて行つた。(中略)

暗い夜であつた。藁屑や木の枯葉を掻集めて、その中に漂民がぶるぶる震えながら夜を明す。からだとからだの温みでやつと温味を保つために、犬ころのやうにかたまつてゐるだらう。灯火もない。一つの部落には焚火がパチパチと燃えてゐる。今日、水子達の自動車を追つかけて来た餓えた子供達がおなかのへつたまゝで、からだを縮こめて眠つてゐるのにちがひない。親も兄弟もない孤児達もまじつてゐるにちがひない。なんの夢を見てゐることか、寝言を言つて身じろぎをする。つながる愛情も、明日への希望もない。生に縋るだけの味気ない人生がそこにある。おそろしげに思はれた餓民達の生活が、いまでは却つて身近く境遇のつながり合ふもののやうに、親しみを持つてさえ思出されるのだつた。その無一物の底に一種の安堵の境地が見出されさうであつた。(49)

長い引用であるが、石崎等氏も指摘したように、日本の近代文学の中に、ここまで中国の貧しい人々に寄り添ってその実態をリアルに描いた作品は少ないだろう。そこには上から目線の安易な同情がなく、厳しい現実に置かれたものとの一体感すら感じられる。おそらく『あけぼの街』の唯一の評者だった石崎氏の次の意見にはまことに同感である。

多くの日本人が、外国の人間や風土に対して、よそよそしい傍観者的な態度で接し、他者性をなしくずしに懐柔し、同化してしまおうとするのとは明らかに違っている。彼女の現実へのかかわりかたは、他の作家とは違い、政治への従属を峻拒する姿勢が見受けられるといってよいだろう。そうしたスタンスが可能であったのは、金子光晴との確執を演じながら、東南アジア、フランスなどでかなり長期間に亘ってしっかりと外国を見る目を養い、他者とは一体何であるかという確固とした身体感覚を身に付けていたからである(50)。

しかしこうした身体感覚を身に付けた理由として、筆者は、森三千代の中国の若い軍人との恋愛、という個人的な体験も付け加えたい。

六　森三千代と鈕先銘――国と戦争の壁を越える恋――

『あけぼの街』に登場した「柳剣鳴」は、実在の人物であり、一九三三年頃森三千代が出会った鈕先銘のことである。鈕の先祖はモンゴル人であり、のちに「漢化」（結婚や移住などによって漢民族になる）して江西省九江に移住した。父親の伝善は清王朝の知府（知事）や民国の財政次長などを歴任した政府高官で、日本留学の経験もある。先銘は父の意に従い、一三歳の若さで日本に留学し、二九年一〇月に陸軍士官学校工兵科（二二期）に入学し、三一年七月に卒業した。帰国して間もなく満洲事変が勃発したため、父の友人である傅作義の三五軍に従軍し、翌年の一月に起きた上海戦にも参加した。その後、南京にある砲兵学校の教官に任命され、その頃日本を再訪し、三千代と知り合った（ベルギーで協議離婚した金子夫婦は、当時新宿で別々のアパートを借りて別居していた）。幼少期にイギリス人の家庭教師の手ほどきを受け、長身でハンサムな若者は、一〇歳年上の三千代の心を奪った。しかし鈕には親に決められた許婚がおり、また日々緊迫してくる日中間の関係も、二人の仲を阻む。鈕は、「今から三年後に必ず迎えに来ます」という言葉を残して帰国の途に就く。森三千代は二人の出会いを短編小説「柳剣鳴」（『婦人文芸』一巻二号、一九三四年七月）に描いたが、この作品は小説の大家であった武田麟太郎（一九〇四〜四六）の評価を受け、彼女に小説家への道を進む勇気を与えた。またそれをきっかけに、三千代は武田麟太郎を小説創作の師と慕うようになり、彼との間にも新しい恋が芽生えたが、心の中では鈕先銘への思いを消すことができなかった。

そもそも森三千代は離婚により精神的に光晴から「独立」したと考えたようで、その後光晴と行き来しながらいく度も恋愛事件を起こした。一九三五年、光晴が自分の親類の化粧品会社に広告担当として「就職」し、二人は戸籍上離婚したまま実家に預けていた息子を呼び、再び三人で暮らすことになった。盧溝橋事件の後、八月一日に傀儡組織の「天津治安維持会」が成立し、そのメンバーのなかに鈕先銘の父伝善が、委員兼社会局局長として名を連ねている。新聞でそれを見て、鈕先銘を探したい気持ちを抱くようになり、天津旅行を計画したのは、彼女自身だったと三千代は「女弟子」の中でも書いている。

私が北支へ渡りたいと思った動機は、当時の新聞が軍の御用新聞で、報道がほとんど信用出来ない気がしたので、現地に行って、真相にふれてみたいということにもあったが、前田林太郎の言った通り、中国の軍籍にある剣鳴の消息をさぐり、あわよくば、彼の軍とたたかいを交えている日本軍の前線にまで自分をおいてみたいと思ったからだった。(51)

「日本軍の前線にまで自分をおいてみたい」というのは、明らかに林芙美子や吉屋信子らを意識した発言である。『あけぼの街』の主人公を「週刊婦人職業新聞の嘱託」にした点からも、公人として現場に赴く意気込みを覗かせる。しかし結局私的な立場で「北支」に行ったのは、やはり「聖戦」イデオロギーから距離を置きたいという気持ちを、金子と共有していたからだろう。森三千代は小説のなかで鈕先銘の身分を「外交官志望の東京帝国大学留学生」と変えただけで、彼への思慕と情熱を隠さずに吐露する一方、日中間の狭間に揺れ動く己の心情も、小説の全体を通して表したのである。日本の征服に対する中国人の表面上の「従順」を「うす気味悪い」と感じ、その心底を探ろうとする主人公は、柳兄弟との一進一退の関係に苦しみながら、国境を超える愛情と相互理解が本当にありうるかと自問自答する。国籍の異った人間同士には、「大きな河を距てて、向側とこちら側の人のやうにお互ひに話をしたり、眺めたりは出来ても、触れ合ふことが出来ない」と感じながら、それはまた「国籍だけの問題ではなくて、すべての人間と人間との関係は、それとおなじことなのではないか」(52)という考えにも及んだ。

このやうな人の心の変貌は、日本内地の生活でも遭遇しがちなことであるのにかゝはらず、水子は、それを、支那人の不可解と結び付け、支那人らしい変節として片付けようとする傾向にあつた。それによつてすこしでも憤懣が晴れるかのやうであつた。（中略）

水子は、次第に憤りがしづまつてゐた。なにかをせがんで子供が母親の手をぐんぐん引張つてゆくのを見送りながら、彼女は、自分の子供時代を思ひ出してゐた。東洋といふ骨肉のやうな近似があつて、なに一つ不可解はなく、直接胸に触れる人間の心が、そこに流れ合つてゐた。彼女は茫然として、しばらく立ちつくしてゐた。(53)

こうして、国籍の異なる人間同士は、結局同じ人間である、しかし「支那へ来て日本流にばかり解釈することは間違ひであらう」という、まさに異文化理解において不可欠な認識に森三千代は到達したのである。日本全国に「暴支膺懲」の喧騒が満ちていた情勢のなか、こうした考えをもち、かつ公開できたのは、やはり驚嘆に値する。結局三千代も金子も、戦争に対して考えが揺れ動くことがあったとはいえ、日本人という視点から離れて戦争を直視出来たのは事実である。こうした認識は、息子乾を守るための召集忌避につながり、最終的に彼らを戦争反対、戦争抵抗への道に導いたに違いない。

天津、北京に滞在している間、三千代は何度も鈕宅に足を運んだが、家族と会うことが出来なかった。つまり小説のなかで描かれた鈕の弟や姉との交流は、虚構と思われる。

一方、鈕先銘は日本から帰国後まもなくフランスへ留学したが、盧溝橋事変直後に急遽帰国した。そして工兵団営長兼団附として南京戦に参加し、光華門の守備にあたった。しかし撤退した時に川に落ちて流され、のちに城外にある永清寺の僧侶に保護された。日本軍の追捕を逃れるため、僧侶に変装して永清寺、さらに城内の鶏鳴寺で前後八カ月を過ごした。つまり森三千代は天津、北京で鈕先銘を探し回っている時、彼は戦死したとされながら、南京の寺に身を隠している最中だった。鈕はその後僧侶の助けを受けて南京を脱出し、上海、香港を経由して武漢の国民政府軍に帰隊した。しかし彼の戦死の報を聞いた妻はすでに彼の友人と結婚していた。鈕先銘の伝記的な経歴はのちにニューヨーク・タイムズにも報じられ、小説家張恨水らによって作品化されたこともあった。鈕先銘本人も、その南京体験を『還俗記』（台湾中外出版社、一九七一年）として刊行した(54)。

一九四六年九月四日、森三千代は日記のなかに次のように記している。

草野心平氏来訪。五六年ぶりなり。支那の話を聞く。鈕先銘の消息を聞き胸とどろく(55)。

翌年の七月二九日の日記にも「今井氏来訪。柳剣鳴からの手紙をとどけられる。柳剣鳴のその後について聞く」と書いてある。草野心平は終戦直前の一九四五年七月に四二歳で現地召集され、一〇日間の訓練を受けて陸軍二等兵となったが、日本の敗戦により南京日僑集中営に約半年間収容された。「今井氏」とは、支那派遣軍総参謀副長兼中国大使館付駐在武官（陸軍少将）今井武夫（一八九八〜八二）のことである。日本敗戦後の一九四五年八月、岡村寧次支那派遣軍司令官の指示を受け、今井は湖南省の芷江《しこう》に赴き、中国軍の何応欽総司令と停戦交渉を行ったが、鈕先銘も国民政府軍令部二処少将処長として交渉に参加した。今井によると、彼は北京滞在中、先銘の父とも親交があった。停戦交渉に参加した中国側の将官たちのなかには、陸軍士官学校を卒業した者や日本留学経験者が多く、みな流暢な日本語を使っていたと今井は回想している。

実際、戦後処理における蔣介石の「徳をもって怨みに報いる」（「以徳報怨」）という訓令のもと、日本の俘虜に対する扱いは極めて丁重だった。鈕先銘とその同僚からさまざまな配慮を受けた今井は、のちに「敗戦の直後敵の陣中に使する以上、敗者としての屈辱はもとより、場合によっては生命の危害も已むなしと覚悟していたに拘らず、敵国の軍人から予期せぬ隣人愛にふれ、時が時、場所が場所丈けに、一層深い感銘を受けた(56)」と回顧した。その後、鈕先銘と今井武夫は九月九日、南京で行われた日本軍の降伏調印式にも立ち会い、さらにともに南京に残り、戦後処理に携わることになった。今井によると、南京にいた時にも、日本の将官たちがたびたび国民党の顕官に招待され、「中国民族の寛大な抱擁力と、勝敗を超越した友情に迎えられ」た。当時最も交流のあった、王俊中将を囲むグループのなかには、「中国陸軍総部参謀で芷江会談以来私と関係のあった鈕先銘少将」や、詩人の草野心平、また草野の友人で、日本人の母を持つ詩人・軍人の黄瀛《こうえい》少将（一九〇六〜二〇〇五）もいたという。

われわれは毎週のように会合して大いに歓談したが、その結果われわれ攻撃側の日本軍人に比べ、当然な事ながら、国土を侵略され郷土を追われた彼等中国軍人が悲惨な境遇に身をおいた実情を知り、彼等は屈托なく話すのが常だったが、われわれは其の都度身の置き場に窮する思いであった。

「その一例として」今井がとりあげたのはほかならぬ鈕先銘少将である。彼は鈕の南京戦、およびその後の経歴を詳しく綴ったが、その前に次のように鈕を紹介している。

鈕は日本陸軍士官学校卒業後、仏蘭西陸軍に留学した。其の時パリで日本の作家森三千代女史と識り、後に私が東京に帰る時特に伝言を依頼された。
彼は私が芷江に使し、何上将から岡村大将宛備忘録の受領を拒んだ時、其の取扱いに窮しながら何應欽に斡旋して穏やかに問題を処理し、同時に私に自決の短慮を誡める等、神経を働かせる詩人のような、優しい心の持ち主であった。(57)

パリで森三千代と知る云々はおそらく記憶の誤りだろうが、今井の記述は三千代の日記の内容を証明した形になっている。今井から鈕先銘の便りを受け取った三千代は、八月一五日の日記に「返事を書き直し」たと記し、また一九日の日記には「柳剣鳴へ手紙をだしたらなんだかがっかりした気持ちだ。賽を投げたような気持ち」と書いている。一方の鈕先銘将軍は、戦後処理という背景のもとで知り合った今井武夫を通して、別れて十数年以上も経た恋人に便りをよこしたわけである。南京戦で危うく命を落とす危険にさらされ、日本軍の虐殺も目撃した青年軍人が、八年にわたる抗日戦争を経て、将軍となって戦後処理に携わり、日本軍の降伏調印式にも立ち会った。この意味で彼はかつて三千代に約束していた「城下の盟」の誓いを果たしたのである。しかし日本の降将に対して、個人の恩讐を越える寛容を示しえたのは、蔣介石の政策と、鈕自身が仏教信者だったことのほか、三千代との恋愛も一因になったのではないか。

草野心平から鈕先銘の消息を知った森三千代は、かつて北支へ行く前の自分の複雑な気持ちを短編小説「女弟子」に織り込んだ。この未発表作品を発見した桑山史郎氏は創作年代を一九四一年から一九四六年と推測したが、(58)彼女の四七年四月一八日の日記には、「「女弟子」三十枚まで書き進む」、さらに八月三〇日にも「「女弟子」「日本ラテン区」の構想」という記録が残されており、この時期に創作されたと考えられる。

こうして二人は連絡を取り戻し、鈕先銘からは手紙だけでなく、戦後の日本に貴重な生地などの贈りものも届いた。鈕は一九四七年台湾に渡り、台湾省警備部副司令となり、のちに台湾駐日軍事代表団団員として来日し、一九五〇年前後三千代と東京で再会したのである。森三千代の「新宿に雨降る」（一九五三年）は、鈕先銘との出会いから再会までの、国と戦争の壁を越えた愛情物語を繊細かつ大胆な筆致で描いた優れた恋愛小説であり、映画化の話もあった。作中の人物は仮名であるが（今井武夫は「岩井中将」、草野心平は「春野良平」など）、脚色が少なく、ほとんど自伝と見てよいと思われる。

日本では南京大虐殺の事実が戦後になって明るみに出たが、「新宿に雨降る」にも鈕先銘の南京体験が詳しく描かれている。上官として守備戦を指揮し、撤退した時に川に落ちて流されたこと、城外の永清寺に保護され、僧侶に変装したこと、寺に来た日本軍の前で冷静沈着に応対し、難を逃れたことなどは、実に迫力ある描写で目に浮かぶほどである。そのうえ寺から連行された五、六〇人の中国兵を含む二万人に及んだ捕虜が寺の近くで銃殺されたことについての告発も生々しい。金子によると、これらのことはすべて吉祥寺の自宅に来訪した鈕先銘みずからの口から聞いた話だった[59]。二〇年後に発表された鈕の自伝には、三千代との恋愛が言及されていないものの、その南京体験や結婚生活の詳細などは三千代の記述とほぼ一致している。

このようにして、森三千代は、最初の短編小説「柳剣鳴」から、二〇年間を通して作り上げた「柳剣鳴」という人物像を、ここにいたってようやく完成したのである。西洋式のマナーに慣れ、長身でハンサムという外表だけでなく、漢詩文に長ける深い教養を備え、情熱と繊細さも併せ持つ、まさに完璧ともいえるこの中国人将校は、読む人の心を動かす。「中日の戦争は、きっと避けられない。僕はその時、攻めて来て、この東京で城下の誓いをさせてみせる。その条件として、君を出せと言う[60]」という若き軍人の言葉を胸に、三千代は、万里の長城に登り、壁から首を出し、「赤禿げの山襞の無限のつづきを見渡しながら、――剣鳴よ、どこにいる、と、心のなかで力いっぱい呼び求めた[61]」場面は、まさに映画のワン・シーンにも見える。

興味深いことに、国と戦争の壁を超えた森三千代と鈕先銘との恋は、晩年の光晴の自伝にも影を落とし、『ねむれ巴里』にある中国人女性の「婿」になりたいという言説や、『西ひがし』のなかに描かれた、日本人「金光晴《チンコンチン》」と華僑の娘「白素貞」との恋物語の創出にもつながったと思われる[62]。

実は鈕先銘自身も、森三千代との恋愛に言及する「伝家の宝」（「伝家宝」）という一文を書き残した。書家でもあった先銘の父伝善は、かつて上海郊外の閘北で仏堂を備える別荘「師陶軒」を作り、写経に勤しむ日々を送っていた。日本とフランスでそれぞれ六年間と三年間を過ごし、その後も長年従軍生活を送っていた先銘にとって、少年期に父親のそばで手伝いをしながら書の指導を受けた日々は、忘れられない記憶となっていた。しかし「師陶軒」は日本軍の砲火に遭い、父の書も戦乱でほとんど散逸してしまった。ところが、先銘は戦後初めて東京に来た時、思わぬところから亡き父の書を手に入れたのである。それは二〇年前に森三千代に贈ったものだった。先銘によると、彼が東京にいた時、文豪の武者小路実篤は鈕伝善に一枚の絵を送ったことがあり、その謝礼として伝善は書を贈ることにしたが、先銘は三千代へのプレゼント用に、父にもう一枚を書いてもらったのである。親に三千代との関係を打ち明けることができないため、書の宛名も「森先生」（中国語では男性に対する呼称）となっている。「お父様はこの森先生が息子の将来の嫁になるとは、多分夢にも思われなかったでしょう」と、書を手にした三千代は笑いこけたという。

しかし戦争が二人の仲を裂き、長年音信不通ののち、先銘は南京の自宅に別れの挨拶をしに来た今井武夫に、三千代の行方を捜すことを頼んだ。今井を通して三千代と再会できた先銘は、彼女の手で何重もの紙や絹が丁寧に剝がされ、父の書軸が現れてくるのを目にした。

ぼくは涙が溢れだした。親を思う気持ちからなのか、万感極まったせいか、とにかく胸がいっぱいになった。片手で軸を持ちながら、ぼくは畳の上に跪き、嗚咽しながら言った。「三千代、君は父のこの書をまだ持ってくれているとは……。あんな大変な戦争があったのに。どんなに君に感謝したらいいか分からない。いや、君のことを敬服するばかりだ。」

「ごめんなさい、悲しいことを思い出させてしまって。でもあなたが言った通りよ、とても大変な戦争でした。空襲とか、疎開や引っ越しとか、いろいろあったわ。それでもなんとかこの軸を守り通しました。これはあなたへの気持ちだし、お父様への敬意でもあるの。なによりも私達の関係を大事にしたいという思いもありました……」彼女も話しの途中で泣き出した(63)。

こうして先銘は、父の残した唯一といっていい大事な書軸を、三千代から譲ってもらい、台湾に持ち帰ったのである。この一文を通して、われわれは鈕先銘側からもこの愛情物語を確認できただけでなく、二人はかつて結婚することを真剣に考えていた事実も知りえたのである。金子夫婦の息子である森乾の妻・登子氏によると、鈕先銘は三千代と再会してから、日本に来る折、たびたび森家を訪ねており、日本と台湾の間には手紙のやり取りや土産の贈与もしばしばあった。二人の恋は深い友情となり、三千代の晩年まで続いたのである。鈕先銘には「寄三千代」と題する詩も残っている（図）。

七年両度渡扶桑　真信今生見面難
垂老最憐傷往事　青春已誤伴還郷
歳回夜雨寒新宿　但祝朝陽照吉祥
莫問明朝何処是　行雲流水総天長(64)

（七年の間に二度日本に渡った。それまではもう今生のうちに会えないだろうと信じていたが。年の増した人が過去を悲しむのはいとも哀れなものであり、そもそも若いころに一緒に故郷に帰らなかったのが間違いだった。あの寒い雨の中で過ごした新宿の夜を時々思い出し、（君のいる）吉祥寺を朝日が照らすよう祈っている。明日わが身がどこにいるか聞かないで下さい。時は行く雲や流れる水のように、いつまでも続くだろう。）

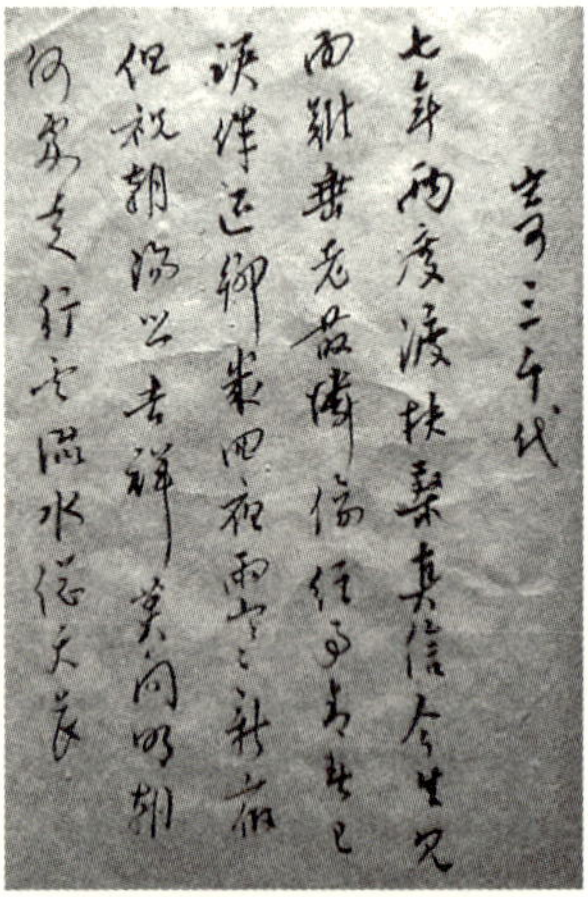

図　鈕先銘「寄三千代」
（鈕則誠氏のご提供による）

おわりに

渡邊一民氏が戦時中に発表された戦争文学について、以下のように論じている。

これらの作品を今日読みかえしてみると、そこには共通してほぼふたつの特質が見られるように思う。ひとつは、そこでは兵士の使命遂行の妨げとなるものいっさいにたいして思考が停止され、思考停止の領域に接近すると作者は本能的に感性的な言葉をつらね、感傷にひたって身の危険をかわすこと。もうひとつは、描かれるのは日本人兵士のあいだだけの閉ざされた世界であって、そこに中国人が〈他者〉として割りこむ余地のまったくないこと、である。(65)

実際、「思考停止」と「他者不在」は、狭い意味での戦争文学だけでなく、戦時中発表された多くの文学作品の共通点ともいえる。それに対して、数年前に経験した「放浪の旅」は、金子夫婦を自民族中心主義から脱出させた。この旅を通して、二人は東洋、南洋、西洋というトライアングルの視座を獲得し、また現地の人々、とりわけ中国の知識人との心の通った交流によって、異文化理解のカギも手に入れたのである。したがって、彼らは戦時下、多かれ少なかれ時流に影響されながらも、己の思考を停止せず、日本人から離れて、越境者の視線で「自他」両方への注視を続けることができたのである。戦時下の「われわれ」と「彼ら」との対立構図、よき父、よき息子でありながら、戦争の武器と化した軍人の残酷と悲哀を、エッセイ、詩、小説、自伝など多彩なジャンルを通して、極めて具像的に描き出した。二人は互いに意識しながら、見事に波長を合せたのである。

森三千代を取り巻く環境を見ると、公の顔が「サラリーマン」だった金子に比べて、彼女はより「戦時体制」の中心に位置していた。彼女は外務省所轄の「国際文化振興会」の嘱託であり、そのつてで一九四二年一月に、「日本文化使節」として外務省から公式に「仏印」に派遣され、「国賓」の待遇も受けた。一九四四年度の新潮社文芸賞受賞もいっそう彼女を「時の人」とさせたに違いない。そのうえ、実弟が軍人として参戦して中国の戦場で負傷するという家族の歴史もあった。長谷川時雨との関係で、「輝ク部隊」の活動にも参加し、メンバーの林芙美子らとは友人かつライバルであった。同じ女流作家として名を馳せ始め、上昇志向も人一倍強い三千代は、明らかに吉屋信子や林芙美子らの「活躍」から刺激を受けていた。しかし彼女は、結局「政治への従属を峻拒」し、多くの銃後作家と一線を画したのである。彼女にとって、日中間の戦争は、恋人と友人たちの祖国と、実弟も軍人として戦地に赴いた己の祖国との、文字通り「骨肉の争い」であった。「日支提携」「日支友好」を素直に夢見ている一方、侵略戦争の厳しい現実から目をそらすことはできなかった。鈕先銘を始めとする「敵国」の人々に寄り添う真摯な気持ちは、やがて彼女の「戦争抵抗」につながり、また等身大の「柳剣鳴」などの中国人像を創出させたのである。

一方、金子光晴の「戦争抵抗」の意味を改めて考えると、確かに戦時中の言動のみを見れば「抵抗詩人・反戦詩人」の桂冠は名実不相応の感がある。従来指摘された、国策に附和する「マライの健ちゃん」などの作品の存在は紛れもない事実だったし、本論で検証したような、中国の抗日運動への反感と非難も見られる。しかし一方、中国を含むアジアの人々への同情と日本の侵略戦争への批判は、戦時下に発表され作品からもすでにはっきりと確認できることは、本稿で見てきた通りである。もっともひそかに「抵抗詩」を書くことだけで「唯一の抵抗詩人・反戦詩人」として祭り上げられたこと自体、知識人の戦争抵抗がいかに貧弱だったかを物語っている面も否めない。ただ忘れてはならないのは、「日本反戦同盟」を組織する鹿地亘（一九〇三～八二）や、中国人の夫を愛するあまり、「日本反戦同盟」の活動に参加した長谷川テル（一九一二～四七）のような、身を挺して中国側に立ち、名実ともに「反戦」を実行した日本人も、少数ながらいた事実である。(66) 徴兵忌避も、戦争末期では多く行われており、決して金子夫婦だけの行動ではなかったのである。

国民全体が「聖戦」に巻き込まれ、中国やアジア諸国への侵略戦争に加担したものの、戦後は戦争責任に対する清算が充分に行われていなかった。そのため、加害者記憶は民族の恥部として封印され、被害者記憶のみが国民全体の脳裏に定着しつつあることは現実になっている。しかしこのような精神構造は、たとえば中国の文化大革命に関する国民的な記憶においても同様に見られており、決して日本特有なものではない。したがって、金子光晴に対して最も評価すべき点は、彼が生涯を通して、侵略戦争への道を日本の近代化への道程と合わせて追及し、戦争に走る日本人、いや、人間一般の心理の深層を執拗なまでに探究し続けたことではないか。彼が書き残した『詩人』『絶望の精神史』『日本人の悲劇』などには、今日読んでも深く考えさせられる珠玉の名篇が多く含まれている。この点から見ると、金子光晴はやはり「抵抗詩人・反戦詩人」に相応しい文学者である。終戦から七〇年近く経ち、なおも戦争の影から抜けられない今日の日中関係を見ると、この詩人の言葉を想起せざるを得ない。

過去のことは、これはもうしょうがない。もし、こんどまた戦争があったとき、まえと同じかどうかそれがいちばん問題だ。

（『天邪鬼』一九七三年［一二：三二七］）

（1）北京は一九二八年中華民国の首都が南京に置かれて、「北平」と改称されたが、本論は便宜上「北京」に統一した。
（2）その時は上海に寄らず、直接に天津に行ったはずだったので、上海行きは記憶違いだったろう。

（3）『金子光晴全集』（全一五巻、中央公論社、一九七五～七七年）第六巻、一九三頁。以下全集からの引用は［巻号：頁数］の形で示し、注を省略する。なお小論の引用文は、基本的に常用漢字を使用し、一部ルビを省略する。
（4）陳淑梅「文学者が見た近代中国（一）――金子光晴と天津――」（『明治大学日本文学』二四号、一九九六年六月）、七三頁。
（5）石崎等「異郷の詩学Ⅱ――金子光晴と上海・北京――」（『立教大学日本文学』九三号、二〇〇四年一二月）、一〇三頁。
（6）金雪梅『金子光晴の詩法の変遷』第三部「戦時・戦後の詩作の問題」（花書院、二〇一一年）、二四三～二六七頁。
（7）石崎等「租界地　天津　曙街――森三千代『あけぼの街』における感性と身体――」（『立教大学日本文学』八四号、二〇〇〇年七月）、八八～一〇三頁。
（8）拙稿「越境する女性作家――森三千代」（旅の文化研究所『研究報告』二一号、二〇一一年一二月）、五九～七七頁を参照されたい。
（9）詳細については、拙稿「森三千代の「髑髏杯」から金子光晴の『どくろ杯』へ――森三千代の上海関連小説について」（『駿河台大学論叢』三六号、二〇〇八年七月）、一～二七頁、「伝記か、小説か、詩か――金子光晴・森三千代が描いた一九二〇年代の上海」（川本皓嗣・上垣外憲一編『一九二〇年代東アジアの文化交流Ⅱ』思文閣出版、二〇一一年）、一四九～一八八頁を参照されたい。
（10）原満三寿『評伝金子光晴』（北溟社、二〇〇一年）、四四九頁。なお朝比奈美知子「関連年表」も森三千代の北京紀行を根拠としている。同『森三千代――フランスへの視線、アジアへの視線』（和田博文監修『ライブラリー・日本人のフランス体験』第二〇巻、柏書房、二〇一一年）、九二六頁。
（11）詳細については、拙稿「一九二〇年代の上海における日中文化人の交流――金子光晴・森三千代の場合を中心に」（川本皓嗣・上垣外憲一編『一九二〇年代東アジアの文化交流』思文閣出版、二〇一〇年）、三～四三頁を参照されたい。
（12）金子光晴『フランドル遊記　ヴェルレーヌ詩集』（平凡社、一九九四年）、三九・六〇頁。この作品は光晴がベルギー滞在中に書かれたものであり、生前未発表、全集にも収録されていない。

(13) 天津居留民団『天津居留民団三十周年記念誌』（一九四一年）、引用は桂川光正「租界在住日本人の中国認識――天津を一例として」（古屋哲夫編『近代日本のアジア認識』緑陰書房、一九九六年）、三五九頁による。
(14) 天津の日本租界については、『天津史』天津地域史研究会『天津史――再生する都市のトポロジー』（東方書店、一九九九年）第一章「歴史と都市像の変化」、第八章「天津のなかの日本社会」を参照。
(15) 代表的なものは、櫻本富雄「金子光晴論の虚妄地帯　ルビンの盃と戦後の詩人たち」（『空白と責任　戦時下の詩人たち』未来社、一九八三年七月）と原満三寿「時代で読む　金子光晴の戦時下抵抗詩」（『こがね蟲』四号、一九九〇年三月）などがあげられる。
(16) 中村誠『金子光晴〈戦争〉と〈生〉の詩学』（笠間書院、二〇〇九年）、八一～八二頁。
(17) 金子光晴「北京雑景」（全集未収録）（『旅とカメラ』一九三八年三月号）、一〇頁。「琉璃の骨董屋」と共に原満三寿氏のご提供による。
(18) それについての論述は、西原大輔『谷崎潤一郎とオリエンタリズム　大正日本の中国幻想』（中央公論新社、二〇〇三年）、劉建輝『日中二百年――支え合う近代』（武田ランダムハウスジャパン、二〇一二年）などを参照されたい。
(19) 前掲注(5)石崎論文、一〇二頁。
(20) 前掲注(6)金書、二五四頁。
(21) 詳細については、前掲注(9)拙稿「伝記か、小説か、詩か」を参照されたい。
(22) 前掲注(5)石崎論文、九七頁。
(23) 金子光晴「長期抗戦と華僑の役割」。全集未収録、初出誌不詳、頁数不明。「去年の文芸春秋に私はシンガポール華僑の総率株陳嘉庚と、排日との関係について書いたことがある」といった文面があることから、「南洋華僑の排日」が掲載された翌年に書かれたと考えられる。「香港・広東・マカオ」と共に原満三寿氏のご提供による。
(24) 石崎等「越境の報道学――「日支事変」と従軍作家たち(I)――」（立教大学大学院『日本文学論叢』五号、二〇〇五年一一月）、一九頁。

(25) 盧溝橋事変の後、七月二九日に、北京郊外の通州を始め、天津・大沽など華北各地の傀儡政権の保安隊が蜂起して日本軍や日本人居留民を攻撃した事件。日本の軍人・民間人に約二〇〇人の犠牲者が出たといわれるが、詳細は不明。この事件による日本国内の非難キャンペーンが激しさを極め、ジャーナリズムの論調も「暴支膺懲」一色に統一された。なお、当時発表された山川均「支那軍鬼畜性」(『改造』一九三七年九月)に抗議して、中国の著名な作家巴金が「山川均先生に」という長文を発表した。『中国人の日本観』編集委員会『中国人の日本観』第二巻(社会評論社、二〇一二年)第四章「解説」(伊東昭雄・小島晋治)および第三節「盧溝橋と通州事変」参照。

(26) 前掲注(25)山川「支那軍鬼畜性」、引用は右の『中国人の日本観』二五五頁による。

(27) 金子光晴「女学生艶史「自由花」」(『スバル』一九三五年四月号)、一二二頁。原満三寿氏のご提供による。

(28) 前掲注(16)中村書、七五~一三五頁。

(29) 同右、一〇九頁。

(30) 森三千代「曙街・玉堂春」、『都新聞』一九三八年五月一日、一面。

(31) 森三千代「北京晴れたり」(『をんな旅』富士出版社、一九四一年)、三五一~五二頁。

(32) 同右、三四四頁。

(33) 史会「現実となった悪夢」、胡潔青(老舎夫人)「占領下におかれて」参照。大沼正博・小島晋治編訳『北京の日の丸——体験者が綴る占領下の日々』(岩波書店、一九九一年、北京市政協文史資料研究委員会編『日偽統治下的北平』北京出版社、一九八七年の抄訳)所収。

(34) 戦時下の周作人については、木山英雄『周作人の「対日協力」の顚末——補注『北京苦住庵記』ならびに後日編』(岩波書店、二〇〇四年、一九七八年筑摩書房刊『北京苦住庵記』の増補版)、劉岸偉『周作人伝』(ミネルヴァ書房、二〇一一年)に詳しい。

(35) 竹内好「北京通信」(『中国文学月報』三三号、一九三七年一二月、汲古書院復刻本、一九七一年)、一四三頁。また竹内「北京通信(二)」(『中国文学月報』三四号、一九三八年一月)も参照。

(36) 森三千代「八達嶺驢馬行」（前掲注(31)『をんな旅』）、三六七～六八頁。

(37) 天津市地方誌編修委員会編著『天津通志・大事記』（天津社会科学院出版社、一九九四年）、二四八～二四九頁などを参照。

(38) カール・クロウ著、山腰敏寛訳『モルモットをやめた中国人　米国人ジャーナリストが見た中華民国の建設』（東方書店、一九九三年、Carl Crow（1883–1945）, *CHINA TAKES HER PLACE*, New York and London, 1944の編訳）、二〇二頁参照。

(39) 伊東昭雄・林敏『人鬼雑居　日本軍占領下の北京』（社会評論社、二〇〇一年）序論、一四頁。

(40) 吉屋信子『戦禍の北支上海を行く』（新潮社、一九三七年初出）複刻本、長谷川啓監修『〈戦時下〉の女性文学』第一巻（ゆまに書房、二〇〇二年）、二二一～二二三頁。

(41) 劉建輝「金子光晴における「生」と「死」」（『国文学解釈と鑑賞』別冊『「生命」で読む20世紀日本文芸』、一九九六年二月）、二二六頁。ほかにも前掲注(16)中村書、鈴村和成・野村喜和夫「金子光晴流サバイバル術──〈むこうむき〉でニホンを歩け第四回」「新宿、富士山麓で学ぶ〈超戦争〉」（『すばる』二〇一二年一月号）などを参照されたい。

(42) 金子光晴は『どくろ杯』や「支那浪人の頃」などの文章で、数度武漢の排日騒動に触れたが、ことの経緯を知る由もなかっただろう。なお「武漢水案」については、孫安石氏のご教示による。同氏「漢口の都市発展と日本租界」、大里浩秋・孫安石編著『中国における日本租界　重慶・漢口・杭州・上海』（御茶の水書房、二〇〇六年）、八七～八九頁参照。

(43) 前掲注(27)金子「女学生艶史「自由花」」、二七・二九頁。

(44) 尾形明子「『輝ク』の銃後運動──主宰者長谷川時雨を中心に」（岡野幸江・北田幸恵・長谷川啓・渡邊澄子共編『女たちの戦争責任』東京堂出版、二〇〇四年）、一七七～一九三頁を参照。

(45) 林芙美子『北岸部隊』（初出『婦人公論』、一九三九年一月）、『林芙美子全集』第一二巻（文泉堂出版、一九七七年）、二八三頁。

(46) 森三千代「女弟子」（中部大学国際人間学研究所編『アリーナ』二〇〇五年三月）、一八八頁。なおこの場面は、森三千代の未発表日記（時期不明、一九三九年六月前と思われる）にも書かれており、彼女の実体験である。同じ『アリーナ』一五三頁参照。

(47) 前掲注(7)石崎論文、一〇一頁。

(48) 森三千代の海外作品に関する具体的な紹介および分析については、前掲注(8)拙稿を参照されたい。

(49) 森三千代『あけぼの街』（昭和書房、一九四一年）、一一五・一一九～一二〇頁。

(50) 前掲注(7)石崎論文、一〇一頁。

(51) 森三千代「新宿に雨降る」（『小説新潮』一九五三年一月）、引用は原満三寿編『森三千代鈔』（濤書房、一九七七年）、二五五頁による。

(52) 前掲注(49)森書、九七～九八頁。

(53) 同右、二一二頁。

(54) 南京虐殺の現場を目撃した鈕先銘は、自伝『還俗記』（中外文庫、一九七一年）のなかにそれについて詳しく報告している。関連部分の日本語訳は南京事件調査研究会編訳『南京事件資料集2　中国関係資料編』（青木書店、一九九二年）二三八～二四四頁にも掲載されている。なお一九九五年夏、鈕は南京テレビ局製作番組『歴史の証言第八集・海峡を越える尋訪』に、南京事件の証人として出演している。

(55) 「森三千代日記」、未発表、原満三寿のご提供による。

(56) 今井武夫『支那事変の回想』（みすず書房、一九六四年初版、一九八〇年新版）、二四一頁。今井によると、鈕先銘たちは今井に威圧感を与えないために、わざわざ階級を下げたという。なお、今井武夫については、今井貞夫『幻の日中和平工作　軍人　今井武夫の生涯』（中央公論事業出版、二〇〇七年）がある。

(57) 同右、二六七頁。

(58) 桑山史郎「森三千代未発見日記」解説（『アリーナ』二〇〇五年三月）、一七〇頁。

(59) 金子光晴は自伝作、未完成の『鳥は巣に』（角川書店、一九七五年）の中で、「南京での日本兵の残虐な虐殺の真相を知ったのは、終戦後のことで、現に南京にいて日本軍に逐われ、寺の若僧に化けてやっと死をのがれた蒋介石軍の将校、鈕先銘氏の口からきかされてからであった」と回想している（一二六頁）。

（60）前掲注（51）森「新宿に雨降る」、二五一頁。

（61）同右、二五六頁。

（62）詳細については拙稿「夫が描いた中国人女性　妻が愛した中国人男性――金子光晴と森三千代」（東大比較文学会『比較文学研究』九一号、二〇〇八年六月）を参照されたい。

（63）鈕先銘「伝家宝」（鈕則誠編『鈕先銘将軍記念集』南華大学人文学院生死学研究所、一九九九年）、九八～九九頁。創作時期不明。日本語訳は引用者による。

（64）創作時期不明。「伝家宝」と共に鈕則誠氏のご提供による。なお鈕先銘は一九六四年退役してから、正中書局編集長、中国文化学院教授を歴任し、七九年よりアメリカに移住し、九六年にロサンゼルスで死去した。作品に前述した自伝のほか、小説『帰去来兮』（一九五六年）、『天涯芳草』（一九六五年）、『釈迦牟尼新伝――経典文学研究』（一九七六年）、そして遺稿集『仏門避難記』（南京師範大学出版社、二〇〇五年、『還俗記』の前半が含まれている）などがある。

（65）渡邊一民『武田泰淳と竹内好　近代日本にとっての中国』（みすず書房、二〇一〇年）、二五頁。

（66）鹿地亘および長谷川テルの反戦活動については、それぞれ菊池一隆『日本人反戦兵士と日中戦争』（御茶の水書房、二〇〇三年）、『長谷川テル』編集委員会編『長谷川テル　日中戦争下で反戦放送をした日本女性』（せせらぎ出版、二〇〇七年）に詳しい。

〔付記〕　拙稿作成において、金子光晴・森三千代夫妻のご遺族森登子氏、金子光晴研究家である原満三寿氏、鈕先銘将軍のご子息、台湾銘伝大学教授鈕則誠氏に貴重な話と資料を多数提供していただいたことに心から感謝申し上げたい。

「無国籍者」のこだわり

厳　安生

戦争後期の一九四四年一一月にいわゆる「大東亜文学者大会」の第三回大会が南京で開かれた。それまでの二回は上手く避けてきた陶晶孫は今度、会の主催団体の一つにもなった（官製）中日文化協会の理事を務める立場上、とうとう参会のやむなきにいたってしまった。

その時の様子と前後の経緯等は旧著『陶晶孫　その数奇な生涯』（岩波書店、二〇〇九年）に述べているので省くとして、その半年前の五月頃に、戦時中ずっと寡作で零細なものしか書かなかった彼が、一度に『陶晶孫日本文集』（上海・華中鉄道刊、一九四四年五月）と中文『牛骨集』（上海・太平書局、同）の二冊を刊行したことは注目してよい。なぜなら、半年後の南京大会でいやな役目を負わされることと、その結末も見えてくるこの時期の特質を考えれば、何だか自分の戦時中の文業に対する総決算のような感じが濃厚でならないからである。

前者の『日本文集』は主に（彼の本職で勤めている日本経営の上海自然科学研究所）所内誌『自然』に載せた随筆、雑感の類で上海出版の日本紙に書いた数篇も含まれる。中国語文集の方は彼が初め「深入りしようと思わない」と宣言しておきながら、いきなり前記の理事「要職」に据えられた後に、日本占領下の現地文壇に依頼されて書いたものを収録している。両者合わせて五五本、そのうち、明らかに無聊を慰める筆遊びや責を塞ぐようなものと、もう一方の前記旧著の考察にとって重要でたびたび引用もした自伝的記述および「日記」類を除いて、文学に関係のある文章は二八本あり、半数を占める。そのうちさらに文学一般の小話などを除けば、ちょうど半分の一四本が残り、数としては決して多くないが、そこには鮮明な特色がみえてくる。一四本の内容を見ると、創造社や魯迅にちなんだ過去の文学運動を回想した文章と、蘇曼殊を題目にした文章とがまたそれぞれ半々で、はっきりとこの二大焦点に絞られる。

さて、本稿でとりあげたいのは後者の方である。七篇全部、日本語で書かれている（①「曼殊雑談」、②「曼殊書信集に見える彼の健康に就いて」、③「曼殊書信に見えるその経済状態」、④「蘇曼殊愛用の拓本」、⑤「蘇曼殊の再登場と漢文」、⑥「蘇曼殊と逗子」、以上『日本文集』、残りの中国語『牛骨集』所収の「急忙談三句曼殊」一篇は前記「曼殊雑談」の再訳）ので、何故、戦時中のこの時期に限って、晶孫がこれほど熱心に蘇曼殊という人物にこだわり、しかも日本語を通じて再三日本側に向かってそれを発信しつづけなければならなかったのか、という問題が生じる。

蘇曼殊（一八八四〜一九一八）、二〇世紀初め中国近代文学成立前の黎明期を生きて消えた彗星的な人物で詩人、詩僧、日中間を放浪しつづけた数奇な文学者で永遠なるデカダンな文人。本名は戩、改名して玄瑛、字子穀、曼殊は彼が一度出家して付いた名だが、以来それで世に通った。横浜の華僑商人の父と日本人妾（あるいは某下女）との間に生まれた子、というのがほぼ定説で生涯最大の問題でもある。五歳から父の実家広東や上海など中国で幼少期を過し、一五歳以後横浜の生家に戻るとすぐ魯迅ら清末日本留学第一世代に合流、りっぱに中国人留学生の一員として成長し、生涯を送った。

反清革命に傾けば、孫文、黄興らの一派に加わり、実際の運動では香港、上海のどこのアジトにも行き来して独り敵の暗殺まで計画し、そして、文人付合いと文筆活動では章炳麟、陳独秀や魯迅たちに師事して共著、共訳などの関係を結ぶ。反面、さて自分はいったい誰の子で自分の生母は何処の誰だったか、という生涯解けなかった問題にさいなまれる。それにさいなまれつづけ、当時中国の新旧文人の世界を通じて無類のデカダン的な存在として突出していたのである。

晶孫の描写を借りて見れば、「自負心は多いが弱く、金離れがいいが貧乏で、頭がよくて理解がいいが怠けもの……（十数校の）教職も永続きせず、金はつかってしまい、そして漫遊癖があってあちこち歩く」（①）といった調子だったので、その絶えざる漫遊に彼を駆り立てる強迫の影も、生涯綴った詩や文や絵に流れた調べも、一に彼のいう「身世難言の恫あり」の恫《かな》しみにかかっている。そういうところに生じた彼の小さいながら「人を蠱惑するものを持つた妙に奥行きのある」（佐藤春夫の評、詳しくは後述）文学世界が、のち半世紀近くも後世の、中日の愛好者や研究家たちをとらえてはなさなかった秘密だったといえる。その間の彼に対する関心史、研究史については、中国側にはもちろんだが、日本でも『断鴻零雁記　蘇曼殊・人と作品』（平凡社東洋文庫、一九七二年）が出されて、研究家兼編者の飯塚朗による長文の解説にそれがほぼ述べ尽くされているので重複を控える。さて、ここではふたたび陶晶孫に焦点を絞って、彼における蘇曼殊への関心はいったいどこにあるのかを、彼の言説をたどりながら究めていくとしよう。

元来、晶孫は蘇曼殊とおなじ留学世代ではなかった。彼にいわせれば「十歳から日本にゐた私は会へば会つたでもあらう曼殊とは会つたことがない」、加えて曼殊の病没後も「その頃私共は中国における新文体について主張を持つていたし、転換期にある曼殊のようなことはあまり過問しなかつた」（①）。すなわち、ネオ・ロマンとか西欧的近代小説を重んじていた彼らにとって曼殊の評価は決して高くなかった。それは、「今の批評では上手な作品だとは云えない」という晶孫の曼殊作品評と、彼と最も親しかった旧友郁達夫の蘇曼殊評（「蘇曼殊は一人の才子であり奇人であって、だが大才では決してない」、「彼の文学史において不朽と称すべきものは彼の浪漫気質」で、作品にいたっては「独創性に欠け、雄大さらに欠け……渾然と大成したものはひとつとてない」、とりわけ「小説は実に出来が悪い」など、以上「雑評曼殊的作品」『郁達夫文集・第五巻文論』花城出版社、一九八二年に所収。ちなみに、実はその前から「郁達夫が曼殊のことについて『創造』に書くに及んで私もそれに積極的に注目するようになつた」(①)とあるように、晶孫はまさにそうした郁の評論に啓発をうけて、曼殊に注目しだしたのだ)からも、一斑をうかがうことができる。

それでは、何故いまさらにという問題に戻るが、晶孫は、それは戦時下の当時「社会は停滞した」からだ、社会の停滞が「我々に読み直しの機会を与えて来た」(①)のだといった。読み直してみて「蘇曼殊は旧文学に於ける最後の、そして新文学に於ける最初の浪漫主義である」(②)という再認識につながり、そして後者「後期の浪漫主義は誰も御存知の通り、老夫子もその最後の一人でせう」(③)とみずからの位置づけにまで結び付けられていって、「老夫子」扱いをされ始めた当時の心境までそれとなく滲ませてみたりはした。しかし、それらはあくまで第一の、わりと表層の理由としかいえまい。

もっと根本的な理由は、やはり一時期以来「日本側であれが日本人だつたということを気がついてから又取り上げられ今に及んでいる」(①)からだ。それが問題の所在であり、彼がこの時期さかんにそれに関して執筆していたのもそのためなのだ、という。もっとも、この日本側の「あれが日本人だつた」というのを理由にもりあがった蘇曼殊に対する関心は、太平洋戦争下に始まったことではない。晶孫の所見によれば、ある時「私はふと村上知行氏の九・一八前後と云ふ書を読み、その中に曼殊のことが書いてあるのを見た。これが恐らく日本人によつて彼が注意された最初であらう」(⑤)。この指摘は前掲の飯塚朗氏の解説に照らし合わせれば、当たっている。

だが、晶孫が続けて掲げた「佐藤春夫氏などは早くから注意して居られ、又曼殊展覧会などもあつた模様」(⑤)、という二点がより重要な意味を持つ。前者は『文芸春秋』昭和九年一一月号に載った「蘇曼殊とはいかなる人ぞ」の一文を指し、それは佐藤が同誌一〇月号に掲載された「物故文人を偲ぶ座談会」での自身の発言に対して補正と体系化を加えたものだった（以下の引用は『定本　佐藤春夫全集』第二一巻、臨川書店、一九九九年に所収の同文による）。文章で佐藤は七、八年前に曼殊の名前を聞いて以来その「濃密醇美な精神の人を蠱惑するものを持つた妙に奥行のある作家」に引かれていった過程を紹介し、「彼の芸術を理解することの大半は彼の身の上を知ることにある」という前提の下で、氏が自分なりに例の「嫡母だの庶母だの義母だの生母だのと文字を見ただけでも複雑極る」身の上まで追跡、整理した。

佐藤のそうした丁寧さは脱帽ものだが、氏の到達した二つの結論のような言説はより注目に価する。曼殊の「日支混血児」説に与するとした上で、「曼殊の日本人放れのした大陸的で徹底した文学魂は支那的」だと断定したのと、その一部の作品がすでに三秀舎、博文館などによって出版され始めたことにちなんで「彼を仮りに日本の文人と見ることも必ずしも不当でないと思う」と述べた二点だった。

第一点は戦前まで魯迅の翻訳を手がけるなど新しい中国文学に多大な関心と造詣を見せていた佐藤の見識を表わしたもので、伝記作者や陶晶孫の見方と一脈相通ずる。第二の点は当時日本の国内にすでに現れ始めていたある雰囲気を反映したものとして前述の「曼殊展覧会」などにつながると思われる。ただ晶孫のいった会名は正確ではない。飯塚によれば、それは「昭和九年九月二十日から一週間、三越百貨店で催された文芸懇談会主催の、文芸家追慕展覧会に、黙阿弥、蘆花、漱石、樗牛などと並んで、蘇曼殊が一枚加わった。つまり明治文壇の一人に数えられてしまった」ことを指している。以上は開戦前までの様子だった。

問題は、晶孫のいう、「今度の事変」後の曼殊の「再登場」ぶりにあった——「何と云っても火野葦平氏によって書かれた『麦と兵隊』によって日本大衆に知られ曼殊は再登場したのである。これは彼自身思いもよらぬことであろう」⑸と。対中全面侵略の戦端を開いて北京、上海、南京、徐州と連戦連勝した一九三八年に連続ヒットした火野葦平の『麦と兵隊』シリーズ。戦勝ブームに沸いた「日本大衆」に、それがさらに火に油を注ぐように巻き起こしたセンセーショナルな反応を考えれば、たしかに、当の曼殊自身はもとより、かつて文壇に向かってしか発言できなかった文壇大家の佐藤春夫にしたところで、思いもよらなかったことに違いなかったろう。晶孫はそれにはっと不気味さを感じ、深刻に受け止めざるをえなかったようなのである。

さて、晶孫がここで指したのは兵隊三部作の第三作『花と兵隊』の次の一節だと思う。火野が杭州（曼殊が生前に最も好み死後墳墓をおかれた地でもある）に駐屯していた時のことだった。ある日、「私は古本屋の前にしやがみこんだ（中略）私はその中に五冊本の蘇曼殊全集のあるのが眼に付いた」。それがきっかけで、もと文学青年の火野と彼が前から仄かに「日本人だ」と聞いていた蘇曼殊との初対面が始まり、同時に、その店頭で出会った同じく曼殊を愛するという一人の中国人文学青年との対話も始まる。そして、対話を通じて「日本人といわれる蘇曼殊が日本人に愛されていないということが悲しく」、「戦火の後に新しい東洋の文化が建設されようとする時に、このように一人の優れた詩人すらが顧みられないという文化の齟齬と間隙とのあることが悲し」い、と嘆いていた。その嘆き方、とりわけ新しい東洋文化の建設やら高揚やら云々がのち「大東亜戦争」突入後の日本大衆の神経をくすぐって余りあっただろうが、ここ二、三年来そうした独善的で虚妄にみちた掛け声をいやというほど聞かされていた晶孫にとって、こと蘇曼殊のことに限っては、我慢できるものではなかった。

晶孫はいう、「ジャーナリズムと云うものは妙なもので火野氏が書いて以来、曼殊は度々引ぱり出され……書くことは専門に渉らず文学よりは生い立ちがよい」という世論操作を目にする自分は「その度苦笑している」（⑤）。このように自分をも対置させながら、彼はさらにこういってしまった——過去を振り返ってある時期までの「中日の間に面白くない空気があったために彼は日本人でないと云う負惜しみは宜敷くない」、かと思ったら今「彼が日本人だと聞いたので日本文学者の仲間に加えたという」のも「日本人の狭量」にしかすぎない、それよりも何よりも、「又仮に彼が日本人であろうと彼の行動、性格、著作は全然中国的である」、「彼は日本文学に何にも寄与せず、又日本は彼を棄て彼は日本を棄てたものである」（①）と。

そういう、一気に胸につかえたものを吐き出したような異様な激しかたの裏に、先にいった蘇曼殊に限っての、同時にすなわちこの時期の晶孫にとっても極めて切実な問題性が絡んでいるのだと断言できる。晶孫は中国の文学者蘇曼殊に関する上述の弁護と拒絶の発言をする時に、それが「中日混血の一代表たるを失わない」（⑤）が、同時に「第一に彼は、無国籍者である」（⑥）、ということを意識の中心に置き、そして強調する。とりわけ「蓋し無国籍者が此の社会に対して持つ犀利な観察は此の社会の割込みを不得手にする」、「何れの社会も狭量に彼を容れない」（⑥）というに及んでは、はっとさせられるものがあろう。それは、帰国以来の晶孫の身の上と、（たまたま当時、曼殊曽遊の地逗子に疎開中の）わが家の混血児で「国家の私生児」たちの影が重なって発した声ではないか、というような気がしてならない。それが必ずしも筆者の思いすごしではないといえる理由は、次の実際の情景も重なってきたからだ。

晶孫は「海を渡れば私はいつもの如く逗子桜山八番地の見付からぬ曼殊の旧居の付近を私の息子と共に歩くことを常としている」（④）といったり、前から「一度その逗子の母の寓居を調べた」ことを述べたり、「尾崎行雄氏が逗子の草分けだから同氏に就いて尋ねると良かろう」（⑥）と念じたり、それから終戦の直前まで、往年（かつて上海に渡り晶孫のいる日本系の研究所で半年間司書をつとめ同僚でもあった）彼から曼殊の話を聞くのが好きでいま横浜に帰っている女子事務員にもう一度「桜山八番地」探検に行かせレポートさせるなど、その執心ぶりの尋常でないことは随所にうかがうことができる。

蘇曼殊が彼の生母、すなわちみずからのアイデンティティ探しの日本放浪行を綴った、人口に膾炙した七言絶句「春雨」に「芒鞋破鉢　人識るなく／踏み過ぐ　桜花第幾橋」という句がある。四〇年後、晶孫の二度目の「無国籍者」探しも、逗子桜山あたりの幾多の橋と道を踏み過ぎていったことだろう。だが、結果はわかり切ったものだった。彼がそこで探していたことも、探したいものと胸中の思いも、曼殊の時以上に「人識るなき」にきまっている。

翻訳者紹介

陳　凌虹（ちん・りょうこう）
1979年２月14日生。総合研究大学院大学文化科学研究科博士課程修了。学術博士（日中演劇交流史、比較文学比較文化）。現在、華東師範大学専任講師。共著に、『1920年代東アジアの文化交流』（思文閣出版、2010年）、『上海一〇〇年——日中文化交流の場所』（勉誠出版、2012年）など、論文に、「中国の新劇と京都——任天知進化団と静間小次郎一派の明治座興業」（『日本研究』第44集、2011年）など。

金　孝順（キム・ヒョスン）
1968年２月28日生。高麗大学校日語日文学科博士課程修了。現在、高麗大学日本研究センターHK研究教授。共訳に、『朝鮮の中の日本人のエロ京城鳥瞰図（女性職業編）』（図書出版ムン、2012年）、共著に、『帝国の移動と植民地朝鮮の日本人』（図書出版ムン、2010年）、論文に、「韓半島刊行日本語雑誌における朝鮮文芸物に関する研究」（中央大学『日本研究』第33輯、2012年）など。

＊上垣外憲一（かみがいと・けんいち）
1948年５月３日生。東京大学大学院人文科学比較文学比較文化課程修了。学術博士（比較文学・比較文化）。大手前大学総合文化学部教授を経て、現在、大妻女子大学比較文化学部教授。著書に、『古代日本・謎の四世紀』（学生社、2011年）、『ハイブリッド日本』（武田ランダムハウスジャパン、2011年）、『富士山』（中央公論新社、2009年）など。大手前大学比較文化研究叢書６・７・８の編者。

戦　暁梅（せん・ぎょうばい）
1972年６月17日生。総合研究大学院大学文化科学研究科国際日本研究専攻博士後期課程修了。学術博士。現在、東京工業大学外国語研究教育センター准教授。著書に、『鉄斎の陽明学』（勉誠出版、2004年）、論文に、「鹿間時夫と「満洲」における民藝蒐集」（稲賀繁美編『伝統工藝再考　京のうちそと――過去発掘・現状分析・将来展望』思文閣出版、2007年）、「金城と一九二〇年代の北京画壇」（『アジア遊学146　民国期美術へのまなざし　辛亥革命百年の眺望』勉誠出版、2011年）など。

趙　怡（ちょう・い）
1962年生。東京大学大学院総合文化研究科博士課程単位取得満期退学（比較文学・比較文化）。現在、東京工業大学非常勤講師。論文に、「一九二〇年代の上海における日中文化人の交流――金子光晴・森三千代の場合を中心に――」（『大手前大学比較文化研究叢書６　一九二〇年代東アジアの文化交流』思文閣出版、2010年）、「自伝か、小説か、詩か――金子光晴・森三千代が描いた一九二〇年代の上海――」（『大手前大学比較文化研究叢書７　一九二〇年代東アジアの文化交流Ⅱ』思文閣出版、2011年）、「『同化』か『異化』か――中・日・英（仏）詩の相互翻訳と漢詩訓読――」（『比較文学研究』96号、2011年）など。

厳　安生（げん・あんせい）
1937年11月28日生。日本・東京大学大学院比較文学比較文化研究科論文博士。中国・北京外国語大学教授（定年）。著書に、『日本留学精神史　近代中国知識人の軌跡』（岩波書店、1991年）、『陶晶孫　その数奇な生涯――もう一つの中国人留学精神史』（岩波書店、2009年）など。

執筆者紹介（掲載順、＊は編者）

馮　天瑜（ひょう・てんゆ）
1942年３月生。現在、武漢大学教授、武漢大学中国伝統文化研究センター主任、中国教育部社会科学委員会委員。著書に、『元典：文本与闡釈』（台湾文津出版、1993年）、『“千歳丸”上海行——日本人1862年的中国観察』（商務印書館、2001年）、『新語探源』（中華書局、2004年）など。

王　中忱（おう・ちゅうちん）
1954年７月８日生。大阪外国語大学修士（言語文化学）。現在、中国清華大学人文学院比較文学比較文化専攻教授。著書に、『越界与想象——20世紀中国日本文学比較研究論集』（中国社会科学出版社、2001年）、論文に、「東洋学言説、大陸探検記とモダニズム詩の空間表現——安西冬衛の地政学的な眼差しを中心にして——」（『帝国主義と文学』研文出版、2010年）、「北川冬彦の植民地体験と詩法の実験」（『近現代詩の可能性』（第八回日本文学国際会議論文集）フェリス女学院大学、2011年）など。

劉　建輝（りゅう・けんき）
1961年生。神戸大学大学院文化学研究科博士課程修了。現在、国際日本文化研究センター准教授。著書に、『魔都上海——日本知識人の「近代」体験——』（ちくま学芸文庫、2010年）、『日中二百年——支え合う近代——』（武田ランダムハウスジャパン、2012年）。

川田真弘（かわだ・まさひろ）
1988年２月16日生。大手前大学大学院比較文化研究科博士前期課程修了。現在、大手前大学大学院比較文化研究科博士後期課程在学中。論文に、「下位春吉について」（『大手前比較文化学会会報』12、2011年）など。

劉　岸偉（りゅう・がんい）
1957年生。東京大学大学院総合文化研究科比較文学・比較文化博士課程修了。学術博士。現在、東京工業大学外国語研究教育センター教授。著書に、『東洋人の悲哀——周作人と日本』（河出書房新社、1991年）、『小泉八雲と近代中国』（岩波書店、2004年）、『周作人伝——ある知日派文人の精神史』（ミネルヴァ書房、2011年）など。

李　建志（り・けんじ）
1969年３月８日生。東京大学大学院総合文化研究科博士課程満期退学。現在、関西学院大学社会学部教授。著書に、『朝鮮近代文学とナショナリズム——「抵抗のナショナリズム」批判——』（作品社、2007年）、『日韓ナショナリズムの解体——「複数のアイデンティティ」を生きる思想——』（筑摩書房、2008年）、『松田優作と七人の作家たち——「探偵物語」のミステリー——』（弦書房、2011年）など。

大手前大学比較文化研究叢書 9

一九三〇年代《ねんだい》東《ひがし》アジアの文化《ぶんか》交流《こうりゅう》

2013年 5 月20日　発行

定価：本体2,800円（税別）

編　者	上垣外　憲　一
発行者	田　中　　大
発行所	株式会社　思文閣出版 京都市東山区元町 355 電話　075－751－1781（代表）
印　刷 製　本	株式会社 図書印刷 同朋舎

ISBN978-4-7842-1687-1　C3090